工学结合·基于工作过程导向的项目化创新系列教材
国家示范性高等职业教育土建类"十三五"规划教材

道路建筑材料检测

DAOLU JIANZHU CAILIAO JIANCE

主　编　刘志前　刘莲馥
王丹辉
副主编　韩冰玉　卢志刚
孟凡涛　隋玉凤

华中科技大学出版社
http://press.hust.edu.cn
中国·武汉

内容简介

本书共分为两部分内容：第一部分主要讲述工程中常见的砂石材料、无机胶凝材料（石灰、水泥）、水泥混凝土、沥青材料、沥青混合料和建筑钢材等材料的技术性质、标准、试验方法、混合料的配合比及工程应用；第二部分选取了19个常用的试验项目，从试验仪器的准备、试验的步骤和相关数据的处理等方面进行详细的讲解。

本书可作为高等职业教育道路建筑类专业教材，也可供道路建筑技术人员参考阅读。

为了方便教学，本书还配有电子课件等教学资源包，任课教师可以发邮件至 husttujian@163.com 索取。

图书在版编目(CIP)数据

道路建筑材料检测/刘志前，刘莲馥，王丹辉主编. —武汉：华中科技大学出版社，2018.8(2024.7 重印)
国家示范性高等职业教育土建类"十三五"规划教材
ISBN 978-7-5680-4425-7

Ⅰ.①道… Ⅱ.①刘… ②刘… ③王… Ⅲ.①道路工程-建筑材料-检测-高等职业教育-教材
Ⅳ.①U414

中国版本图书馆 CIP 数据核字(2018)第 189990 号

道路建筑材料检测
Daolu Jianzhu Cailiao Jiance

刘志前　刘莲馥　王丹辉　主编

策划编辑：康　序
责任编辑：柯丁梦
责任校对：张会军
责任监印：朱　玢
出版发行：华中科技大学出版社(中国·武汉)　电话：(027)81321913
武汉市东湖新技术开发区华工科技园　邮编：430223
录　排：华中科技大学惠友文印中心
印　刷：武汉邮科印务有限公司
开　本：787 mm×1 092 mm　1/16
印　张：16.5
字　数：416 千字
版　次：2024 年 7 月第 1 版第 4 次印刷
定　价：48.00 元

前言

为深入贯彻高等职业教育改革精神，突显职业教育优势，编者以重点培养高素质的职业技能型人才为指导思想，结合高等职业教育中道路桥梁工程技术专业的人才培养计划和目标，通过深入企业调研，并结合多年的教学和实践经验，参考现行最新的国家标准、规范，在广泛采纳相关职业院校师生意见的基础上，编写了本教材。

本书由山东交通职业学院刘志前、刘莲馥、王丹辉担任主编，由山东交通职业学院韩冰玉、山东省潍坊市市政工程股份有限公司卢志刚、山东交通职业学院孟凡涛、湖北三峡职业技术学院隋玉凤担任副主编。全书由刘志前负责统稿。其中，绪论由孟凡涛编写，学习模块 1 由王丹辉编写，学习模块 2 由刘莲馥编写，学习模块 3 由卢志刚编写，学习模块 4、学习模块 5 由刘志前编写，学习模块 6 由韩冰玉编写，实训指导部分由刘志前和隋玉凤编写，侯伟伟参与了实训指导的部分整理工作。

在本教材编写的过程中参考了大量的相关教材和文献资料，并得到了众多院校教师和企业技术人员的热心帮助和指导，在此一并表示衷心的感谢。

为了方便教学，本书还配有电子课件等教学资源包，任课教师可以发邮件至 husttujian@163. com 索取。

由于编者水平有限，时间仓促，书中难免有疏漏和不妥之处，恳请读者批评指正。

编　者

2023 年 4 月

目录

第1部分 学习模块

第 2 部分　实 训 指 导

第1部分

学习模块

DI 1 BUFEN
XUEXI MOKUAI

绪论

学习目标

教学目标

通过本模块的学习，使学生对道路建筑材料这门课程建立起基本的知识结构框架，理解道路建筑材料的定义和分类，了解道路建筑材料在公路工程建设中的地位和作用、道路建筑材料的发展状况及方向，初步了解道路建筑材料课程的特点。在理解道路建筑材料基本的物理、力学、化学和工艺性质的基础上，能初步判断道路建筑材料的技术性质和应用，为今后进一步学习、正确选择及合理使用道路建筑材料打下基础。

教学要求

知识目标	能力目标	技能目标
道路建筑材料的定义和分类	(1) 能熟悉道路建筑材料的定义和分类。 (2) 能熟记道路建筑材料的作用	能够对数据进行处理，并做出相应的判定
数值修约规则	能熟练掌握试验数据的处理	
道路建筑材料的技术标准	能熟记国家和行业标准	

任务1 道路建筑材料的基础知识

道路建筑材料检测是道路与桥梁工程及其相关专业的一门专业基础课。它是研究和阐述道路与桥梁工程所采用的各种材料的组成、性能及应用的一门课程。通过本门课程的学习，可以使学生掌握道路建筑材料的基本性能，以及如何合理地选择和使用道路建筑材料。

一、学习道路建筑材料的必要性

对于道桥专业的学生而言，认真学习道路建筑材料是非常必要的。

1. 建筑材料是物质基础

我们知道建筑材料是建筑工程的物质基础，因此道路建筑材料也可认为是道桥工程的物质基础。任何道桥工程的设计、施工，都不能脱离开道路建筑材料而孤立存在。道桥工程的施工过程，实际上就是对原材料进行分析、检验和再加工的一个过程。在这个过程中，材料的性能、配比均会对结构物的工艺性、使用性和耐久性产生直接影响。

2. 控制工程成本的关键

合理的材料费支出是控制工程成本的关键。如何降低工程成本、增大工程利润，一直是项目管理者重点关注的问题。尤其是在我国实行招投标制以后，建筑市场的利润空间已经不再虚高。在这种情况下，如何有效地控制成本、降低造价，就成了一个尤为突出的问题。而在道桥工程的修建费当中，材料费通常可以占到建筑安装工程费的50%～70%，因此严格地控制材料费支出就成为控制工程成本的关键环节。而正确地选择和使用材料，正是合理地控制材料费支出的重要手段。

3. 推动工程技术的发展

材料科学的进步可以推动工程技术的发展。材料的性质在一定程度上可以影响构造物的结构形式和施工方法，新材料的出现使某些结构形式和施工方法成为可能。因此可以说，工程技术的发展往往是材料科学进步的结果。

二、本课程的主要研究内容

1. 砂石材料

砂石材料是经人工开采的岩石、轧制碎石，或地壳表层岩石经天然风化后得到的松散粒料

(砂、砾石)。砂石材料是道桥工程中用量最大的一种材料。它的主要作用是作为集料参与配制水泥混凝土和沥青混合料,此外也可以用于铺筑路面或砌筑各种桥梁及圬工结构物。

2. 无机结合料及其制品

在道桥工程中常用到的无机结合料主要是指石灰和水泥。水泥与集料胶结可以组成水泥混凝土,是桥梁工程以及白色路面的主要组成材料。水泥和石灰分别与土胶结可组成稳定土,是路面半刚性基层的重要组成材料。此外,水泥砂浆还是各种圬工结构物的主要胶结料。

3. 有机结合料及其混合料

有机结合料主要指沥青材料,如石油沥青和煤沥青等。它们与不同粒径的集料组成沥青混合料,可以铺筑成各种类型的沥青路面。现代高速公路路面绝大部分是采用沥青混凝土铺筑的,所以沥青混合料是现代公路建设中非常重要的一种材料。

4. 钢材

钢桥和钢筋混凝土桥是现代桥梁的主要形式。在钢结构和钢筋混凝土结构中,都要应用大量钢材,因此在设计和施工之前,必须掌握常用钢材的相关性质及具体检验方法。

三、道路建筑材料应具备的技术性质和检验方法

道桥结构物裸露于自然界中,既要承受车辆等荷载的冲击作用,又要抵抗各种复杂的自然界因素的侵袭。这就要求道路建筑材料,既应具备一定的力学性能,又要具备良好的综合性能,来抵抗这些不利因素的破坏。

1. 道路建筑材料应具备的技术性质

1) 物理性质

道路建筑材料在使用过程中,其力学强度会随温度和湿度等物理因素影响而改变。一般而言,材料的力学强度会随着温度的升高而降低,或随着含水率的增加而降低,通常用温度稳定性或水稳定性等来表征其强度变化。对于优质材料,其强度随环境条件的变化应当较小。

2) 力学性质

力学性质是指材料抵抗车辆荷载等复杂力系综合作用的能力。目前对道路建筑材料力学性质的测试,主要是测定静态的抗压、抗拉、抗弯、抗剪等强度,或者通过测定磨耗性、磨光性、冲击韧性等来反映其力学性能等。

3) 化学性质

化学性质是指道路建筑材料抵抗周围环境对其进行化学破坏的性能。道路建筑材料在受到周围介质的侵蚀(如桥墩在工业污水中)时,会导致强度降低;而有些材料,在受到大气因素(如气温的交替变化,日光中的紫外线,空气中的氧、水蒸气)的综合作用,还会引起老化。

4) 工艺性质

工艺性质是指建筑材料能够满足施工工艺的要求、便于施工的性质。这是一个非常重要的

性质,如果不能够满足工艺性的要求,无论其他性能多么优良,都不能使用到这种施工工艺当中。例如水泥混凝土拌和物在施工过程中,针对不同的混凝土输送工艺,混凝土必须满足相应的流动性要求,如果不能满足,则该配比不能应用。

2. 道路建筑材料的一般检验方法

对于道路建筑材料技术性质的判定,主要是通过试验的手段来进行的。常用的检验方法主要有实验室内检验及现场修筑试验性结构物检验两种。其中实验室内对原材料及模拟结构进行检验较为常见,具体检验方法如下。

1) 物理性质试验

测定道路与桥梁用材料的物理常数,除了提供材料组成设计时用的一些原始资料外,同时因为物理常数是材料内部组成结构的反映,所以通过物理常数测定可以间接推断材料的力学性能。

2) 力学性质试验

目前,道路建筑材料的力学性质主要是采用各种试验机测定。基础科学的发展,使得测定材料的真实性能有了可能。可以在实验室测定道路建筑材料在不同温度与不同荷载作用时间条件下动态的弹-黏-塑性能,用以描述材料的真实性能(如沥青混合料在不同温度与不同作用时间条件下的动态劲度,以及采用特殊设备或动态三轴仪来测定在复杂应力作用下不同频率和间歇时间的沥青混合料的疲劳强度等),使材料的力学性质与其在道路上的实际受力状态较为接近,也可为现代考虑黏-塑性的路面设计方法提供一定的参数。

3) 化学性质试验

对于材料化学性质的试验,通常只做材料简单的化合物(如 CaO、MgO)含量或有害物质含量的分析。随着科学技术的发展,现在还可做某些材料(如沥青)的组分分析,这样可以初步地了解材料的组成与性能的关系。近代测试技术的发展,如核磁共振波谱、红外光谱、X 射线衍射和扫描电子显微镜等在沥青材料分析中的应用,促进了沥青化学结构与路用性能的相依性的研究,使得从化学结构上来设计满足要求性能的沥青材料成为可能。

4) 工艺性质试验

现代工艺试验主要是将一些经验的指标与工艺要求联系起来,尚缺乏科学理论的分析。随着流变力学、断裂力学等的发展,许多材料工艺性质的试验可以按照流变-断裂学理论来进行分析,如沥青混合料的摊铺性质就可采用流动性系数等指标来控制。

任务 2 数值修约规则

一、术语和定义

(1) 数值修约:通过省略原数值的最后若干位数字,调整所保留的末位数字,使最后所得到的值最接近原数值的过程。经数值修约后的数值称为原数值的修约值。

(2) 有效数字:若测量结果经修约后的数值,其修约误差绝对值≤0.5(末位),则该数值称为有效数字,即从左起第一个非零的数字到最末位数字都是有效数字。(有效数字中只应保留一位欠准数字,因此在记录测量数据时,只有最后一位有效数字是欠准数字。)

(3) 有效位数:对于没有小数位且以若干个0结尾的数值,从非0数字最左一位向右数,得到的位数减去无效0(即仅为定位用的0),就是有效位数;对于其他十进制位数,从非0数字最左一位向右数而得到的位数,就是有效位数。

例 0-1 35 000,若有两个无效0,则为三位有效位数,应写为 350×10^{2};若有三个无效0,则为两位有效位数,应写为 35×10^{3}。

例 0-2 0.002 5——两位有效位数。

1.001 000——七位有效位数。

2.8×10^{7}——两位有效位数。

(对于 $a\times10^{n}$ 表示的数值,其有效数字的位数由a中的有效位数决定。)

(4) 修约间隔:修约间隔即修约值的最小数值单位。

注:修约间隔的数值一经确定,修约值即为该数值的整数倍。

例 0-3 如指定修约间隔为0.1,修约值应在0.1的整数倍中选取,相当于将数值修约到1位小数。

例 0-4 如指定修约间隔为100,修约值应在100的整数倍中选取,相当于将数值修约到“百”数位。

(5) 极限数值:标准(或技术规范)中规定考核的以数量形式给出且符合该标准(或技术规范)要求的指标数值范围的界限值。

二、数值修约规则

1. 确定修约间隔

例如:指定将数值修约成n位有效位数;指定修约间隔为10－n(n为正整数),或指明将数值修约到n位小数;指定修约间隔为1,或指明将数值修约到“个”数位;指定修约间隔为10n(n为正整数),或指明将数值修约到10n数位,或指明将数值修约到“十”“百”“千”等数位。

例如:“0.5”单位修约,指修约间隔为指定数位的0.5单位,即修约到指定数位的0.5单位;“0.2”单位修约,指修约间隔为指定数位的0.2单位,即修约到指定数位的0.2单位。

2. 进舍规则

(1) 拟舍去的最左一位数字小于5时,则舍去,保留的各位数字不变。

例 0-5 将12.1498修约成两位有效位数,得12。

例 0-6 将12.1498修约到小数点后一位,得12.1。

(2) 拟舍去数字的最左一位数字大于5或是5,而其后跟有并非全部为0的数字时,则进1,

即保留的末位数字加 1。

例 0-7 将 1268 修约到“百”数位，得 13×10^2（特定时可写成 1 300，特定时指有修约间隔或有效位数明确时）。

例 0-8 将 1 268 修约成三位有效位数，得 127×10。

例 0-9 将 10.502 修约到“个”数位，得 11。

(3) 拟舍去数字的最左一位数字为 5，而其右边无数字或均为 0 时，若所保留的末位数字为奇数(1、3、5、7、9)则进一，为偶数(2、4、6、8、0)则舍去。

例 0-10 修约间隔为 0.1（或 10^{-1}）时。

拟修约值	修约值
1.050	1.0
1.350	1.4

例 0-11 修约间隔为 1 000（或 10^3）时。

拟修约值	修约值
2 500	2×10^3（特定时可写为 2 000）
3 500	4×10^3（特定时可写为 4 000）

例 0-12 将下列数字修约成两位有效位数。

拟修约值	修约值
0.032 5	0.032
32 500	32×10^3（特定时可写为 32 000）

(4) 负数修约时，先将它的绝对值按前述的规定进行修约，然后在所得值前面加上负号。

例 0-13 将下列数字修约到“十”数位。

拟修约值	修约值
−355	-36×10（特定时可写为 −360）

3. 不得连续修约

拟修约的数字在确定修约位数后一次修约获得结果，不得多次连续修约。

例 0-14 修约 15.454 6，修约间隔为 1，结果应为 15。

错误：15.454 6 → 15.455

15.46 → 15.5 → 16

例 0-15 将 213.499 修约成三位有效数时，结果应为 213。

错误：213.499 → 213.50 → 214

4. “0.2”单位修约规则

“0.2”单位修约是指按指定修约间隔对拟修约的数值 0.2 单位进行的修约。修约方法是将拟修约数值 X 乘以 5，按修约间隔“1”对 5X 依规定修约，所得数值再除以 5。

例 0-16 将下列数字修约到个数位的 0.2 单位（或修约间隔为 0.2）。

1) 60.36

60.36×5=301.8,按1间隔修约为302/5=60.4。

2) 60.29

60.29×5=301.45,按1间隔修约为301/5=60.2。

3) 60.30

60.30×5=301.5,按1间隔修约为302/5=60.4。

例0-17 将下列数字修约到"百"数位的0.2单位(或修约间隔为20)。

1) 830

830×5=4150,按100间隔修约为4 200/5=840。

2) 842

842×5=4 210,按100间隔修约为4 200/5为840。

3) −930

−930×5=−4 650,按100间隔修约为−4 600/5=−920。

5. "0.5"单位修约规则

"0.5"单位修约是指按指定修约间隔对拟修约的数值0.5单位进行的修约。修约方法是将拟修约数值X乘以2,按修约间隔"1"对2X依规定修约,所得数值再除以2。

例0-18 将下列数字修约到个数位的0.5单位修约。

1) 60.25

60.25×2=120.50 →120 → 120/2=60.0

2) 60.38

60.38×2=120.76 →121 → 121/2=60.5

例0-19 将930修约到百数位的0.5单位(或修约间隔为50)。

930×2=1 860,按100间隔修约为1 900/2=950。

任务3 道路建筑材料的技术标准

为了保证道路建筑材料的质量,我国对各种道路建筑材料制定了专门的技术标准。目前我国道路建筑材料的标准分为国家标准、行业标准、地方标准和企业标准四个等级。对于需要在全国范围内统一的技术要求,应当制定国家标准。国家标准由国务院标准化行政主管部门制定。对于没有国家标准而又需要在全国某行业范围内统一的技术要求,可以制定行业标准。行业标准由国务院有关行政主管部门制定,并报国务院标准化行政主管部门备案。此外,对于没有国家标准和行业标准,又需在省、自治区、直辖市范围内实行统一要求的,可以制定地方标准。企业生产的产品没有国家标准和行业标准的,应当制定企业标准,以作为组织生产的依据。

我国国家标准及与道路建筑材料有关的行业标准代号如表0-1所示。国际及国外标准代号如表0-2所示。

表0-1 我国国家标准及与道路建筑材料有关的行业标准代号

标准名称	代号	示例
国家标准	国标 GB	GB 175—2007《通用硅酸盐水泥》
交通行业标准	交通 JT	JTG E20—2011《公路工程沥青及沥青混合料试验规程》
建材行业标准	建材 JC	JC/T 479—2013《建筑生石灰》
石油化工行业标准	石化 SH	SH 0522—1992《道路石油沥青》
黑色冶金行业标准	冶标 YB	YB/T 030—1992《煤沥青筑路油及其测定方法》

注:推荐性行业标准,在行业标准后加“T”。

表0-2 国际及国外标准代号

标准名称	缩写(全名)
国际标准	ISO(International Organization for Standardization)
美国国家标准	ANSI(American National Standards Institute)
美国材料与试验学会标准	ASTM(American Society for Testing and Materials)
英国标准	BS(British Standards)
德国工业标准	DIN
日本工业标准	JIS(Japanese Industdal Standards)
法国标准	NF

学习模块 1 砂石材料的检测与应用

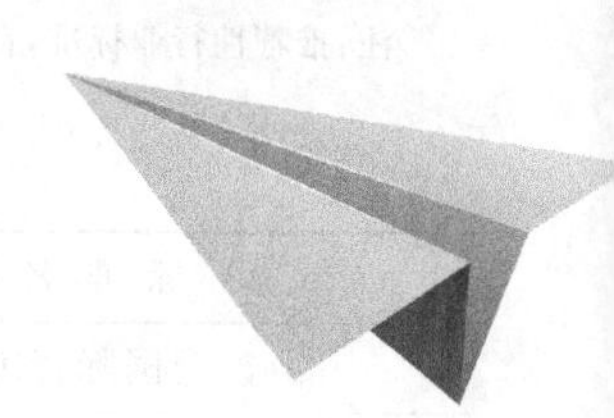

学习目标

教学目标

通过本模块的学习，使学生能够了解石料和集料的技术性质与技术标准；按照标准的试验检测方法进行砂石材料的质量检测，并能够辨别材料的质量优劣；掌握级配理论和矿质混合料的组成设计方法，能够进行简单的矿质混合料的组成设计。

教学要求

知识目标	能力目标	技能目标
岩石的技术性质和技术标准	(1) 能够用试验方法测定岩石的主要技术性质。 (2) 能够认识道路岩石制品，并知道其用途	(1) 熟练掌握岩石立方体抗压强度试验过程。 (2) 熟练掌握粗、细集料的筛分、压碎值等主要技术性质试验操作过程。 (3) 能够对数据进行处理，并做出相应的判定
集料的技术性质和技术标准	(1) 能熟练掌握集料的主要技术性质。 (2) 能够根据试验和检测结果对集料做出相应的判定	
矿质混合料的组成设计方法	能够独立完成矿质混合料的基本组成设计	

工程案例

山西省某城市高速公路K3+450～K6+820标段，设计速度为120 km/h。其中包含2座特大桥，其中一座是跨径为30 m的预应力混凝土连续梁桥，主梁混凝土强度为C50，基础混凝土强度为C30，10座小桥涵，工程地处严寒冰冻地区，最低月平均气温为−15.6 ℃，施工时用到大量天然石材。试评价和鉴定该工程所用石材的质量及技术等级，并完成水泥混凝土中所用集料的检测。

任务1：请根据上述资料，观察岩石的岩相结构和性质，确定岩石的名称和类别，并对岩石进行吸水性、抗冻性、抗压强度和磨耗率等性能指标的检测，根据相应的试验规程，判定其可用性。

任务2：认识集料的来源和分类，明确其在水泥混凝土中的作用，对集料的技术性质如级配、压碎值指标、针片状颗粒含量、含泥量及泥块含量、坚固性等做出相应的检测，并根据试验规程评价其适用性。

任务3：水泥混凝土中的集料必须具备相应的级配，通过筛分试验确定某一粒径的级配，然后将其按照一定的比例混合后，最终其合成级配也要满足规范要求。通过试算法和图解法的学习，能够对矿质混合料的级配做出相应的评价。各种集料示意图如图1-1所示。

图1-1 集料示意图

任务分解

第一步：确定岩石种类。

根据工程所处的环境和结构类型，利用实验室内的仪器工具和化学试剂，鉴定岩石的矿物组成、结构和构造，并对岩石进行相应的技术性质测试，进而确定岩石的种类。

第二步：认识集料的来源和分类。

明确水泥混凝土和沥青混合料中粗、细集料的分界线。

第三步：检测该工程所使用的粗、细集料的技术性质。

根据现场实际能够描述集料的技术性质和技术指标，提出适合本工程的技术要求，主要包括压碎值、级配、针片状颗粒含量和棱角性等指标。采用正确的试验方法检测其各种性能指标，评价其路用性能，并根据各种集料的筛分结果，通过 Excel 电子表格进行矿质混合料组成设计，确定各自用量。

任务 1 岩石的基础知识

岩石的基础知识，主要包括物理性质、力学性质和化学性质三个方面的内容。

一、物理性质

岩石的物理性质包括物理常数、吸水性和抗冻性等。

1. 物理常数

岩石的物理常数是岩石矿物组成结构状态的反映，它与岩石的技术性质有着密切的关系。岩石的内部结构主要是由矿质实体(V_s)、与外界连通的开口孔隙(V_i)和不与外界连通的闭口孔隙(V_n)所组成，如图 1-2(a)所示。各部分质量与体积的关系如图 1-2(b)所示。

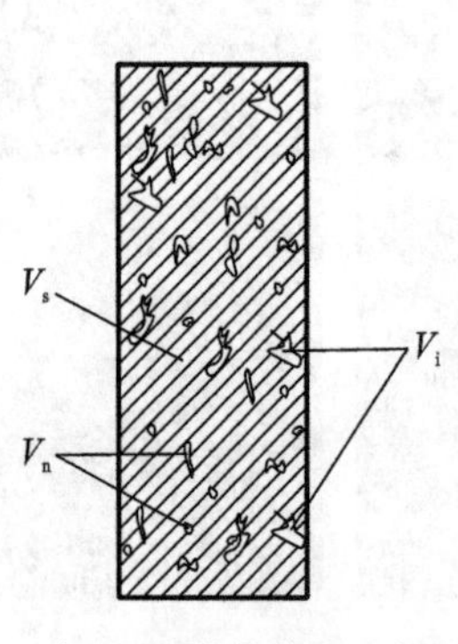

(a)岩石组成结构外观示意图

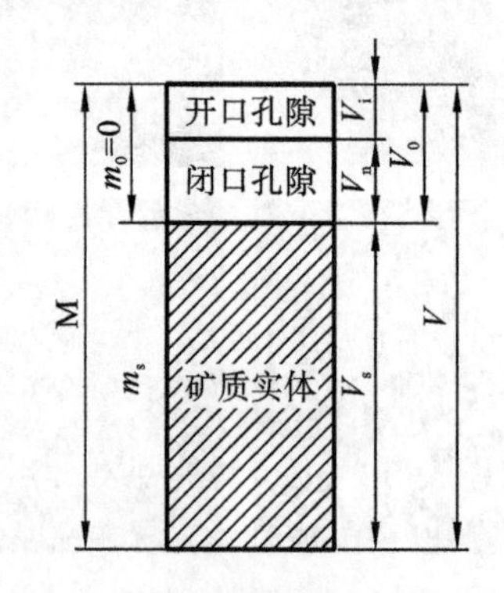

(b)岩石结构中质量与体积关系示意图

图 1-2 岩石组成结构示意图

1）密度

岩石的密度(又称真实密度)是岩石在规定条件((105±5) ℃下烘至恒重，(20±2) ℃下称量)下，矿质实体(不包括开、闭口孔隙的矿质实体)单位体积的质量，用 ρ_t 表示。

$$\rho_t=\frac{m_s}{V_s} \tag{1-1}$$

式中：ρ_t——岩石的真实密度(g/cm³)；

m_s——岩石矿质实体的质量(g)；

V_s——岩石矿质实体的体积(cm³)。

岩石的真实密度的测定按我国现行的《公路工程岩石试验规程》(JTG E41—2005)采用密度

瓶法。要获得矿质实体的体积，必须将岩石粉碎、磨细，通过试验测定出来。

2）毛体积密度

在规定试验条件下，烘干岩石（包括孔隙在内）的单位体积的质量。根据岩石含水状态，毛体积密度可分为干密度、饱和密度和天然密度，用字母 ρ_b 表示。

$$\rho_b=\frac{m_s}{V_s+V_n+V_i} \tag{1-2}$$

式中：ρ_b——岩石的毛体积密度（g/cm^3）；

m_s、V_s——岩石矿质实体的质量（g）和体积（cm^3）；

V_i、V_n——岩石开口孔隙和闭口孔隙的体积（cm^3）。

岩石毛体积密度的测定，按我国现行《公路工程岩石试验规程》（JTG E 41—2005）规定利用量积法、水中称量法和蜡封法。

特别提示

密度的作用有如下几点。①可鉴别组成物体的物质。密度是物质的特性之一，每种物质都有一定的密度，不同物质的密度一般是不同。因此我们可以利用密度来鉴别物质，其办法是测定待测物质的密度，把测得的密度和密度表中各种物质的密度进行比较，就可以鉴别物体是什么物质做成的。②可计算物体中所含各种物质的成分。③可计算某些很难称量的物体的质量或形状比较复杂的物体的体积，如计算不规则形状物体的体积、纪念碑的质量等。④可判定物体是实心还是空心。⑤可计算液体内部压强以及浮力等。⑥对于鉴别未知物质，密度是一个重要的依据。"氩"就是通过计算未知气体的密度时发现的。经多次实验后又经光谱分析，确认空气中含有一种当时不知道的新气体，把它命名为氩。⑦在农业上可用来判断土壤的肥力。含腐殖质多的土壤肥沃，其密度一般为 2.3×10^3 kg/m^3，根据密度即可判断土壤的肥力。综上所述，可见密度在科学研究和生产生活中有着广泛的应用。

3）孔隙率

岩石的孔隙率是指岩石孔隙体积占岩石总体积的百分率。岩石的孔隙率表示为：

$$n=\frac{V_0}{V}\times100\% \tag{1-3}$$

式中：n——岩石的孔隙率（%）；

V_0——岩石的孔隙（包括开口孔隙和闭口孔隙）的体积（cm^3）；

V——岩石的总体积（cm^3）。

孔隙率也可用真实密度和毛体积密度计算求得：

$$n=\left(1-\frac{\rho_b}{\rho_t}\right)\times100\% \tag{1-4}$$

式中：n——岩石的孔隙率（%）；

ρ_b——岩石的毛体积密度（g/cm^3）；

ρ_t——岩石的真实密度（g/cm^3）。

2. 吸水性

岩石的吸水性是岩石在规定条件下吸水的能力，常用吸水率和饱和吸水率两项指标来表征。

1）吸水率

岩石的吸水率是指在规定条件下，岩石试样最大的吸水质量与烘干岩石试件质量之比，以百分率表示。计算公式如下：

$$w_a = \frac{m_1 - m}{m} \times 100\% \tag{1-5}$$

式中：w_a——岩石吸水率(%)；

m——烘至恒量时的试件质量(g)；

m_1——吸水至恒量时的试件质量(g)。

2）饱和吸水率

岩石的饱和吸水率是指在强制条件下，岩石试样最大的吸水质量与烘干岩石试件质量之比，以百分率表示。我国现行《公路工程岩石试验规程》(JTG E 41—2005)规定采用煮沸法或真空抽气法测定，计算公式如下

$$w_{sa} = \frac{m_2 - m}{m} \times 100\% \tag{1-6}$$

式中：w_{sa}——岩石饱和吸水率(%)；

m——烘至恒量时的试件质量(g)；

m_2——试件经强制饱和后的质量(g)。

技术提示

吸水率与饱和吸水率之比称为饱水系数，它是评价岩石抗冻性的一种指标。饱水系数愈大，说明常压下吸水后留下的空间有限，岩石愈容易冻胀破坏，因而岩石抗冻性愈差。

3. 抗冻性

岩石的抗冻性是指岩石在吸水饱和状态下，经受规定次数的冻融循环后抵抗破坏的能力。在工程中引起岩石组织结构破坏而导致其力学强度降低的原因，首先是岩石在潮湿的环境中，受到正负气温的交替冻融作用而引起的内部结构的破坏；其次是温度的变化，由温度升降产生的温度应力作用也会引起岩石内部结构的破坏。何者为主导因素要视当地的气候条件而定，一般地区前者占主导作用。岩石经多次冻融交替作用后，表面将出现剥落、裂纹，产生质量损失，强度降低。因此在寒冷地区，冬季月平均气温低于－15 ℃的重要工程中，岩石吸水率大于0.5%时，都需要对岩石进行抗冻性试验。

岩石抗冻性试验通常采用直接冻融法。首先将试件放在饱水状态下，在－15 ℃时冻结 4 h后，放入(20±5) ℃水中融解 4 h，为冻融循环一次，如此反复冻融至规定次数为止。经历规定的冻融循环次数(对于不同的工程气候环境有不同的次数要求，如 10 次、15 次、25 次等)后，详细检查各试件有无剥落、裂缝、分层及掉角等现象，并记录检查情况。将冻融试验后的试件烘至恒重，称其质量，然后测定其抗压强度，并计算岩石的冻融质量损失率和冻融系数。

如无条件进行冻融试验，也可采用坚固性简易快速测定法，即将岩石通过饱和硫酸钠溶液进行多次浸泡与烘干循环后来测定。

二、力学性质

公路与桥梁工程结构物中用岩石，除了受到各种自然因素的影响外，还要受到车辆荷载复杂力系的综合作用。因此，岩石除了应具备要求的各种物理性质之外，还应具备一定的力学性质，如抗压、抗拉、抗剪、抗折强度，还应具备如抗磨光、抗冲击和抗磨耗等力学性能。

1. 单轴抗压强度

岩石的单轴抗压强度的测定，按我国现行《公路工程岩石试验规程》(JTG E 41—2005)规定：将岩石制备成标准试件(建筑地基用岩石制备成直径为(50±2) mm，高径比为 2∶1 的圆柱体试件；桥梁工程用岩石制备成边长为(70±2) mm 的立方体试件；路面工程用岩石制备成边长为(50±2) mm 的立方体试件或直径和高均为(50±2) mm 的圆柱体试件)，经吸水饱和后，单轴受压并在规定的加载条件下，达到极限破坏时单位承压面积的荷载。

$$R=\frac{P}{A} \tag{1-7}$$

式中：R——岩石的抗压强度(MPa)；

P——试件破坏时的荷载(N)；

A——试件的截面积(mm^2)。

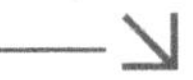

技术提示

岩石的抗压强度是岩石力学性质中最重要的一项指标，它是岩石强度分级和岩性描述的主要依据。岩石的抗压强度受多种因素的影响，其中包括岩石的组成结构(如矿物组成、岩石的结构及构造、孔隙的分布等)和试验的条件(如试件几何外形、加载速度、试验温度和湿度等)。

2. 磨耗性

磨耗性是岩石抵抗撞击、边缘剪力和摩擦的联合作用的性能，以磨耗率表示。我国现行标准《公路工程岩石试验规程》(JTG E 41—2005)规定，岩石磨耗试验方法与粗集料的磨耗试验方法相同，按《公路工程集料试验规程》(JTG E 42—2005)采用洛杉矶磨耗试验。

试验采用洛杉矶磨耗试验机，其圆筒内径为(710±5) mm，内侧长(510±5) mm，两端封闭。试验时将规定质量且有一定级配的试样和一定质量的钢球置于试验机中，以 30～33 r/min 的转速转动至要求次数后停止，取出试样，用 1.7 mm 的方孔筛筛去试样中的细屑，用水洗净留在筛上的试样，烘至恒重并称其质量。岩石的磨耗率计算公式如下：

$$Q=\frac{m_1-m_2}{m_1}\times 100\% \tag{1-8}$$

式中：Q——洛杉矶磨耗率(%)；

m_1——装入圆筒中的试样质量(g)；

m_2——试验后在 1.7 mm 筛上洗净烘干的试样质量(g)。

技术提示

岩石的磨耗率越大，岩石的磨耗性越差。

三、化学性质

过去的研究认为矿质集料是一种惰性材料，它在混合料(由各种矿质集料与水泥或沥青组成)中起着物理作用。随着科学发展，科学家们根据理化-力学的研究，认为矿质集料在混合料中与结合料起着物理-化学作用。岩石的化学性质将影响着混合料的物理-力学性质。

根据试验研究的结果，按 SiO_2 的含量多少将岩石划分为酸性、碱性及中性。按照克罗斯的分类法，化学组成中 SiO_2 含量大于 65%的岩石称为酸性岩石，如花岗岩、石英岩等；SiO_2 含量在 52%～65%的岩石称为中性岩石，如闪长岩、辉绿岩等；SiO_2 含量小于 52%的岩石称为碱性岩石，如石灰岩、玄武岩等。

技术提示

在道路与桥梁的建筑中，各种矿质集料是与结合料组成混合料而使用于结构物中的。在沥青混合料中，由于矿质集料的化学性质变化，对沥青混合料的物理-力学性质起着极为重要的作用。所以在选择与沥青结合的岩石时，应考虑岩石的酸碱性对沥青与岩石黏结的影响。

任务 2 集料的基础知识

集料是指在混合料中起骨架或填充作用的粒料，包括岩石天然风化而成的砾石(卵石)和砂，以及岩石经人工轧制而成的各种尺寸的碎石、机制砂、石屑等。工程上一般将集料分为粗集料和细集料两类。

一、粗集料的技术性质

在沥青混合料中，粗集料是指粒径大于 2.36 mm 的碎石、破碎砾石、筛选砾石和矿渣等；在水泥混凝土中，粗集料是指粒径大于 4.75 mm 的碎石、砾石和破碎砾石等。

粗集料的技术性质包括物理性质和力学性质。粗集料的物理性质有物理常数(如表观密度、毛体积密度、堆积密度和空隙率等)、级配和坚固性。路用粗集料的力学性质有压碎值、磨光值、冲击值和磨耗率等。

(一)物理性质

1. 物理常数

在计算粗集料的物理常数时，不仅要考虑粗集料颗粒中的孔隙(开口孔隙或闭口孔隙)，还要考虑颗粒间的空隙。粗集料的体积和质量的关系如图 1-3 所示。

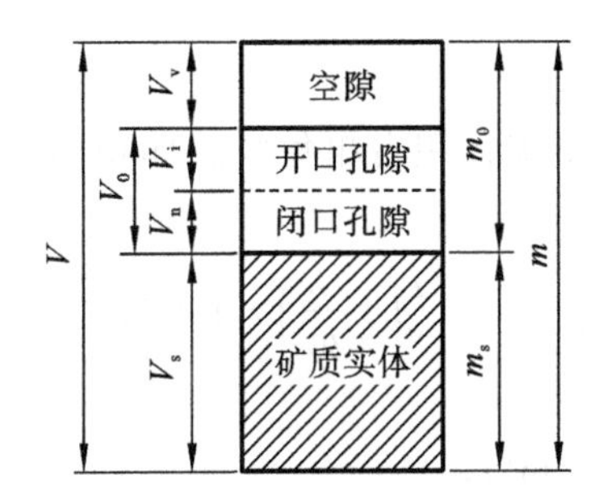

图 1-3　集料体积和质量关系示意图

1)表观密度

粗集料的表观密度(简称视密度)是在规定条件((105±5)℃烘干至恒重)下，单位表观体积(包括集料矿质实体和闭口孔隙的体积)的质量。粗集料表观密度以 ρ_a 表示。

$$\rho_a=\frac{m_s}{V_s+V_n} \tag{1-9}$$

式中：ρ_a——粗集料表观密度(g/cm^3)；

m_s——矿质实体质量(g)；

V_s——矿质实体体积(cm^3)；

V_n——粗集料矿质实体中闭口孔隙体积(cm^3)。

粗集料表观密度测定方法按《公路工程集料试验规程》(JTG E 42—2005)规定采用网篮法。

2)毛体积密度

粗集料的毛体积密度是在规定条件下，单位毛体积(包括矿质实体、闭口孔隙和开口孔隙)的质量。粗集料毛体积密度的计算公式为：

$$\rho_b=\frac{m_s}{V_s+V_n+V_i} \tag{1-10}$$

式中：ρ_b——粗集料毛体积密度(g/cm^3)；

m_s——矿质实体质量(g)；

V_s、V_n和V_i——分别为粗集料矿质实体、闭口孔隙和开口孔隙体积(cm^3)。

粗集料毛体积密度的测定方法是将已知质量的干燥粗集料经 24 h 饱水后，用湿毛巾擦干，求得饱和面干质量，然后用排水法求得水中的体积，即求得粗集料毛体积密度。

3)堆积密度

粗集料的堆积密度是单位体积(包括矿质实体、闭口孔隙、开口孔隙及颗粒间体积)物质颗粒的质量，可按下式求得：

$$\rho=\frac{m_s}{V_s+V_n+V_i+V_v} \tag{1-11}$$

式中：ρ ——粗集料的堆积密度（g/cm³）；

m_s——矿质实体的质量（g）；

V_s、V_n、V_i、V_v——分别为矿质实体、闭口孔隙、开口孔隙和空隙的体积（cm³）。

粗集料的堆积密度包括自然堆积状态、振实状态和捣实状态下的堆积密度，计算方法同式（1-11）。

4）空隙率

空隙率是指粗集料颗粒之间空隙体积占粗集料总体积的百分率。粗集料空隙率可按下式计算：

$$n=\left(1-\frac{\rho}{\rho_a}\right)\times 100\% \tag{1-12}$$

式中：n——粗集料空隙率（%）；

ρ——粗集料的堆积密度（g/cm³）；

ρ_a——粗集料的表观密度（g/cm³）。

2. 级配

粗集料中各组成颗粒的分级和搭配称为级配，级配是通过筛分试验确定的。对水泥混凝土用粗集料可采用干筛法筛分试验，对沥青混合料及基层用粗集料必须采用水洗法筛分试验。

筛分试验就是将粗集料经过一系列筛孔尺寸的标准筛（标准筛为方孔筛，筛孔尺寸依次为75 mm、63 mm、53 mm、37.5 mm、31.5 mm、26.5 mm、19 mm、16 mm、13.2 mm、9.5 mm、4.75 mm、2.36 mm、1.18 mm、0.6 mm、0.3 mm、0.15 mm、0.075 mm），测出各个筛上的筛余量，根据集料试样的质量与存留在各筛孔上的集料质量，就可求得一系列与集料级配有关的参数：①分计筛余百分率；②累计筛余百分率；③通过百分率。

粗集料的筛分试验中采用的标准套筛尺寸范围及试样质量与细集料筛分试验的有所不同，但级配参数的计算方法与细集料相同。

3. 坚固性

对已轧制成的碎石或天然卵石亦可采用规定级配的各粒级集料。按现行试验规程《公路工程集料试验规程》（JTG E 42—2005）选取规定数量，分别装在金属网篮中并浸入饱和硫酸钠溶液中进行干湿循环试验，经5次循环后，观察其表面破坏情况，并用质量损失百分率来计算其坚固性（也称安定性）。

（二）力学性质

粗集料力学性质主要是压碎值和磨耗率，其次是抗滑表层用集料的三项试验，即磨光值、道瑞磨耗值和冲击值。

1. 压碎值

粗集料压碎值是集料在逐渐增加的荷载下，抵抗压碎的能力。它作为衡量集料强度的一个相对指标，用以评价其在公路工程中的适用性。

按《公路工程集料试验规程》(JTG E 42—2005)的规定，粗集料压碎值试验是将 3 kg 9.5～13.2 mm 的集料试样装入压碎值测定仪的金属筒内，再放在压力机上，在 10 min 左右的时间内均匀地加荷至 400 kN，稳压 5 s，然后卸载，称其通过 2.36 mm 的筛余质量。计算公式如下：

$$Q'_a=\frac{m_1}{m_0}\times 100\% \tag{1-13}$$

式中：Q'_a——石料压碎值；

m_0——试验前试样质量(g)；

m_1——试验后通过 2.36 mm 筛孔的细料质量(g)。

2. 磨光值

在现代高速行车条件下，路面石料要求既不要产生较大的磨损，也不要被磨光，也就是说，对路面粗糙度提出了更高的要求。集料磨光值(PSV)是反映集料抵抗轮胎磨光作用的能力指标，是通过加速磨光机磨光集料并以摆式摩擦系数测定仪测得的磨光后集料的摩擦系数值来确定。

技术提示

集料磨光值愈高，表示其抗滑性愈好。抗滑面层应选用磨光值高的集料，如玄武岩、安山岩、砂岩和花岗岩等。

3. 冲击值

冲击值(AIV)是反映集料抵抗多次连续重复冲击荷载作用的性能，可采用冲击试验机测定。

冲击试验方法是选取粒径为 9.5～13.2 mm 的集料试样，用金属量筒分三次捣实的方法确定试验用集料数量。将集料装于冲击值试验机的盛样器中，用捣实杆捣实 25 次使其初步压实，然后用质量为(13.75±0.05) kg 的冲击锤，沿导杆自(380±5) mm 处自由落下锤击集料并连续锤击 15 次，每次锤击间隔时间不少于 1 s，然后将试验后的集料用 2.36 mm 的筛子筛分并称量。计算公式如下：

$$\mathrm{AIV}=\frac{m_1}{m}\times 100\% \tag{1-14}$$

式中：AIV——集料的冲击值(%)；

m——试样总质量(g)；

m_1——冲击破碎后通过 2.36 mm 的试样质量(g)。

4. 磨耗值

集料磨耗值(AAV)用于评定抗滑表层的集料抵抗车轮撞击及磨耗的能力。按我国现行试验规程《公路工程集料试验规程》(JTG E 42—2005)采用道瑞磨耗试验机来测定集料磨耗值。其方法是选取粒径为 9.5～13.2 mm 的洗净集料试样，单层紧排于两个试模内(不少于 24 粒)，然后排砂并用环氧树脂砂浆填充密实。经 24 h 养护，拆模取出试件，准确称出试件质量，试件、托盘和配重总质量为(2 000±10) g。将试件安装在道瑞磨耗试验机附的磨盘上，道瑞磨耗试验机的磨盘以 28～30 r/min 的转速旋转，磨 500 转后，取出试件，刷净残砂，准确称出试件质量。磨耗值计算公式如下：

$$AAV=\frac{3(m_1-m_2)}{\rho_s} \tag{1-15}$$

式中：AAV——集料磨耗值；

m_1——磨耗前试件的质量(g)；

m_2——磨耗后试件的质量(g)；

ρ_s——集料表干密度(g/cm³)。

技术提示

集料磨耗值愈高，表示集料耐磨性愈差。高速公路、一级公路抗滑层用集料的 AAV 值应不大于 14。

二、细集料的技术性质

在沥青混合料中，细集料是指粒径小于 2.36 mm 的天然砂、人工砂(包括机制砂)及石屑；在水泥混凝土中，细集料是指粒径小于 4.75 mm 的天然砂、人工砂。在工程中应用较多的细集料是天然砂。

砂按来源分为两类。一类为天然砂，它是由自然风化、水流冲刷、堆积形成的，粒径小于 4.75 mm的岩石颗粒，按生存环境分为河砂、山砂和海砂。河砂颗粒表面圆滑，比较洁净，质地较好，产源广；山砂颗粒表面粗糙，有棱角，含泥量和有机杂质多；海砂虽然具有河砂的特点，但因在海中，所以常混有贝壳、碎片和盐分等有害杂质。一般工程上多使用河砂，在缺乏河砂地区，可采用山砂或海砂，但在使用时必须按规定做技术检验。另一类为人工砂(机制砂、矿渣砂和煅烧砂都属于人工砂)，它是经人为加工处理得到的、符合规格要求的细集料，通常指岩石加工过程中采取真空抽吸等方法除去大部分土和细粉，或将石屑水洗得到的洁净的细集料。其表面多棱角，较洁净，但造价较高，如无特殊情况，多不采用这种砂。

细集料技术性质主要包括物理性质、颗粒级配和粗度。

1. 物理常数

细集料的物理常数主要有表观密度、堆积密度和空隙率等，其含义与粗集料完全相同，具体数值可通过试验测定。细集料的物理常数计算方法与粗集料相同。

2. 级配

级配是集料各级粒径颗粒的分配情况，砂的级配可通过筛分试验确定。对水泥混凝土用细集料可采用干筛法，如果需要也可采用水洗法筛分；对沥青混合料及基层用细集料必须用水洗法筛分。

筛分试验是将预先通过 9.5 mm 筛(水泥混凝土用天然砂筛分)或 4.75 mm 筛(沥青路面及

基层用的天然砂、石屑、机制砂等筛分)的试样,称取 500 g(或 500 mL)后置于一套孔径为 4.75 mm、2.36 mm、1.18 mm、0.6 mm、0.3 mm、0.15 mm、0.075 mm 的方孔筛上,分别求出试样存留在各筛上的质量,即筛余量,然后按下述方式计算其有关级配参数。

1) 分计筛余百分率

某号筛的分计筛余百分率为该号筛上的筛余量除以试样总质量的百分率,准确至 0.1%。计算公式如下:

$$a_i=\frac{m_i}{M}\times 100\% \tag{1-16}$$

式中:a_i——某号筛的分计筛余百分率;

m_i——某号筛上的筛余质量(g);

M——试样的总质量(g)。

2) 累计筛余百分率

某号筛的累计筛余百分率为该号筛及大于该号筛的各号筛的分计筛余百分率之和,准确至 0.1%。计算公式如下:

$$A_i=a_1+a_2+\cdots+a_i \tag{1-17}$$

式中:A_i——某号筛的累计筛余百分率;

a_1、a_2、…、a_i——4.75 mm、2.36 mm 直至计算到该号筛的分计筛余百分率。

3) 通过百分率

某号筛的通过百分率等于 100%减去该号筛的累计筛余百分率,准确至 0.1%。计算公式如下:

$$P_i=100\%-A_i \tag{1-18}$$

式中:P_i——某号筛的通过百分率;

A_i——某号筛的累计筛余百分率。

特别提示

半对数坐标系的一个轴是分度均匀的普通坐标轴,另一个轴是分度不均匀的对数坐标轴。级配曲线纵轴采用普通坐标,横轴采用对数坐标。

一般在下列情况下,建议用半对数坐标轴:

(1) 某一变量在所研究的范围内发生了几个数量级的变化。

(2) 在自变量由零开始逐渐增大的初始阶段,当自变量的少许变化引起因变量极大变化时,此时采用半对数坐标轴。曲线最大变化范围可伸长,使图形轮廓清楚。

(3) 需要将某种函数变换为直线函数关系。

3. 粗度

粗度是评价砂粗细程度的一种指标,用细度模数表示,计算公式如下,准确至 0.01。

$$M_X=\frac{(A_{0.15}+A_{0.3}+A_{0.6}+A_{1.18}+A_{2.36})-5A_{4.75}}{100-A_{4.75}} \tag{1-19}$$

式中:M_X——砂的细度模数;

$A_{0.15}$、$A_{0.3}$、…、$A_{4.75}$——分别为 0.15 mm、0.3 mm、…、4.75 mm 各筛上的累计筛余百分率（百分号不代入公式）。

细度模数愈大，表示细集料愈粗。我国现行标准《建筑用砂石中水溶性氟离子含量的测定 离子色谱法》（SN/T 3911—2014）规定，砂的粗度按细度模数可分为三级：M_X 在 3.7～3.1 为粗砂，M_X 在 3.0～2.3 为中砂，M_X 在 2.2～1.6 为细砂。

技术提示

细度模数虽能表示砂的粗细程度，但并不能完全反映出砂的颗粒级配情况，因为相同细度模数的砂可以有不同的颗粒级配。因此，要全面表征砂的颗粒性质，必须同时使用细度模数和级配两个指标。

例 1-1 现有砂 500 g，筛分试验后的筛分结果如表 1-1 所示。计算该砂的细度模数，并评价其粗细程度。

表 1-1 筛分结果

筛孔尺寸/mm	9.5	4.75	2.36	1.18	0.6	0.3	0.15	底盘
筛余量/g	0	25	55	55	100	125	110	30

解 筛分计算结果如表 1-2 所示。

表 1-2 计算结果

筛孔尺寸/mm	9.5	4.75	2.36	1.18	0.6	0.3	0.15	底盘
筛余量/g	0	25	55	55	100	125	110	30
分计筛余百分率/(%)	0	5	11	11	20	25	22	6
累计筛余百分率/(%)	0	5	16	27	47	72	94	100
通过百分率/(%)	100	95	84	73	53	28	6	0

根据公式(1-19)计算细度模数：

$$M_X=\frac{(A_{0.15}+A_{0.3}+A_{0.6}+A_{1.18}+A_{2.36})-5A_{4.75}}{100-A_{4.75}}$$

$$=\frac{[(94+72+47+27+16)-5\times 5]}{100-5}=2.43$$

由于细度模数 2.43 在 2.3～3.0，所以，此砂为中砂。

总结评价

工程中选择集料的同时要考虑其质量和价格，即要从可提供的集料来源中选择一种符合工程技术要求且最经济的集料。一种好的集料级配，应该是使集料的空隙率小且表面积对胶凝材料的需要量最小，但在工程实践中不允许过分追求最优级配，否则会给工程增加较多工程量和成本。对于天然砂，除了要考虑级配外，还应考虑其粗细程度，另外还要注意碱集料反应。

任务3 矿质混合料的组成设计

道路与桥梁用砂石材料，大多数是以矿质混合料的形式与各种结合料（如水泥或沥青等）组成混合料使用。欲使水泥混凝土和沥青混合料具备优良的路用性能，除了各种矿质集料的技术性质应符合技术要求外，矿质混合料还必须满足最小空隙率（即最大密实度）和最大摩擦力（各集料紧密排列）的基本要求。为此，必须对矿质混合料进行组成设计。

一、矿质混合料的级配理论

1. 级配类型

各种不同粒径的集料，按照一定比例搭配，以达到最大密实度和最大摩擦力的要求，可以采用如下两类级配方式。

1）连续级配

连续级配是采用标准套筛对某一混合料进行筛析试验，所得级配曲线平顺圆滑，具有连续性。这种由大到小，逐级粒径均有，按比例互相搭配组成的矿质混合料，称为连续级配混合料。

2）间断级配

间断级配是在矿质混合料中剔除一个或几个分级而形成一种不连续的混合料的方式。这种混合料称为间断级配混合料。

连续级配和间断级配曲线比较图如图1-4所示。

2. 级配理论

关于级配理论，目前常用的主要有最大密度曲线理论和粒子干涉理论。

1）最大密度曲线理论

最大密度曲线是通过试验提出一种理想曲线。该理论认为级配曲线愈接近抛物线时，其密度愈大。因此，当级配曲线（见图1-5）为抛物线时其密实度最大。最大密度曲线方程可用粒径（d）与通过率（P）表示：

$$P^2=kd \tag{1-20}$$

当粒径 d 等于最大粒径 D 时，矿质混合料的通过率等于100%，将此关系代入式（1-20），则对任意一级粒径 d 的通过率 P 可按下式求得：

$$P=100\%\sqrt{\frac{d}{D}} \tag{1-21}$$

式中：P——欲计算的某级粒径 d 的矿料通过百分率（%）；

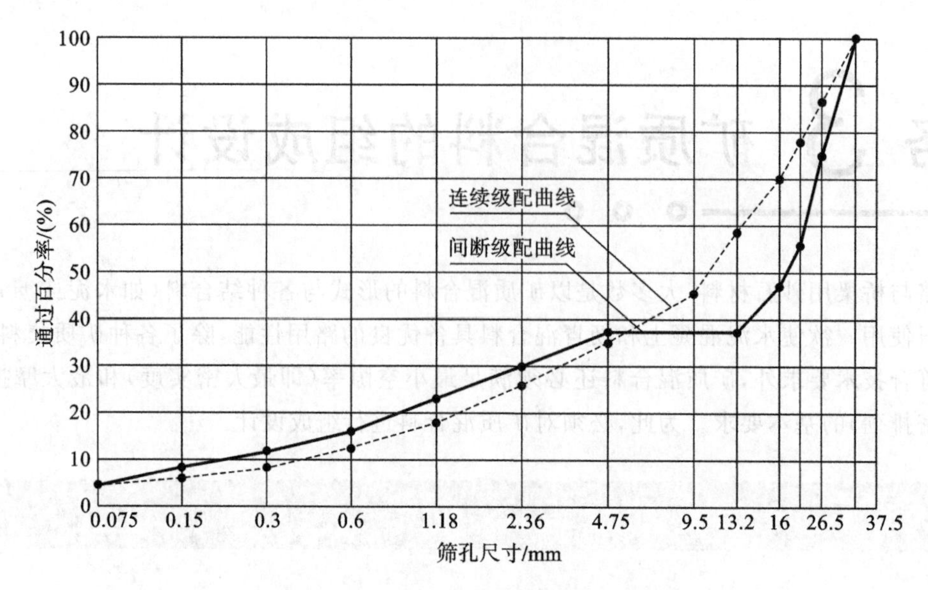

图 1-4 连续级配与间断级配曲线比较图

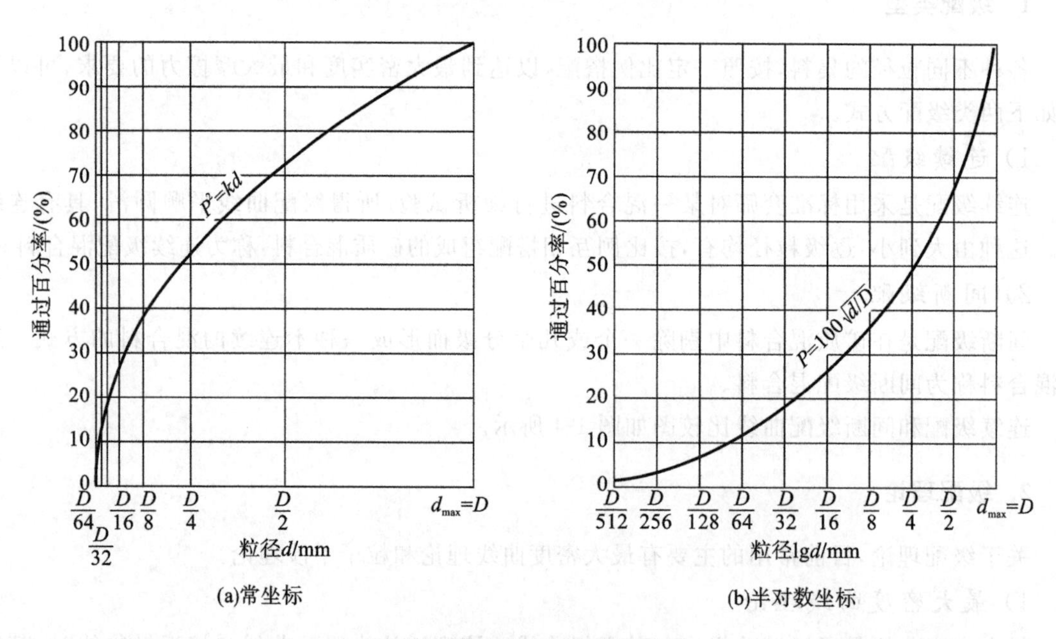

图 1-5 最大密度理想级配曲线

D——矿质混合料的最大粒径(mm)；

d——欲计算的某级矿质混合料的粒径(mm)。

2）最大密度曲线的 n 次幂公式

最大密度曲线是一种理想曲线，在实际应用中，矿质混合料的级配曲线应允许在一定的范围内波动，故将最大密度曲线改为 n 次幂的通式：

$$P=100\%\left(\frac{d}{D}\right)^{n} \quad (1\text{-}22)$$

式中：P——欲计算的某级粒径 d 的矿料通过百分率(%)；

D——矿质混合料的最大粒径(mm)；

d——欲计算的某级矿质混合料的粒径(mm)。

n——试验指数。

根据试验认为 n=0.3～0.7 时，矿质混合料具有较好的密实度，级配曲线范围如图 1-6 所示。

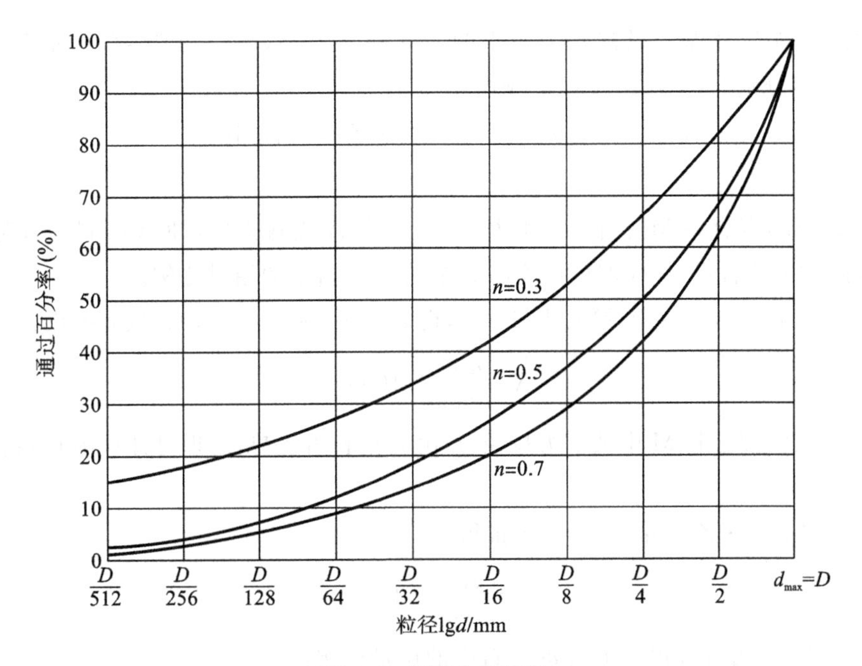

图 1-6 级配曲线范围

二、矿质混合料的组成设计方法

天然的或人工轧制的单一集料的级配一般很难完全符合某一合适级配范围的要求，因此用几种集料按照一定比例进行搭配才能达到级配范围的要求，这就需要对矿质混合料进行组成设计。确定矿质混合料配合比的方法很多，一般主要采用试算法和图解法。

不管采用哪种方法，首先必须已知如下两项条件：

(1) 各种集料的筛分结果。

(2) 按技术规范(或理论级配)要求矿质混合料的级配范围。

1. 试算法

1) 基本原理

试算法适用于 2～3 种矿料组成的混合料，是一种最简单的方法。此方法的基本原理是，现有几种矿质集料，欲配制成某种符合一定级配要求的矿质混合料，在决定各组成集料混合的比例时，先假定混合料中某种粒径的颗粒是由某一种对这一粒径占优势的集料组成，而其他各种集料中不含有此粒径。这样即可根据各个主要粒径去试算各种集料在混合料中的比例，再经过校核调整，最终获得满足混合料级配要求的各集料的配合比例。

例如，现有A、B、C三种集料，欲配制成某一级配要求的混合料M。确定这三种集料在混合料M中的配合比例（即配合比），按题意做下列两点假设：

①设X、Y、Z为A、B、C三种集料组成矿质混合料M的配合比例，则：

$$X+Y+Z=100\% \tag{1-23}$$

②又设混合料M中某一级粒径(i)要求的含量为$a_{M(i)}$，A、B、C三种集料在原来级配中此粒径(i)颗粒的含量分别为$a_{A(i)}$、$a_{B(i)}$、$a_{C(i)}$，则：

$$a_{A(i)}\cdot X+a_{B(i)}\cdot Y+a_{C(i)}\cdot Z=a_{M(i)}\times 100\% \tag{1-24}$$

2）计算步骤

(1) 由假设①，混合料M中某一级粒径(i)主要由A集料提供（即A集料占优势），而忽略其他集料在此粒径的含量，这样即可计算出A料在混合料中的用量比例。

按假设①得$a_{B(i)}=a_{C(i)}=0$，代入式(1-24)，得$a_{A(i)}\cdot X=a_{M(i)}\times 100$，从而推出：

$$X=\frac{a_{M(i)}}{a_{A(i)}}\times 100\% \tag{1-25}$$

(2) 由假设②，混合料M中某一级粒径(j)由C集料占优势，同理可计算出C料在混合料中的用量比例。

按假设②得$a_{C(j)}\cdot Z=a_{M(j)}\times 100$，可推得：

$$Z=\frac{a_{M(j)}}{a_{C(j)}}\times 100\% \tag{1-26}$$

(3) 由式(1-23)可计算出B料在混合料中的用量比例：

$$Y=100\%-(X+Z) \tag{1-27}$$

(4) 由上述步骤即可计算A、B、C三种集料组成矿质混合料的配合比X、Y、Z。经校核，如不在要求的级配范围内，应调整配合比，重新计算和复核。

例1-2 现有碎石、砂和矿粉三种集料，经筛分试验，各集料的分计筛余百分率如表1-3所示，并给出按推荐要求设计混合料的级配范围，试求碎石、砂和矿粉三种集料在要求级配混合料中的用量比例。

表1-3 原有集料的分计筛余和混合料要求的级配范围

筛孔尺寸d_i /mm	碎石分计筛余 $a_{A(i)}$/(%)	砂分计筛余 $a_{B(i)}$/(%)	矿粉分计筛余 $a_{C(i)}$/(%)	矿质混合料要求级配通过百分率/(%)
13.2	1.3	—	—	100
4.75	58.0	—	—	63~78
2.36	24.0	9.5	—	40~63
1.18	14.9	23.0	—	30~53
0.6	1.8	19.5	5.0	22~45

续表

筛孔尺寸 d_i /mm	碎石分计筛余 $a_{A(i)}$/(%)	砂分计筛余 $a_{B(i)}$/(%)	矿粉分计筛余 $a_{C(i)}$/(%)	矿质混合料要求级配通过百分率/(%)
0.3	—	35.0	4.0	15～35
0.15	—	8.0	5.5	12～30
0.075	—	3.0	3.5	10～25
<0.075	—	2.0	82.0	—

解 (1) 先将矿质混合料要求级配范围的通过百分率换算为分计筛余百分率，计算结果如表1-4所示，并设碎石、砂和矿粉的配合比为 X、Y、Z。

(2) 由表1-4所示可知，碎石中4.75 mm的粒径颗粒含量占优势，假设混合料中4.75 mm的粒径全部由碎石提供，则 $a_{B(4.75)}=a_{C(4.75)}=0$，由式(1-25)可知碎石在矿质混合料中的用量比例：

$$X=\frac{a_{M(4.75)}}{a_{A(4.75)}}\times 100\%=\frac{29.5\%}{58.0\%}\times 100\%=51\%$$

表1-4 原有集料和要求级配范围的分计筛余

筛孔尺寸 d_i/mm	碎石分计筛余 $a_{A(i)}$/(%)	砂分计筛余 $a_{B(i)}$/(%)	矿粉分计筛余 $a_{C(i)}$(%)	要求级配范围通过率的中值 $P_{(i)}$/(%)	要求级配范围累计筛余的中值 $A_{(i)}$/(%)	要求级配范围分计筛余的中值 $a_{M(i)}$/(%)
13.2	1.3	—	—	100	—	—
4.75	58.0	—	—	70.5	29.5	29.5
2.36	24.0	9.5	—	51.5	48.5	19.0
1.18	14.9	23.0	—	41.5	58.5	10.0
0.6	1.8	19.5	5.0	33.5	66.5	8.0
0.3	—	35.0	4.0	25.0	75.0	8.5
0.15	—	8.0	5.5	21.0	79.0	4.0
0.075	—	3.0	3.5	17.5	82.5	3.5
<0.075	—	2.0	82.0	—	100.0	17.5

(3) 同理，由表1-4可知，矿粉中<0.075 mm粒径的颗粒含量占优势，忽略碎石和砂中此粒径颗粒的含量，即 $a_{A(<0.075)}=a_{B(<0.075)}=0$，由式(1-26)可知矿粉在矿质混合料中的用量比例：

$$Z=\frac{a_{M(<0.075)}}{a_{C(<0.075)}}\times 100\%=\frac{17.5\%}{82\%}\times 100\%=21\%$$

(4) 由式(1-27)可得砂在矿质混合料中的用量比例：

$$Y=100\%-(X+Z)=100\%-(51\%+21\%)=28\%$$

(5) 校核。以试算所得配合比 $X=51\%$，$Y=28\%$，$Z=21\%$，按表1-5进行校核。

表 1-5　矿质混合料配合组成计算校核

筛孔尺寸 d_i（mm）	碎石			砂			矿粉			矿质混合料			要求级配范围通过率/(%)
	原来级配分计筛余 $a_{A(i)}$/(%)	用量比例 X/(%)	占混合料百分率 $a_{A(i)}X$/(%)	原来级配分计筛余 $a_{B(i)}$/(%)	用量比例 Y/(%)	占混合料百分率 $a_{B(i)}Y$/(%)	原来级配分计筛余 $a_{C(i)}$/(%)	用量比例 Z/(%)	占混合料百分率 $a_{C(i)}Z$/(%)	分计筛余 $a_{M(i)}$/(%)	累计筛余 $A_{M(i)}$/(%)	通过率 $P_{M(i)}$/(%)	
13.2	1.3	51	0.7	—	28	—	—	21	—	0.7	0.7	99.3	100
4.75	58.0		29.6	—		—	—		—	29.6	30.3	69.7	63～78
2.36	24.0		12.2	9.5		2.7	—		—	14.9	45.2	54.8	40～63
1.18	14.9		7.6	23.0		6.4	—		—	14.0	59.2	40.8	30～53
0.6	1.8		0.9	19.5		5.5	5.0		1.1	7.5	66.7	33.3	22～45
0.3	—		—	35.0		9.8	4.0		0.8	10.6	77.3	22.7	15～35
0.15	—		—	8.0		2.2	5.5		1.2	3.4	80.7	19.3	12～30
0.075	—		—	3.0		0.8	3.5		0.7	1.5	82.2	17.8	10～25
＜0.075	—		—	2.0		0.6	82.0		17.2	17.8	100	—	—
校核（Σ）	100		51	100		28	100		21	100			

根据校核结果显示，该混合料符合级配范围要求。如不符合级配范围，应调整配合比再进行试算，经几次调整，逐步接近，直至达到要求。如经计算确实不能符合级配要求，应调整或增加集料品种。

2. 图解法

我国现行规范推荐采用的图解法为修正平衡面积法。由 3 种以上的集料进行组配时，采用此方法进行设计十分方便。

修正平衡面积法的设计步骤如下。

1）绘制级配曲线图

(1) 计算要求级配范围通过率的中值，作为设计依据。

(2) 根据级配范围中值，确定相应的横坐标的位置。先绘制一个长方形图框，通常纵轴为通过百分率，长度取 10 cm，横轴为筛孔尺寸，长度取 15 cm。连接对角线 OO'（见图 1-7）作为合成级配的中值。纵坐标按算术坐标，标出通过百分率（0～100%）。根据合成级配中值要求的各筛孔通过百分率，从纵坐标引横轴的平行线与对角线相交，再从交点做垂线与横轴相交，其交点即

级配范围中值所对应的各筛孔尺寸。（见图 1-7）

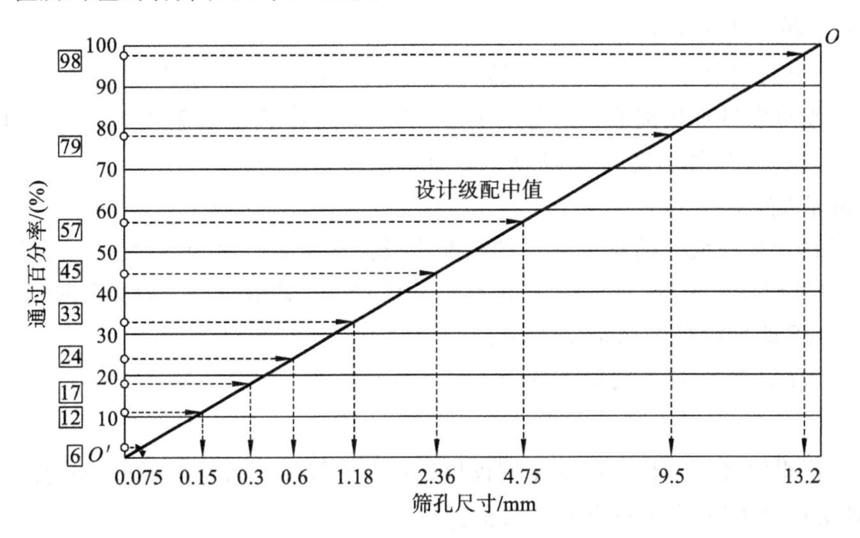

图 1-7　绘制级配曲线图

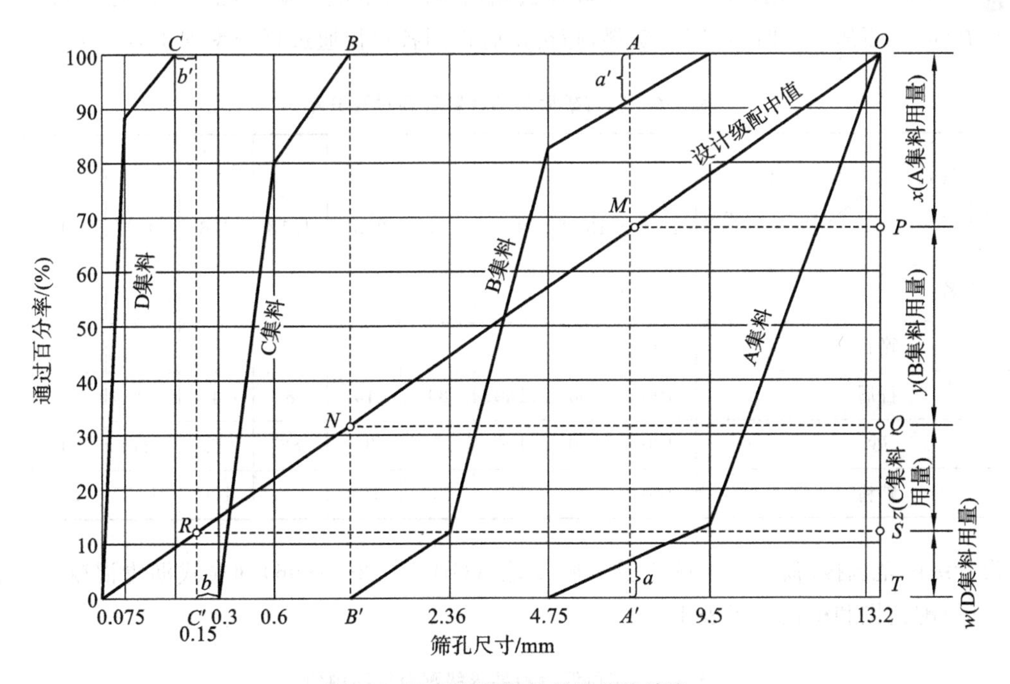

图 1-8　两相邻集料的级配曲线情况

2）确定各种集料的用量比例

从级配曲线图上最粗集料开始，依次分析两种相邻集料的级配曲线，直至最细集料。在分析过程中，两相邻集料的级配曲线可能出现图 1-8 所示的 3 种情况。

（1）两相邻级配曲线重叠。

如集料 A 级配曲线下部与集料 B 级配曲线上部重叠，此时，应进行等分，即在两级配曲线重叠的部分引一条使 $a=a'$ 的垂线 AA'，再通过垂线 AA' 与对角线 OO' 的交点 M 做一水平线交纵

轴于 P 点。OP 即集料 A 的用量比例。

(2) 两相邻级配曲线相接。

如集料 B 的级配曲线末端与集料 C 的级配曲线首端正好在一垂直线上，此时，应将集料 B 级配曲线的末端与集料 C 级配曲线的首端相连，即垂线 BB'，再通过垂线 BB'，与对角线 OO' 的交点 N 作一水平线交纵轴于 Q 点。点 Q 即集料 B 的用量比例。

(3) 两相邻级配曲线相离。

如集料 C 的级配曲线末端与集料 D 的级配曲线首端相离一段距离，此时应进行平分，即做一垂线 CC'，平分相离的距离（即 $b=b'$），再通过垂线 CC' 与对角线 OO' 的交点 R 做一水平线交纵轴于 S 点。QS 即集料 C 的用量比例。

剩余部分 ST 即集料 D 的用量比例。

3) 校核

按图解法所得的各种集料的用量比例校核计算合成级配是否符合要求，如超出级配范围要求，应调整各集料的比例，直至符合要求为止。

例 1-3 试用图解法设计某高速公路用细沥青混凝土矿质混合料的配合比。

现有碎石、石屑、砂和矿粉四种矿料，筛析试验得到各粒径通过百分率列于表 1-6。

表 1-6 原有矿质集料各粒径通过百分率

各粒径通过百分率/(%) 筛(方孔筛)孔尺寸/mm 材料名称	16.0	13.2	9.5	4.75	2.36	1.18	0.6	0.3	0.15	0.075
碎石	100	93	17	0						
石屑	100	100	100	84	14	8	4	0		
砂	100	100	100	100	92	82	42	21	11	4
矿粉	100	100	100	100	100	100	100	100	96	87

设计级配范围按《沥青路面施工及验收规范》(GB 50092—1996)细粒式沥青混凝土混合料要求，其级配范围和中值列于表 1-7。

表 1-7 矿质混合料要求级配范围和中值

通过百分率/(%) 筛(方孔筛)孔尺寸/mm 级配名称		16.0	13.2	9.5	4.75	2.36	1.18	0.6	0.3	0.15	0.075
上面层细粒式	级配范围	100	95～100	70～88	48～68	36～53	24～41	18～30	12～22	8～16	4～8
	级配中值	100	98	79	58	45	33	24	17	12	6

解 (1) 绘制级配曲线图(见图 1-9),在纵轴上按算术坐标绘出通过百分率。

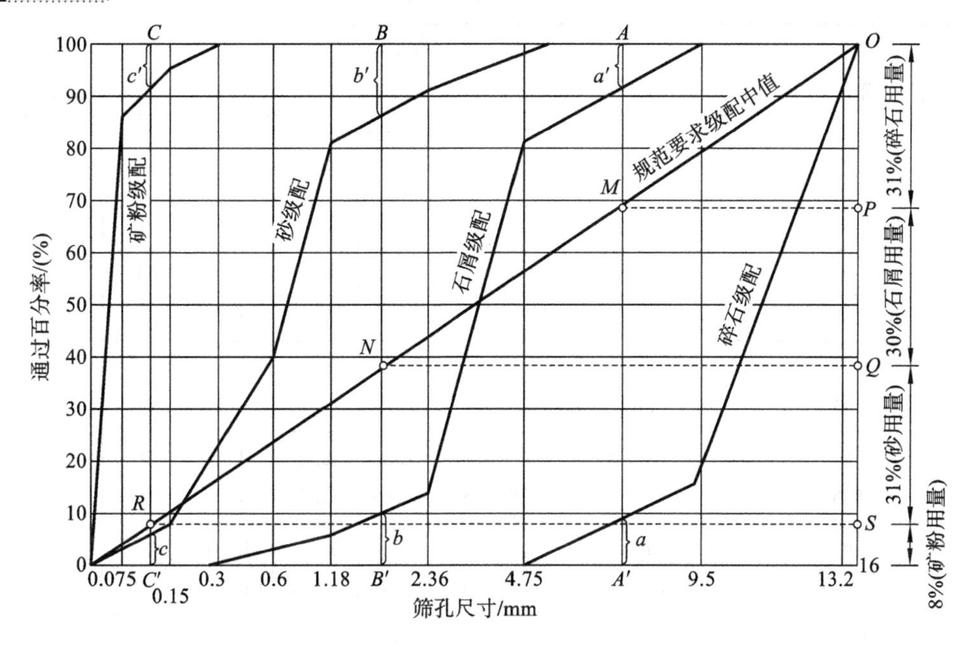

图 1-9 组成集料级配曲线和要求合成级配曲线图

(2) 连对角线 OO',表示规范要求的级配中值。在纵坐标上标出规范(GB 50092—1996)规定的细粒式混合料(AC-13Ⅰ)各筛孔的要求通过百分率,做水平线与对角线 OO' 相交,再从各交点做垂线交于横轴上,确定各筛孔在横轴上的位置。

(3) 将碎石、石屑、砂和矿粉的级配曲线绘于图 1-9 上。

(4) 在碎石和石屑级配曲线的重叠部分做一垂直线 AA',使垂线截取这两条级配曲线的纵坐标值相等(即 $a=a'$)。自垂线 AA' 与对角线交点 M 引一水平线,与纵轴交于 P 点,OP 的长度 $X=31\%$,即碎石的用量。

同理,求出石屑的用量 $Y=30\%$,砂的用量 $Z=31\%$,则矿粉用量 $W=8\%$。

(5) 根据图解法求得的各集料用量百分率,列表(见表 1-8)进行校核计算。从表中可以看出,按碎石∶石屑∶砂∶矿粉=31%∶30%∶31%∶8%计算结果,合成级配中筛孔 0.3 mm 和 0.6 mm 的通过量偏低,筛孔 1.18 mm 和 0.075 mm 的通过量偏高,且曲线呈锯齿状。

(6) 由于图解法的各种材料用量比例是根据部分筛孔确定的,所以不能控制所有筛孔。通常需要调整修正才能达到满意的结果。

通过试算现采用减少粗石屑用量、增加砂用量和减少矿粉用量的方法来调整配合比。经调整后的配合比为:碎石用量 $X=31\%$,石屑用量 $Y=26\%$,砂的用量 $Z=37\%$,矿粉用量 $W=6\%$。按此配合比计算得出表 1-8 中括号内数值。

(7) 将表 1-8 计算得到的合成级配通过百分率绘于规范要求级配曲线中,如图 1-10 所示。从图中可以看出,合成级配曲线在规范要求的级配范围之内,并且接近中值,呈光滑平顺的曲线状。因此可确定矿质混合料配合比为碎石∶石屑∶砂∶矿粉=31∶26∶37∶6。

表 1-8　矿质混合料组配校核表

材料名称		筛孔尺寸/mm									
		16	13.2	9.5	4.75	2.36	1.18	0.6	0.3	0.15	0.075
		通过百分率/(%)									
原材料级配	碎石 100%	100	93	17	0						
	石屑 100%	100	100	100	84	14	8	4	0		
	砂 100%	100	100	100	100	92	82	42	21	11	4
	矿粉 100%	100	100	100	100	100	100	100	100	96	87
各种集料在混合料中的级配	碎石 31%(31%)	31.0 (31.0)	28.8 (28.8)	5.3 (5.3)							
	石屑 30%(26%)	30.0 (26.0)	30.0 (26.0)	30.0 (26.0)	25.2 (21.8)	4.2 (3.6)	2.4 (2.1)	1.2 (1.1)	0 (0)		
	砂 31%(37%)	31 (37)	31 (37)	31 (37)	31 (37)	28.5 (34.0)	25.4 (30.3)	13.0 (15.5)	6.5 (7.8)	3.4 (4.1)	1.2 (1.5)
	矿粉 8%(6%)	8 (6)	8 (6)	8 (6)	8 (6)	8 (6)	8 (6)	8 (6)	8 (6)	7.7 (5.8)	7.0 (5.2)
合成级配		100 (100)	97.8 (97.8)	74.3 (74.3)	64.2 (64.8)	40.7 (43.6)	35.8 (38.4)	22.2 (22.6)	14.5 (13.8)	11.1 (9.9)	8. 2 (6.7)
规范要求的级配范围		100	95～100	70～88	48～68	36～53	24～41	18～30	12～22	3～16	4～8

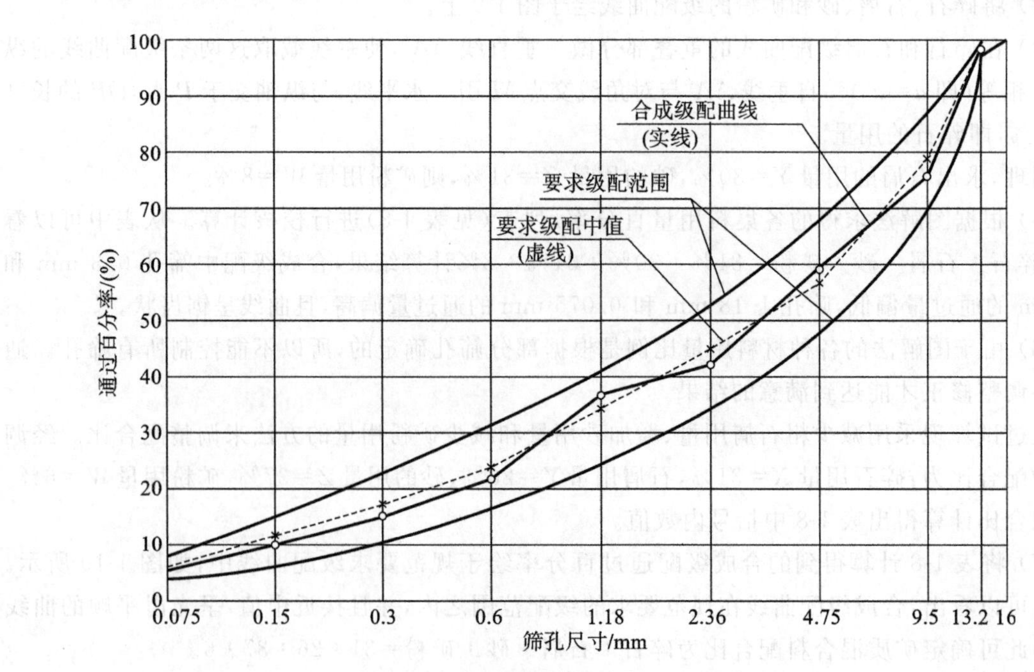

图 1-10　集料与合成级配的级配曲线

特别提示

矿质混合料组成设计的两种方法适用不同的范围，应按照步骤一步一步去做，做图要耐心细致。根据上述介绍的两种方法，可以用Excel表格绘制图形来计算矿质混合料的配合比，结果更为准确。

1. 岩石的主要物理常数有哪几项？简述它们的含义。
2. 试论述影响岩石抗压强度的主要因素(内因和外因)。
3. 集料的主要物理常数有哪几项？与岩石的物理常数有何不同？
4. 什么是级配？表示级配的参数有哪些？
5. 磨光值是表征集料什么性能的指标？它在路面工程中有什么实际意义？
6. 为什么要进行矿质混合料组成设计？
7. 试述试算法和图解法的基本原理和计算步骤。

学习模块 2

无机胶凝材料的检测与应用

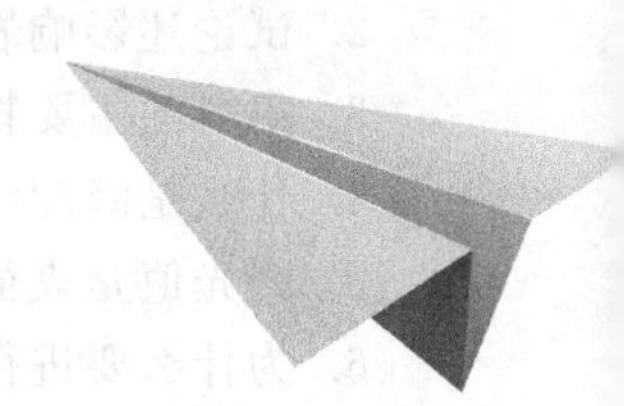

学习目标

教学目标

通过本模块的学习，使学生具备对石灰和水泥这两种常见无机胶凝材料的使用与检测能力。熟知无机胶凝材料的分类，了解石灰和水泥的分类及生产工艺，熟悉水泥的矿物组成，熟悉石灰的熟化、硬化过程，了解硅酸盐水泥的水化、凝结和硬化的过程，掌握石灰、硅酸盐水泥的技术性质和技术标准，了解硅酸盐水泥的腐蚀类型和防止措施，熟悉石灰的特性、应用与储存，熟悉掺混合材料的硅酸盐水泥的特点及应用，了解其他品种水泥的特点及工程应用。

教学要求

知识目标	能力目标	技能目标
石灰的分类及熟化、硬化过程	(1)能区分不同种类的石灰。 (2)能熟知石灰的熟化、硬化过程	(1)熟练掌握石灰的性能指标试验的操作过程，如有效氧化钙、氧化镁含量等。 (2)能够对数据进行处理，并根据规范做出相应的判定
石灰的技术性质	(1)能熟练掌握石灰的技术指标。 (2)能依据规范要求测定石灰的性能指标	

续表

知识目标	能力目标	技能目标
水泥的分类及矿物组成	(1)能区分不同品种的水泥。 (2)能熟记硅酸盐水泥的矿物组成	(1)熟练掌握水泥的性能指标试验的操作过程,如细度、标准稠度用水量、凝结时间、体积安定性、强度等。 (2)能够对数据进行处理,并根据规范做出相应的判定
水泥的技术性质	(1)能熟练掌握硅酸盐水泥的技术指标。 (2)能依据规范要求测定硅酸盐水泥的性能指标	
硅酸盐水泥的技术标准	能根据规范要求了解硅酸盐水泥的等级及适用范围	

建筑上用来将松散材料(如砂和石子)或块状材料(如砖和石块)黏结为一个整体的材料,统称为胶凝材料。胶凝材料按照化学成分可分为两大类:有机胶凝材料和无机(矿物)胶凝材料。

石油沥青、煤沥青及各种天然或人造树脂属于有机胶凝材料。无机胶凝材料则按照硬化条件又可分为气硬性胶凝材料和水硬性胶凝材料。气硬性胶凝材料只能在空气中硬化,也只能在空气中保持或继续发展其强度;水硬性胶凝材料则不仅能在空气中,而且在水中能更好地凝结硬化,保持并继续发展其强度。石膏、石灰、菱苦土和水玻璃都是建筑上常用的气硬性无机胶凝材料,水硬性胶凝材料则有各种水泥。

任务 1 石灰的检测与应用

一、石灰的分类和概述

石灰是一种气硬性胶凝材料。它是将以碳酸钙为主要成分的原料(如石灰石),经过适当的的煅烧,尽可能分解和排出二氧化碳后所得到的成品,其主要成分是氧化钙(CaO)。

根据成品加工方法的不同,可将石灰分成以下几种。

(1) 块状生石灰:由原料煅烧而得的原产品,主要成分是 CaO。

(2) 磨细生石灰:由块状生石灰磨细而得的细粉,其主要成分也为 CaO。

(3) 消石灰:将生石灰用适量的水消化而得的粉末,亦称熟石灰,主要成分为 $Ca(OH)_2$。

(4) 石灰浆:将生石灰用大量的水(约为生石灰体积的三至四倍)消化而得的可塑浆体,亦称石灰膏,主要成分为 $Ca(OH)_2$ 和水。如果水分加得更多,会得到白色悬浊液,称为石灰乳。在 15 ℃时溶有 0.3% $Ca(OH)_2$ 的透明液体称为石灰水。

根据 MgO 含量的多少,石灰可分为以下三种。

(1) 低镁石灰:MgO 含量不大于 5%。

(2) 镁质石灰:MgO 含量在 5%~20%。

(3) 白云质石灰(亦称高镁石灰):MgO 含量在 20%~40%。

根据消化速度的不同,石灰可分为以下三种。

(1) 快速消化石灰:消化速度在 10 分钟之内。

(2) 中速消化石灰:消化速度在 10~30 分钟。

(3) 慢速消化石灰:消化速度在 30 分钟以上。

石灰的消化速度,是根据石灰与水作用时的放热速度确定的。上述消化时间是指在一定的标准条件下,从石灰与水混合起,到达最高温度所需的时间。根据最高的温度值,石灰又可分为低热石灰和高热石灰两种,前者消化温度低于 70 ℃,后者则高于 70 ℃。

石灰的用途非常广泛,除用于制碱、造纸、冶金、农业等方面外,在建筑工程和建筑材料工业中,它是应用较广泛的原材料之一。

在建筑工程上,石灰主要用于粉刷和砌筑砂浆中。使用前,先将煅烧好的块状生石灰加水消化,除去未消化的颗粒,沉淀后即得到以 $Ca(OH)_2$ 为主体的石灰膏。然后再按其用途,或是加水稀释成石灰乳用于室内粉刷,或是掺入适量的砂子或水泥配制成石灰砂浆或水泥石灰混合砂浆用于墙体砌筑或饰面。这种石灰浆体的硬化,只能在干燥状态下,通过水分的蒸发,氢氧化钙进一步析晶以及水化粒子逐渐靠拢而形成一定强度。其后,在空气中 CO_2 的作用下生成碳酸钙,使强度进一步提高。显然,这种硬化过程是非常缓慢的,特别是在砂浆表面生成一层碳酸钙薄膜后,CO_2 不易渗透,以至于碳化过程大大减慢。因此,预先消化而成的石灰浆体,硬化后强度并不高，而且只能应用于干燥的地方。

在建筑材料工业中，广泛使用磨细生石灰。将磨细生石灰与具有活性的材料，例如天然火山灰质材料、烧黏土、粉煤灰、煤矸石、炉渣以及高炉矿渣等混合，并掺入适量的石膏制作无熟料水泥；也可将磨细生石灰与含 SiO_2 的材料加水混合，经过消化、成型、养护等工序制作硅酸盐制品。此外，磨细生石灰在人工碳化条件下制得的生产石灰碳化制品也逐渐受到人们的重视。

工程案例

某城市二级公路，设计总长度为 13.8 km，其中采用了 30 cm 厚 8%石灰土处理土基。石灰土基示意图如图 2-1 所示。

任务：请根据上述资料选择合适的石灰，检测其技术性质，并对该工程使用的石灰做出相应的评价。

图 2-1　某公路石灰土基示意图

任务分解

第一步：选择合适的石灰。

根据工程的特点和所处的环境，选择合适的石灰。

第二步：检测该工程所使用的石灰的技术性质。

石灰中有效氧化钙和氧化镁含量、体积安定性、细度等技术性质，应根据《公路工程无机结合料稳定材料试验规程》(JTG E51—2009)，采用正确的试验方法检测其各种性能指标，评价其性能优良。

二、石灰的生产工艺

石灰是在建筑上使用较早的矿物胶凝材料之一。石灰的原料石灰石分布很广，生产工艺简单，成本低廉，所以在建筑上一直应用很广。

石灰石的主要成分是碳酸钙，将石灰石加以煅烧，碳酸钙分解成生石灰，其主要成分为氧化钙。

$$CaCO_3 \xrightarrow{\triangle 900\ ℃} CaO + CO_2 \uparrow \tag{2-1}$$

为了加速分解过程，煅烧温度常提高至1000～1100 ℃。生石灰呈白色或灰色块状。烧透的新块灰表观密度为800～1 000 kg/m³。原料中多少含有一些碳酸镁，因而生石灰中还含有次要成分氧化镁。生石灰中氧化镁含量≤5%的称为钙质石灰，生石灰中氧化镁含量＞5%的称为镁质石灰。镁质石灰熟化较慢，但硬化后强度稍高。

特别提示

根据煅烧的程度不同会出现欠火石灰、正火石灰、过火石灰。煅烧良好的为正火石灰，其质轻色匀，性能良好；若温度过低或时间过短，常产生欠火石灰；若温度过高或时间过长，则常含有过火石灰。其中，欠火石灰降低石灰的利用率；过火石灰颜色较深，密度较大，表面常被黏土杂质融化形成的玻璃釉状物包裹，熟化很慢。当石灰已经硬化后，石灰浆应在储灰坑中“陈伏”（为了保证生石灰充分熟化，在使用前将生石灰在贮灰坑中存放两周以上的时间称为陈伏）两个星期以上。陈伏期间，石灰浆表面应保有一层水分，与空气隔绝，以免碳化。

石灰的另一来源是化学工业副产品。例如用水作用于碳化钙（即电石）以制取乙炔时，所产生的电石渣，其主要成分是氢氧化钙，即熟石灰。

$$\underset{\text{碳化钙}}{CaC_2} + 2H_2O = \underset{\text{乙炔}}{C_2H_2} \uparrow + Ca(OH)_2 \tag{2-2}$$

工地上使用石灰时，通常将生石灰加水，使之消解为熟石灰——氢氧化钙，这个过程称为石灰的“熟化”。

$$CaO + CO_2 \longrightarrow Ca(OH)_2 + 15.5\ kcal \tag{2-3}$$

石灰的熟化为放热反应，熟化时体积增大1～2.5倍。煅烧良好、氧化钙含量高的石灰熟化较快，放热量和体积增大也比较多。

按石灰用途，我国工地上熟化石灰的方法有如下两种。

(1) 用于调制石灰砌筑砂浆或抹灰砂浆时，需将生石灰熟化成石灰浆。生石灰在化灰池或熟化机中加水熟化后，流入储灰池。

石灰浆在储灰池中沉淀并除去上层水分后称为石灰膏，石灰膏表观密度为1 300～1 400 kg/m³。1 kg生石灰可化成1.5～3 dm³ 石灰膏。石灰砂浆的配合比一般按石灰膏的体积计算。

(2) 用于拌制石灰土（石灰、黏土）、三合土（石灰、黏土、砂石或炉渣等）时，将生石灰熟化成消石灰粉。生石灰熟化成消石灰粉时，理论上需31.2%生石灰重量的水，由于一部分水分需消耗于蒸发，实际加水量常为生石灰重量的60%～80%，应以能充分消解而又不过湿成团为度。工地可采用分层浇水法，每层生石灰块厚约50 cm。

消石灰粉在使用以前，也应有类似石灰浆的“陈伏”时间。消石灰粉中氧化镁含量≤4%的称为钙质石灰，＞4%的称为镁质石灰。

石灰浆体在空气中逐渐硬化，是由以下两个同时进行的过程来完成的：

(1) 结晶作用——游离水分蒸发，氢氧化钙逐渐从饱和的溶液中结晶。

(2) 碳化作用——氢氧化钙与空气中的二氧化碳化合生成碳酸钙结晶，释放出水分并被蒸发：

$$Ca(OH)_2 + CO_2 + nH_2O \xlongequal{} CaCO_3 + (n+1)H_2O \quad (2\text{-}4)$$

碳化作用实际是二氧化碳与水形成碳酸，然后与氢氧化钙反应生成碳酸钙，所以这个作用不能在没有水分的全干状态下进行。而且，碳化作用在长时间内只限于表层，氢氧化钙的结晶作用则主要在内部发生，所以，石灰浆体的硬化是由表、里两种不同的晶体组成的。随着时间的增加，表层碳酸钙的厚度逐渐增加。增加的速度显然取决于与空气接触的条件。使用于深土中的熟石灰，硬化特别缓慢，而且，经过很长时间，其内部仍为氢氧化钙。

三、石灰的技术性质和应用

生石灰熟化为石灰浆时，能自动形成颗粒极细（直径约为 1 μ）的呈胶体分散状态的氢氧化钙，表面吸附一层厚的水膜。因此用石灰调成的石灰砂浆，其突出的优点是具有良好的可塑性。

从石灰浆体的硬化过程可以看出，由于空气中的二氧化碳稀薄，碳化甚为缓慢。而且表面碳化后，形成紧密外壳，不利于碳化作用的深入，也不利于内部水分的蒸发，因此石灰是硬化缓慢的材料。同时，石灰的硬化只能在空气中进行。硬化后的强度也不高，1∶3 石灰砂浆 28 天抗压强度通常只有 0.2～0.5 MPa。受潮后强度更低，在水中还会溶解溃散。所以，石灰不宜在潮湿的环境下使用，也不宜用于重要建筑物的基础。

石灰在硬化过程中，蒸发大量的游离水而引起显著的收缩，所以除调成石灰乳薄层涂刷外，不宜单独使用。使用时常在其中掺入砂、纸筋等以减少收缩和节约石灰。

石灰砂浆应用于吸水性较大的基面（如普通黏土砖）上时，应事先将基面润湿，以免石灰浆脱水过快而成为干粉，丧失胶结能力。

石灰土和三合土的应用，我国已有数千年的历史。石灰与黏土之间的物理-化学作用尚待继续研究，可能是由于石灰改善了黏土的和易性，在强力夯打之下，大大提高了紧密度。而且，黏土颗粒表面少量活性的氧化硅和氧化铝发生了化学反应，生成了不溶性水化硅酸钙和水化铝酸钙，将黏土颗粒黏结起来，因而提高了黏土的强度和耐水性。石灰土中石灰用量增大，强度和耐水性则相应提高，但超过某一用量（视石灰质量和黏土性质而定）后，就不再提高了。一般石灰用量约为石灰土总量的 10%或更低。

石灰是各种硅酸盐制品的主要原材料，并用于配制石灰矿渣水泥等无熟料水泥。块状生石灰放置太久，会吸收空气中的水分而自动熟化成消石灰粉，再与空气中的二氧化碳作用而还原为碳酸钙，失去胶结能力。所以贮存生石灰时，不但要防止受潮，而且不宜贮存过久。最好运到后即熟化成石灰浆，将贮存期变为陈伏期。由于生石灰受潮熟化时放出大量的热，而且体积膨胀，所以，储存和运输生石灰时还要注意安全。

我国《建筑生石灰》(JC/T 479—2013)标准中建筑生石灰的相应指标如表 2-1 和表 2-2 所示。

表 2-1　建筑生石灰的分类

类　别	名　称	代　号
钙质石灰	钙质石灰 90	CL 90
	钙质石灰 85	CL 85
	钙质石灰 75	CL 75

续表

类别	名称	代号
镁质石灰	镁质石灰 85	ML 85
	镁质石灰 80	ML 80

表 2-2　建筑生石灰的化学成分与物理性质

名称	(氧化钙+氧化镁)(CaO+MgO)	氧化镁(MgO)	二氧化碳(CO_2)	三氧化硫(SO_3)	产浆量/(dm^3/10 kg)	0.2 mm 筛余量	90 μm 筛余量
CL 90-Q	≥90	≤5	≤4	≤2	≥26	—	—
CL 90-QP					—	≤2	≤7
CL 85-Q	≥85	≤5	≤7	≤2	≥26	—	—
CL 85-QP					—	≤2	≤7
CL 75-Q	≥75	≤5	≤12	≤2	≥26	—	—
CL 75-QP					—	≤2	≤7
ML 85-Q	≥85	>5	≤7	≤2	—	—	—
ML 85-QP					—	≤2	≤7
ML 80-Q	≥80	>5	≤7	≤2	—	—	—
ML 80-QP					—	≤7	≤2

特别提示

有效氧化钙和氧化镁含量是表征石灰质量最主要的指标，也是石灰产生黏结性的有效成分。因此，应特别注意其含量应符合规范的要求。

四、石灰的应用和储存

1. 石灰的应用

石灰在土木工程中应用范围很广，主要有如下几点用途。

(1) 石灰乳和石灰砂浆。石灰砂浆主要用于地面以上部分的砌筑工程，并可用于抹面等装饰工程。在软土地基中打入生石灰桩，可利用生石灰吸水产生的膨胀对石灰桩周围的土壤起挤密作用，利用生石灰和黏土矿物间产生的胶凝反应使周围的土固结，从而达到提高地基承载力的目的。用石灰膏或消石灰粉可配制石灰砂浆或水泥石灰混合砂浆，用于砌筑或抹灰工程。

(2) 石灰稳定土。将消石灰粉或生石灰粉掺入各种粉碎或原来松散的土中，经拌和、压实及养护后得到的混合料，称为石灰稳定土。它包括石灰土、三合土、石灰稳定沙砾土、石灰碎石土等。石灰稳定土具有一定的强度和耐水性，广泛用作建筑物的基础、地面的垫层及道路的路面基层。

(3) 硅酸盐制品。以石灰(消石灰粉或生石灰粉)与硅质材料(砂、粉煤灰、火山灰、矿渣等)为主要原料,经过配料、拌和、成型和养护后可制得砖、砌块等各种制品。因内部的胶凝物质主要是水化硅酸钙,所以称为硅酸盐制品。常用的硅酸盐制品有灰砂砖、粉煤灰砖等。

(4) 在道路工程中,随着半刚性基层在高等级路面中的应用,石灰稳定土、石灰粉煤灰稳定土及其稳定碎石等广泛用于路面基层。在桥梁工程中,石灰砂浆、石灰水泥砂浆、石灰粉煤灰砂浆广泛用于圬工砌体。

2. 石灰的储存

(1) 磨细的生石灰粉应储存于干燥的仓库内,采取严格防水措施。

(2) 如需较长时间储存生石灰,最好将其消解成石灰浆,并使表面隔绝空气,以防碳化。

任务 2 水泥

水泥是一种水硬性胶凝材料,也是建筑工程中用量较大的建筑材料之一。

在道路和桥梁工程中常用的水泥有硅酸盐水泥、普通硅酸盐水泥、矿渣硅酸盐水泥、火山灰质硅酸盐水泥、粉煤灰硅酸盐水泥和复合硅酸盐水泥等六大通用水泥。由于道路路面对水泥的特殊要求,近年来已产生了道路水泥。此外,在某些特殊工程中,还使用铝酸盐水泥、膨胀水泥、快硬水泥等。随着水泥科学技术和生产的发展,水泥品种越来越多,但是在道桥建筑中仍以硅酸盐水泥为主。

工程案例

某施工单位承接了长 35.5 km 的山区二级公路路面施工,路面面层采用 22 cm 厚 C30 水泥混凝土,基层为 20 cm 水泥稳定碎石,底基层为 20 cm 级配碎石。该水泥混凝土公路示意图如图 2-2 所示。

图 2-2 某水泥混凝土公路示意图

任务1:请根据上述资料选择合适的水泥类型和标号,检测其技术性质,并对该工程使用的水泥做出相应的评价。

任务2:除了选定的水泥,还可以考虑选用哪些水泥?在技术性质上有何差异?它们的优缺点各有哪些?各自适用于什么样的工程?

任务分解

第一步:选择水泥类型和标号。

(1) 根据工程的特点和所处的环境选择水泥,并确定合适的水泥等级。

(2) 特重、重交通的混凝土路面宜采用旋窑道路硅酸盐水泥或普通硅酸盐水泥,中、轻交通的路面也可采用矿渣硅酸盐水泥,低温天气施工、有快通要求的路段可采用R型水泥,其他宜采用普通型水泥。

(3) 当贫混凝土和碾压混凝土用作基层时,可使用各种硅酸盐类水泥。不掺用粉煤灰时,宜使用强度等级为32.5以下的水泥;掺用粉煤灰时,只能使用道路水泥、硅酸盐水泥、普通水泥。

第二步:检测该工程所使用的水泥的技术性质。

(1) 各级路面用水泥的物理性能和化学成分应符合图纸要求和《通用硅酸盐水泥》(GB 175—2007)的规定,并应符合《公路水泥混凝土路面施工技术规范(附条文说明)》(JTG F30—2003)的规定。

(2) 水泥的细度、凝结时间、体积安定性、强度等技术性质与水泥的性能有很大的关系,应根据《公路工程水泥及水泥混凝土试验规程》(JTG E30—2005)采用正确的试验方法检测其各种性能指标,评价其性能优良。

第三步:分析比对所用水泥与其他品种水泥的技术性质、特点与工程适用范围。

一、硅酸盐水泥的生产及其矿物组成

凡是以适当成分的生料烧制成部分熔融,所得的以硅酸钙为主要成分的物质称为硅酸盐水泥熟料。凡以适当成分的生料烧至部分熔融,所得以硅酸钙为主要成分的硅酸盐水泥熟料,加入适量石膏,磨细制成的水硬性胶凝材料,称为硅酸盐水泥。

硅酸盐水泥生产的主要工艺流程如下。

生料在煅烧过程中,分解出氧化钙和氧化硅、氧化铝、氧化铁。在更高的温度下,氧化钙将与氧化硅、氧化铝、氧化铁相结合,形成以硅酸钙为主要成分的熟料矿物。主要熟料矿物的名称和含量范围如下:

硅酸三钙 $3CaO \cdot SiO_2$,简写为 C_3S,含量为37%~60%。

硅酸二钙 $2CaO \cdot SiO_2$,简写为 C_2S,含量为15%~37%。

铝酸三钙 $3CaO \cdot Al_2O_3$,简写为 C_3A,含量为7%~15%。

铁铝酸四钙 $4CaO \cdot Al_2O_3 \cdot Fe_2O_3$,简写为 C_4AF,含量为10%~18%。

各种熟料矿物单独与水作用时表现出的特性如表2-3所示。

表 2-3 熟料矿物与水作用表现出的特性

名　称	硅酸三钙	硅酸二钙	铝酸三钙	铁铝酸四钙
凝结硬化速度	快	慢	最快	快
28天水化放热量	多	少	最多	中
强度	高	早期低、后期高	低	低

特别提示

水泥是几种熟料矿物的混合物，改变熟料矿物成分间的比例时，水泥的性质即发生相应的变化。例如提高硅酸三钙的含量，可以制得高强度水泥；又如降低铝酸三钙和硅酸三钙的含量，提高硅酸二钙的含量，可制得水化热低的水泥，如大坝水泥。

二、硅酸盐水泥的凝结硬化

水泥加水拌和后，成为可塑的水泥浆，水泥浆逐渐变稠失去塑性，但尚不具有强度的过程，称为水泥的“凝结”。随后产生明显的强度变化并逐渐发展而成为坚硬的人造石（水泥石），这一过程称为水泥的“硬化”。凝结和硬化是人为划分的，实际上是一个连续的、复杂的物理-化学变化过程。

1. 硅酸盐水泥的水化

水泥颗粒与水接触，在其表面的熟料矿物立即与水发生水解或水化反应（此后都称为水化），形成水化物并放出一定热量。

$$2(3CaO\cdot SiO_2)+6H_2O═3CaO\cdot 2SiO_2\cdot 3H_2O+3Ca(OH)_2 \tag{2-5}$$

$$2(2CaO\cdot SiO_2)+4H_2O═3CaO\cdot SiO_2\cdot 3H_2O+Ca(OH)_2 \tag{2-6}$$

$$3CaO\cdot Al_2O_3+6H_2O═3CaO\cdot Al_2O_3\cdot 6H_2O \tag{2-7}$$

$$4CaO\cdot Al_2O_3\cdot Fe_2O_3+7H_2O═3CaO\cdot Al_2O_3\cdot 6H_2O+CaO\cdot Fe_2O_3\cdot H_2O \tag{2-8}$$

水泥熟料矿物在水化之前，可能先进入溶液，有一部分水化也可能是直接的固液相反应。在水化后期，当扩散很困难时，固液相反应可能占优势。

硅酸三钙水化很快，生成的水化硅酸钙几乎不溶于水，而立即以胶体微粒析出，并逐渐凝聚成为凝胶。用电子显微镜观察，水化硅酸钙是大小与胶体相同、结晶较差、薄片状或纤维状的颗粒，称为托勃莫来石凝胶。水化生成的氢氧化钙在溶液中的浓度很快达到过饱和，呈六方晶体析出。水化铝酸三钙为立方晶体，在氢氧化钙饱和溶液中，它能与氢氧化钙进一步反应，生成六方晶体的水化铝酸四钙。

为了调节水泥的凝结时间，可在水泥中掺加适量（约3%）石膏，铝酸三钙和石膏反应生成高硫型水化硫铝酸钙（$3CaO\cdot Al_2O_3\cdot 3CaSO_4\cdot 31H_2O$）和低硫型水化硫铝酸钙（$3CaO\cdot Al_2O_3\cdot CaSO_4\cdot 12H_2O$）。生成的水化硫铝酸钙是难溶于水的、稳定的针状晶体。

特别提示

水泥中掺入石膏的目的主要是延缓水泥的凝结硬化速度，否则，水泥遇水会快速凝结，呈现“瞬凝”现象，不便于施工应用。但需要注意的是：石膏的掺量必须是适量的，因为过量的石膏不仅对缓凝的作用帮助不大，反而在硬化后期继续生成钙矾石，体积发生膨胀，引起水泥的体积安定性不良。

水泥浆在空气中硬化时，表层水化形成的氢氧化钙还会与空气中的二氧化碳反应，生成碳酸钙。

综上所述，如果忽略一些次要的和少量的成分，则硅酸盐水泥与水作用后，生成的主要水化物有：水化硅酸钙、水化硅酸钙凝胶、氢氧化钙、水化铝酸钙和水化硫铝酸钙晶体。在完全水化的水泥石中，水化硅酸钙约占50%，氢氧化钙约占25%。

2. 硅酸盐水泥的凝结硬化过程

硅酸盐水泥的凝结硬化过程自从1882年雷·查特理首先提出水泥凝结硬化理论以来，又经过了长达一百年的研究，但至今仍然没有完全弄清楚。

当前认为硅酸盐水泥的凝结硬化过程如图2-3所示。水泥加水拌和，未水化的水泥颗粒分散在水中，成为水泥浆体。水泥颗粒的水化从其表面开始。水和水泥一经接触，水泥颗粒表面的水泥熟料先溶解于水，然后与水反应，或水泥熟料在固态直接与水反应形成相应的水化物，水化物再溶解于水。由于各种水化物的溶解度很小，水化物的生成速度大于水化物向溶液中扩散的速度，一般在几秒或几分钟内，在水泥颗粒周围的液相中，氢氧化钙、石膏、水化硅酸钙、水化铝酸钙、水化硫铝酸钙等的浓度先后呈饱和或过饱和状态，因而从液相中析出，包在水泥颗粒表面。其中，氢氧化钙、水化硫铝酸钙、水化铝酸钙系结晶程度较好的物质，水化硅酸钙则是大小为10～1000 A(1 A=10^{-8} cm)的粒子(或微晶)，比面积很大，相当于胶体物质，而后胶体凝聚形成凝胶。由此可见，水泥水化物中有晶体和凝胶。

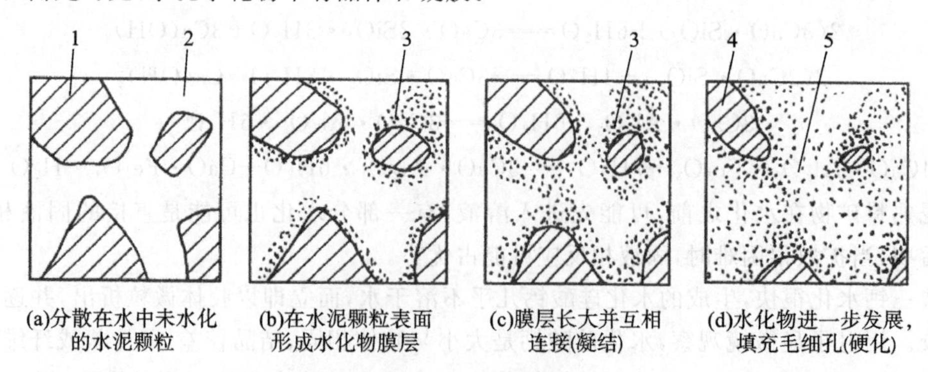

图2-3 硅酸盐水泥的凝结硬化过程示意图

1—水泥颗粒；2—水分；3—凝胶；4—水泥颗粒的未水化内核；5—毛细孔

凝胶内部含有的孔隙称为凝胶孔隙(胶孔)，胶孔尺寸在15～20 A之间，只比水分子大一个数量级。胶孔占凝胶总体积的28%，对于给定的水泥，当养护环境的温度不变时，这一孔隙率的实际数值在水化的任何时期保持不变，并与调拌水泥浆时的水灰比(水和水泥的重量比值)无关。

水化初期，由于水化物尚不多，包有水化物膜层的水泥颗粒之间还是分离着的，相互间引力较小。

随着时间的推移，水泥颗粒不断水化，使包在水泥颗粒表面上的水化物增多，所形成的膜层是以水化硅酸钙凝胶为主体的渗透膜层。膜层的形成缓减了外部水分向内渗入和水化物向外扩散的速度，因而使水化反应变慢。水分渗入膜层内进行的水化反应使膜层向内增厚，通过膜层向外扩散的水化物聚集于膜层外侧使膜层向外增厚。较小的钙离子比氧化硅胶粒更易透过膜层，故氢氧化钙晶体多分布在膜的外层。为了方便，我们将水化物形成的结构（以水化硅酸钙凝胶为主体，其中分布着氢氧化钙等晶体）称为水泥凝胶体。

水分渗入膜层内部的速度大于水化物通过膜层向外扩散的速度，因而产生渗透压力，膜层内部水化物的饱和溶液向外施加压力，最终使膜层破裂。膜层的破裂使周围饱和程度较低的溶液有可能与尚未水化的内核接触，而使反应速度加快，直至新的凝胶体重新修补破裂的膜层为止。膜层的破裂是无定时、无定向地发生的。

水泥凝胶体膜层的向外增厚和随后的破裂伸展，使原来水泥颗粒之间被水所占的空隙逐渐缩小，而包有凝胶体的颗粒则逐渐接近，以至在接触点相互黏结时，水泥浆体的黏度就会不断增高，进而使水泥浆的可塑性逐渐降低，这就是水泥的凝结过程。

水泥颗粒之间不断缩小的空隙称为毛细孔。毛细孔中的溶液，其中的水分有一部分消耗于水化，因而水化物数量则逐渐增多，溶液最终达到过饱和状态，形成的凝胶体进一步填充毛细孔，使浆体逐渐产生强度而进入硬化阶段。

在水泥浆内，这些物理-化学变化（形成凝胶体膜层，膜层增厚和破裂，凝胶体填充剩余毛细孔）不能按时间截然划分，但在不同的凝结硬化阶段是由不同的变化起主要作用的。

基于反应速度和物理-化学的主要变化，可将水泥的凝结硬化分为表 2-4 所示的几个阶段。

表 2-4　水泥水化时的几个划分阶段

凝结硬化阶段	一般的放热反应速度	一般的持续时间	主要的物理-化学变化
初始反应期	167.2 焦耳/(克·小时)	5～10 分钟	初始溶解和水化
潜伏期	4.18 焦耳/(克·小时)	1 小时	凝胶体膜层围绕水泥颗粒成长
凝结期	在 6 小时内逐渐增加到 20.9 焦耳/(克·小时)	6 小时	膜层破裂，水泥颗粒进一步水化
硬化期	在 24 小时内逐渐降低到 4.18 焦耳/(克·小时)	6 小时至若干年	凝胶体填充毛细孔

注：初始反应期和潜伏期也可合成为诱导期。

随着凝胶体膜层的逐渐增厚，水泥颗粒内部的水化愈来愈困难，经过长时间（几个月甚至若干年）的水化以后，除原来极细的水泥颗粒外，多数颗粒仍剩余有尚未水化的内核。所以，硬化后的水泥石是由凝胶体（凝胶和晶体）、未水化内核和毛细孔组成的，它们在不同的时期相对数量的变化使水泥石的性质随之改变。

一般认为，水化硅酸钙凝胶对水泥石的强度及其他主要性质起支配作用。

关于在水泥石中凝胶之间或晶体、未水化水泥颗粒与凝胶之间产生黏结力的实质，即凝胶体具有强度的实质，虽然尚无明确的结论，不过一般认为范德华力、氢键、离子引力以及表面能是产生黏结力的主要来源，但也有可能有化学键的作用。

晶体在水泥石强度发展中所起的作用有待继续研究，有人认为晶体的共生和交错，形成晶体网状结构，在水泥石中起重要的骨架作用，特别是在硬化的后期，但也有人认为其较少助益。

关于熟料矿物在水泥石强度发展中所起的作用，可以认为：硅酸三钙在最初大约四个星期内对水泥石强度起决定性作用；硅酸二钙大约四个星期以后才发挥其作用，大约经过一年，与硅酸三钙对水泥石强度发挥相等的作用；铝酸三钙在1～3天或稍长的时间内，对水泥石强度起有益作用，但之后可能使水泥石强度降低。目前对铁铝酸四钙在水泥水化时所起的作用的认识还存在分歧，但多数人认为由于胶体水化物水化铁酸一钙在水泥颗粒表面析出，因而延滞了水泥的水化过程。

水泥凝结硬化理论是长期生产实践和科学研究的总结，反过来也可用它来说明一些实际问题，例如：

(1) 水泥的强度是随硬化龄期的增加而逐渐增强的。而且，早期增强速度甚快，往后逐渐减缓。如果硅酸盐水泥加水后，在起初3～7天内强度发展甚快，大约4周以后便显著减缓。因此，水泥的强度以几个规定龄期(硅酸盐水泥为3、7及28天)的数值为准。但是，只要维持适当的温度和湿度，水泥的强度在几个月、几年，甚至几十年后，还会继续增强。

(2) 水泥强度的发展与环境湿度和温度条件有关。水的存在是水泥能够硬化所必不可少的条件，如果没有水，硬化也就停止。所以，用水泥拌制的砂浆和混凝土浇筑后应注意保持潮湿状态，以利于获得和发展其强度。此外，保证一定的环境温度也是水泥硬化的必要条件。一般，提高温度时，水泥水化反应和物理-化学变化加速，水泥强度增强加快；相反，降低温度，硬化相应减慢，温度降低到其中的水分结冰时，硬化作用即行停止，而且有遭受冻裂的可能。因此，使用水泥时必须注意养护，以使水泥在足够的温度和湿度环境中进行硬化而增强强度。在测定水泥的强度时，必须在规定的标准温度和湿度环境中养护至规定的龄期。

(3) 水泥储存与运输时应防止受潮。水泥受潮后，因表面水化而结块，丧失胶凝能力，强度大为降低。而且，即使在良好的储存条件下，也不可储存过久，因为水泥会吸收空气中的水分和二氧化碳，缓慢的水化和碳化，故储存过久的水泥在使用前应重新检验其实际强度。

(4) 水泥的凝结速度主要由水泥浆体中胶体微粒聚集作用决定，高价带电离子对胶体的聚集作用有很大影响，铝酸三钙在水中溶解度较大，且可电离生成三价离子 Al^{3+}，促使胶体凝结。当加入适当石膏之后，则生成难溶的水化硫铝酸钙晶体，减少了溶液中的 Al^{3+}，因而延缓了水泥浆体的凝结速度。

水泥中石膏的掺入量必须严格控制，特别是用量过多时，在后期会引起水泥石的膨胀破坏。合理的石膏掺量，主要决定于水泥中铝酸三钙的含量和石膏的品质(SO_4 的含量)，同时与水泥细度和熟料中 SO_4 的含量有关，一般掺量占水泥重量的3%～5%，具体掺量由试验确定。

三、硅酸盐水泥的技术性质

1. 技术性质

1) 细度

细度是指水泥颗粒粗细的程度。细度愈细，水泥与水起反应的面积愈大，水化愈充分，水化速度愈快。所以相同矿物组成的水泥，细度愈大，早期强度愈高，凝结速度愈快，析水量减少。实践证明，细度提高可使水泥石的强度提高，工作性得到改善。但是，水泥细度提高后，其在空气中的硬化收缩也较大，使水泥发生裂缝的可能性增加。因此，对水泥细度必须予以合理控制。水泥细度有如下两种表示方法：

(1) 筛析法：以 80 μm 或 45 μm 方孔筛上的筛余量百分率表示。我国现行标准《水泥细度检验方法　筛析法》(GB/T 1345—2005)规定：可采用负压筛法、水筛法和手工筛析法三种方法检验水泥的细度，有争议时，以负压筛法为准。

(2) 比表面积法：以每千克水泥总表面积(m^2)表示，采用勃氏透气法测定。

我国现行标准《通用硅酸盐水泥》(GB 175—2007)规定：硅酸盐水泥和普通硅酸盐水泥的细度以比表面积表示，其比表面积不小于 300 m^2/kg；矿渣硅酸盐水泥、火山灰质硅酸盐水泥、粉煤灰硅酸盐水泥和复合硅酸盐水泥的细度以筛余表示，其 80 μm 方孔筛筛余不大于 10.0%或 45 μm方孔筛筛余不大于 30.0%。

2) 水泥净浆标准稠度

为使水泥凝结时间和安定性的测定结果具有可比性，在此两项测定时必须采用标准稠度的水泥净浆。我国国标《水泥标准稠度用水量、凝结时间、安定性检验方法》(GB/T 1346—2011)规定，水泥净浆稠度是采用稠度仪测定，标准稠度是水泥净浆使试杆在圆模内沉入净浆并距底板(6±1) mm 时的稠度(标准法)。

3) 凝结时间

凝结时间是水泥从加水开始到水泥浆失去可塑性所需的时间。凝结时间分为初凝时间和终凝时间：初凝时间是从水泥加水到水泥浆开始失去塑性的时间，终凝时间是从水泥加水到水泥浆完全失去塑性的时间。

我国国标《水泥标准稠度用水量、凝结时间、安定性检验方法》(GB/T 1346—2011)规定，凝结时间采用凝结时间测定仪测定。方法是将标准稠度的水泥净浆装在试模中，在凝结时间测定仪上以标准针测试。从加水时起，至试针沉入净浆中，距底板为(4±1) mm 时所经历的时间为初凝时间(见图 2-4(a))；从加水起，至试针沉入试体 0.5 mm 时，即环形附件开始不能在试体上留下痕迹所经历的时间为终凝时间(见图 2-4(b))。

特别提示

水泥的凝结时间对水泥混凝土的施工有重要意义。初凝时间太短，将影响混凝土拌和料的运输、浇筑、振捣等操作；终凝时间过长，则混凝土不能尽快硬化产生强度，将影响混凝土工程的施工进度。我国现行国标《通用硅酸盐水泥》(GB 175—2007)规定：硅酸盐水泥初凝时间不得早于 45 min，终凝时间不得迟于 6.5 h；普通硅酸盐水泥初凝时间不得早于 45 min，终凝时间不得迟于 10 h。

4) 体积安定性

水泥体积安定性是反映水泥浆在凝结硬化过程中，体积膨胀变形的均匀程度。水泥在凝结硬化过程中如果产生不均匀变形或变形过大，使构件产生膨胀裂缝，就是水泥体积安定性不良，将影响工程质量。

影响体积安定性的因素主要为熟料中游离氧化镁、氧化钙的含量或石膏掺量过多。由于游

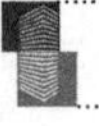

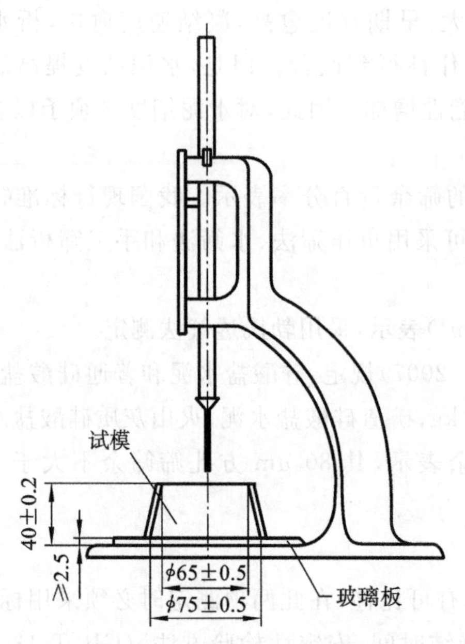

(a)初凝时间测定用立式试模的侧视图

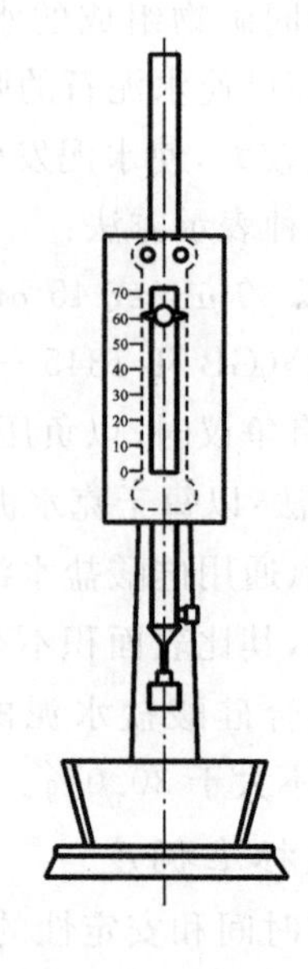

(b)终凝时间测定用反转试模的前视图

图 2-4 用稠度仪测定凝结时间示意图(单位:mm)

离氧化钙引起的安定性不良,可用沸煮法检验水泥的体积安定性。按我国现行试验法《水泥标准稠度用水量、凝结时间、安定性检验方法》(GB/T 1346—2011)规定,水泥体积安定性的检验可用试饼法或雷氏法,当发生争议时,以雷氏法为准。

(1) 试饼法(代用法):将水泥拌制成标准稠度的水泥净浆,制成直径 70～80 mm、中心厚约 10 mm 的试饼,在湿气养护箱中养护 24 h,然后在沸煮箱中加热 30 min 至沸,然后恒沸 3 h,最后根据试饼有无弯曲、裂缝等外观变化判断其安定性。

(2) 雷氏法:将标准稠度的水泥浆装于雷氏夹的环行试模中,经湿养 24 h 后,在沸煮箱中加热 30 min 至沸,继续恒沸 3 h,测定试件两指针尖端距离。两个试件在沸煮后,针尖端增加的距离平均值不大于 5.0 mm 时,即认为该水泥安定性合格。

技术提示

用沸煮法只能检测出游离氧化钙造成的体积安定性不良;由氧化镁造成的体积安定性不良,必须用压蒸法才能检验出来;石膏造成的安定性不良则需要更长时间在温水中浸泡才能发现;如果水泥的体积安定性不良,则该水泥为不合格品,不能用于工程中。

5) 强度

强度是水泥技术要求中最基本的指标,也是水泥的重要技术性质之一。

水泥强度除了与水泥本身的性质(熟料矿物成分、细度等)有关外,还与水灰比、试件制作方法、养护条件和时间有关。按我国标准《水泥胶砂强度检验方法(ISO 法)》(GB/T 17671—1999)规定,用水泥胶砂强度作为水泥强度的标准检验方法。此方法是以 1∶3 的水泥和中国 ISO 标准砂,按规定的 0.5 的水灰比,用标准制作方法制成 40 mm×40 mm×160 mm 的标准试件,达到规定龄期（3 天、28 天）时，测其抗折强度和抗压强度，按国家标准《通用硅酸盐水泥》（GB 175—2007）规定的最低强度值来评定其所属强度等级。

在进行水泥胶砂强度试验时，需用到中国 ISO 标准砂。此砂的粒径为 0.08～2.0 mm，分粗、中、细三级，各占三分之一。其中粗砂粒径为 1.0～2.0 mm，中砂粒径为 0.5～1.0 mm，细砂粒径为 0.08～0.5 mm。ISO 标准砂颗粒分布如表 2-5 所示。

表 2-5　ISO 标准砂颗粒分布

方孔筛边长/mm	累计筛余/（%）	方孔筛边长/mm	累计筛余/（%）
2.0	0	0.5	67±5
1.6	7±5	0.16	87±5
1.0	33±5	0.08	99±1

（1）水泥强度等级。

按规定龄期的抗压强度和抗折强度来划分，硅酸盐水泥各龄期的强度应不低于表 2-6 所示的数值。在规定各龄期的抗压强度和抗折强度均符合某一强度等级的最低强度值要求时，以 28 天的抗压强度值作为强度等级，硅酸盐水泥强度等级分为 42.5、42.5R、52.5、52.5R、62.5、62.5R 六个强度等级。

表 2-6　硅酸盐水泥的强度指标（GB 175—2007）

品　　种	强 度 等 级	抗压强度/MPa		抗折强度/MPa	
		3 d	28 d	3 d	28 d
硅酸盐水泥	42.5	≥17.0	≥42.5	≥3.5	≥6.5
	42.5R	≥22.0	≥42.5	≥4.0	≥6.5
	52.5	≥23.0	≥52.5	≥4.0	≥7.0
	52.5R	≥27.0	≥52.5	≥5.0	≥7.0
	62.5	≥28.0	≥62.5	≥5.0	≥8.0
	62.5R	≥32.0	≥62.5	≥5.5	≥8.0

水泥 28 d 以前的强度称为早期强度，28 d 及其以后的强度称为后期强度。

（2）水泥型号。

为提高水泥的早期强度，我国现行标准将水泥分为普通型和早强型（或称 R 型）两个型号。早强型水泥 3 d 的抗压强度较同强度等级的普通型强度提高 10%～24%，早强型水泥 3 d 的抗压强度可达 28 d 抗压强度的 50%。水泥混凝土路面用水泥，在供应条件允许时，应尽量优先选用早强型水泥，以缩短混凝土养护时间，提早通车。

特别提示

为了确保水泥在工程中的使用质量，生产厂在控制出厂水泥 28 d 的抗压强度时，均留有一定的富裕强度。在设计混凝土强度时，可采用水泥的实际强度。通常富裕强度系数为 1.00～1.13。

2. 技术标准

硅酸盐水泥的技术标准，按我国现行国标《通用硅酸盐水泥》(GB 175—2007)的有关规定列于表 2-7 中。

表 2-7 硅酸盐水泥技术标准

技术标准	细度比表面积/(m^2/kg)	凝结时间/min		安定性(沸煮法)	抗压强度/MPa	不溶物/(%)		水泥中MgO含量/(%)	水泥中SO_4含量/(%)	烧失量/(%)		水泥中碱含量(按Na_2O+0.658K_2O计)/(%)
		初凝	终凝			Ⅰ型	Ⅱ型			Ⅰ型	Ⅱ型	
指标	＞300	≥45	≤390	必须合格	见表 2-6	≤0.75	≤1.5	5.0①	≤3.5	≤3.0	≤3.5	0.60②
试验方法	GB/T 8074	GB/T 1346		GB/T 750	GB/T 17671	GB/T 176						

注:①如果水泥经压蒸安定性试验合格，则水泥中 MgO 含量允许放宽到 6.0%。

②水泥中碱含量以 Na_2O+0.658K_2O 计算值来表示，若使用活性骨料，用户要求低碱水泥时，水泥中碱含量不得大于 0.60%或由供需双方商定。

我国现行国家标准《通用硅酸盐水泥》(GB 175—2007)规定：凡化学指标(包含不溶物、烧失量、三氧化硫、氧化镁、氯离子)、凝结时间、安定性、强度符合标准规定的为合格品水泥，凡以上几项指标中的任一项不符合标准规定，均为不合格品。

四、硅酸盐水泥石的腐蚀和防止措施

硅酸盐水泥在硬化后，在通常使用条件下有较好的耐久性，但在某些腐蚀性液体或气体介质中会逐渐受到腐蚀。引起水泥石腐蚀的原因有很多，作用亦甚为复杂，如下为几种典型介质的腐蚀作用。

1. 软水的侵蚀(溶出性侵蚀)

雨水、雪水、蒸馏水、工厂冷凝水及含重碳酸盐甚少的河水与潮水等都属于软水。当水泥石长期与这些水分接触时，最先溶出的是氢氧化钙(每升水中能溶氢氧化钙 1.3 克以上)。在静水及无水压的情况下，由于周围的水易为溶出的氢氧化钙所饱和，使溶解作用中止，所以溶出仅限于表层，影响不大。但在流水及压力水作用下，氢氧化钙会不断溶解流失，而且，由于石灰浓度的继续降低，还会引起其他水化物的分解溶蚀，使水泥石结构遭受进一步的破坏。

当环境水中含有重碳酸盐时，重碳酸盐与水泥石中的氢氧化钙起作用，生成几乎不溶于水的碳酸钙：

$$Ca(OH)_2 + Ca(HCO)_3 = 2CaCO_3 + 2H_2O \tag{2-9}$$

生成的碳酸钙聚集在已硬化的水泥石的孔隙内，形成密实的保护层，阻止外界水的浸入和内部氢氧化钙的扩散析出。如环境水中含有一定数量的重碳酸盐时，这种“自动填实”作用可以制止溶出性侵蚀的继续进行。将与软水接触的混凝土事先在空气中硬化，形成碳酸钙外壳，可对溶出性侵蚀起到保护作用。

2. 硫酸盐的腐蚀

在海水、湖水、盐沼水、地下水、某些工业污水及流经高炉矿渣或煤渣的水中常含有钠、钾、铵等硫酸盐，它们与水泥石中的氢氧化钙起置换作用，而生成硫酸钙。

硫酸钙与水泥石中的固态水化铝酸钙作用生成高硫型水化硫铝酸钙：

$$4CaO\cdot Al_2O_3\cdot 12H_2O+3CaSO_4+20H_2O=\!=\!=3CaO\cdot Al_2O_3\cdot 3CaSO_4\cdot 31H_2O+Ca(OH)_2 \quad (2\text{-}10)$$

生成的高硫型水化硫铝酸钙含有大量的结晶水，比原有体积增加 1.5 倍以上，由于是在已经固化的水泥石中产生上述反应，因此对水泥石起极大的破坏作用。高硫型水化硫铝酸钙呈针状晶体，通常称为水泥杆菌，当水中硫酸盐浓度较高时，硫酸钙将在孔隙中直接结晶成二水石膏，使体积膨胀，从而导致水泥石破坏。

3. 镁盐的腐蚀

在海水及地下水中，常含大量的镁盐，主要是硫酸镁和氯化镁。它们与水泥石中的氢氧化钙起置换作用：

$$MgSO_4+Ca(OH)_2+2H_2O=\!=\!=CaSO_4\cdot 2H_2O+Mg(OH)_2 \quad (2\text{-}11)$$

$$MgCl_2+Ca(OH)_2=\!=\!=CaCl_2+Mg(OH)_2 \quad (2\text{-}12)$$

生成的氢氧化镁松软而无胶结能力，氯化钙易溶于水，二水石膏则起硫酸盐的破坏作用，因此，硫酸镁对水泥石起镁盐和硫酸盐的双重腐蚀作用。

4. 碳酸水的腐蚀

在工业污水、地下水中常溶解有较多的二氧化碳，这种水分对水泥石的腐蚀作用是通过如下方式进行的。

开始时二氧化碳与水泥石中的氢氧化钙作用生成碳酸钙：

$$Ca(OH)_2+CO_2+H_2O=\!=\!=CaCO_3+2H_2O \quad (2\text{-}13)$$

生成的碳酸钙再与含碳酸的水作用转变成重碳酸钙，这是可逆反应。

$$CaCO_3+CO_2+H_2O \rightleftharpoons Ca(HCO_3)_2 \quad (2\text{-}14)$$

生成的重碳酸钙易溶于水，当水中含有较多的碳酸，并超过平衡浓度时，上式反应是向右进行的。因此水泥石中的氢氧化钙，通过转变为易溶的重碳酸钙而溶失。氢氧化钙浓度降低，还会导致水泥石中其他水化物的分解，使腐蚀作用进一步加剧。

5. 一般酸的腐蚀

在工业废水、地下水、沼泽水中常含无机酸和有机酸，工业窑炉中的烟气常含有氧化硫，遇水后即生成亚硫酸。各种酸类对水泥石都有不同程度的腐蚀作用，它们与水泥石中的氢氧化钙作用后生成的化合物，或者易溶于水，或者体积膨胀，在水泥石内产生内应力而导致破坏。腐蚀作用最快的是无机酸中的盐类、氢氟酸、硝酸和硫酸，有机酸中的醋酸、蚁酸和乳酸。

例如，盐酸与水泥石中的氢氧化钙作用：

$$2HCl+Ca(OH)_2 = CaCl_2+2H_2O \quad (2\text{-}15)$$

生成的氯化钙易溶于水。

硫酸与水泥石中的氢氧化钙作用：

$$H_2SO_4+Ca(OH)_2 = CaSO_4 \cdot 2H_2O \quad (2\text{-}16)$$

生成的二水石膏或者直接在水泥石孔隙中结晶产生膨胀，或者再与水泥石中的水化铝酸钙作用，生成高硫型水化硫铝酸钙，其破坏更大。

6. 水泥石腐蚀的防止措施

根据产生腐蚀的原因，可采取下列防止措施。

(1)根据侵蚀环境特点，合理选用水泥品种。例如：采用水化产物中氢氧化钙含量较少的水泥，可提高对软水等侵蚀作用的抵抗能力；为抵抗硫酸盐的腐蚀，采用铝酸三钙含量低于5%的抗硫酸盐水泥。此外，掺入活性混合材料可提高硅酸盐水泥对多种介质的抗腐蚀性。

(2)提高水泥石的密实程度。硅酸盐水泥水化只需水(化学结合水)23%(占水泥质量的百分数)左右，而实际用水量较大(占水泥质量的40%～70%)，多余的水蒸发后形成连通的孔隙，腐蚀介质就容易透入水泥石内部，从而加速了水泥石的腐蚀。在实际工程中，提高混凝土或砂浆密实度的各种措施，如合理设计混凝土配合比，降低水灰比，仔细选择骨料，掺外加剂，以及改善施工方法等，均能提高其抗腐蚀能力。另外在混凝土或砂浆表面进行碳化或氟硅酸处理，生成不溶的碳酸钙外壳，或氟化钙及硅胶薄膜，提高表面密实度，也可减少侵蚀性介质渗入内部。

(3)加保护层。当侵蚀作用较强时，可在混凝土及砂浆表面加上耐腐蚀性高而且不透水的保护层，一般可用耐酸石料、耐酸陶瓷、玻璃、塑料、沥青等。

五、硅酸盐水泥的应用与存放

硅酸盐水泥强度等级较高，主要用于重要结构的高强度混凝土和预应力混凝土工程。硅酸盐水泥凝结硬化较快、耐冻性好，适用于早期强度要求高、凝结快、冬季施工及严寒地区遭受反复冰冻的工程。水泥石中有较多的氢氧化钙，耐软水侵蚀和耐化学腐蚀性差，故硅酸盐水泥不适用于经常与流动的淡水接触及有水压作用的工程，也不适用于受海水、矿物水等作用的工程。

当受热温度为100～200 ℃时，由于尚存的游离水的影响，此时发生的额外水化作用，以及脱水后的水泥凝胶体与部分氢氧化钙的结晶对水泥石所起的加密作用，使水泥石强度将会有所提高。受热到250～300 ℃时，水化物开始脱水(水化硅酸钙160 ℃时就可能开始脱水)，水泥收缩，强度开始下降。当受热温度达到400～600 ℃时，强度明显下降。700～1 000 ℃时强度降低很多，甚至完全破坏。氢氧化钙在547 ℃以上将脱水分解成氧化钙，如果受到潮湿和水的作用，又将引起氧化钙水化膨胀，破坏水泥石结构，故硅酸盐水泥不适用于有耐热要求的工程，更不能用作耐热混凝土。硅酸盐水泥在水化过程中，放出大量的热，不宜用于大体积混凝土工程。

储存水泥要按不同品种、强度等级及出厂日期存放，并加以标志。散装水泥应分库存放；袋装水泥一般堆放高度不应超过10袋，平均每平方米可堆放一吨，并应考虑先存先用。在一般储存条件下，经3个月后，水泥强度降低10%～20%；经6个月后，降低15%～30%；一年后，降低

25%～40%。受潮水泥多出现结块并增加烧失量，同时强度降低。可通过重磨恢复受潮水泥的部分活性。轻微结块，能用手指捏碎的，烧失量为4%～6%，强度降低10%～20%，以适当方法压碎后，可用于次要工程。

六、掺混合材料的硅酸盐水泥

为了改善硅酸盐水泥的某些性能，在生产水泥及各种制品和构件时，常掺入大量天然或人工的矿物材料，称为混合材料。混合材料一般都是就地采用天然岩矿物或工业废渣等。

1. 混合材料的类别

1）填充性混合材料

磨细的石英砂、石灰土、黏土、慢冷矿渣及各种废渣等属于填充性混合材料。它们与水泥成分不起化学作用（即无化学活性）或化学作用很小，因此称为填充性混合材料（或非活性混合材料）。它们掺入硅酸盐水泥中仅起提高水泥产量和降低水泥强度等级、减少水化热等作用。当在工地使用高强度等级水泥拌制砂浆或低强度等级混凝土时，可掺入非活性混合材料以代替部分水泥，起到降低成本及改善砂浆或混凝土的和易性的作用。

2）火山灰质混合材料

硅藻土、硅藻石、蛋白石、火山灰、凝灰岩、烧黏土、煅矸石、粉煤灰、煤渣、沸腾炉渣和钢渣等是火山灰质混合材料。其主要成分是活性氧化硅、活性氧化铝和含有化学结合水的活性氧化硅。将这类混合材料磨成细粉加水后本身不硬化，当加入氢氧化钙相拌和，则能首先在空气中逐渐硬化增强强度，此后还能在水中继续硬化增强强度。

3）粒化高炉矿渣

粒化高炉矿渣是将炼铁高炉的熔融矿渣经急速冷却而成，急冷一般用水淬方法进行，故又称水淬高炉矿渣。成粒的目的在于阻止结晶，使其绝大部分成为不稳定的玻璃体，储有较高的潜在化学能。粒化高炉矿渣较未粒化的松软，易磨成细粉。粒化高炉矿渣中的活性成分，一般认为是活性氧化硅和活性氧化铝，它们即使在常温下也可与氢氧化钙起作用而生成强度。在含氧化钙较高的碱性矿渣中，因其中还含有硅酸二钙等成分，故其本身具有弱的水硬性。

2. 活性混合材料的作用

火山灰质混合材料和粒化高炉矿渣都属于活性混合材料，它们与水调和后，本身不会硬化或硬化极为缓慢，因此强度很低。但在氢氧化钙溶液中，它们就会发生显著的水化，而在饱和的氢氧化钙溶液中水化更快。其水化反应一般认为是：

$$x\mathrm{Ca(OH)_2} + \mathrm{SiO_2} + m\mathrm{H_2O} \longrightarrow x\mathrm{CaO}\cdot\mathrm{SiO_2} + n\mathrm{H_2O} \tag{2-17}$$

式中，x值取决于混合材料的种类、石灰和活性氧化硅的比例、环境温度以及作用所延续的时间等，一般为1或稍大。n值一般为1至2.5。

$\mathrm{Ca(OH)_2}$和$\mathrm{SiO_2}$相互作用的过程，是无定形的硅酸吸收了钙离子开始形成不定成分的吸附系统，然后形成不定型的水化硅酸钙，再经过较长一段时间后慢慢转变成微晶体或结晶不完善的凝胶。

$Ca(OH)_2$与活性氧化铝相互作用形成水化铝酸钙。当液相中有石膏存在时，石膏将与水化铝酸钙反应生成水化硫铝酸钙。这些水化物能在空气中凝结硬化，并能在水中继续硬化，具有相当高的强度。由此可以看出，氢氧化钙和石膏的存在使活性混合材料的潜在活性得以发挥，即氢氧化钙和石膏起着激发水化、促进凝结硬化的作用，故称为激发剂。常用的激发剂有碱性激发剂和硫酸盐激发剂两类：一般用作碱性激发剂的是石灰和能在水化时析出氢氧化钙的硅酸盐水泥熟料；硫酸盐激发剂有二水石膏或半水石膏，并包括各种化学石膏。

3. 混合材料在建筑上的用途

(1) 最常用的是在硅酸盐水泥熟料中掺入活性混合材料，并和石膏共同磨细制成普通硅酸盐水泥、矿渣硅酸盐水泥、火山灰质硅酸盐水泥和粉煤灰硅酸盐水泥。

硅酸盐水泥中掺入活性混合材料，可调整性能，增加产量，降低成本。活性混合材料和水泥熟料水化过程中析出的氢氧化钙作用，生成水化硅酸钙和水化铝酸钙而参与水泥的凝结硬化。

(2) 在活性混合材料中掺入适量石灰和石膏共同磨细可制成各种无熟料水泥，如石灰矿渣水泥、沸腾炉渣水泥、煤矸石水泥、钢渣水泥和矿渣硫酸盐水泥等。它们都是用地方原料或工业废料制成的，原材料来源广泛，生产工艺简单，成本低。这些水泥与硅酸盐水泥比较，一般需水量较大，硬化速度较慢，强度较低，特别是早期强度较低，硬化收缩较大，耐冻性差，对温度和湿度变化敏感性大，而且不易久存。不过，大多数无熟料水泥的蒸气养护效果较好，水化热较低。其中，矿渣硫酸盐水泥硬化收缩较小，硬化后有较高的强度、紧密度与不透水性，耐硫酸盐腐蚀的能力较强等特点。这些水泥一般用来调制砂浆或低强度等级混凝土，用于不受冰冻的小型或次要工程中。

(3) 在建筑工地拌制砂浆和混凝土时，掺入适当数量的活性混合材料。其目的是节约石灰和水泥，改善砂浆和混凝土的和易性及其他性质。

(4) 在建筑制品厂用活性混合材料与适量石灰、石膏和细骨料(砂或其他工业废料)拌和成型，经压蒸(100 ℃以上的饱和蒸汽)或蒸养(100 ℃以下的蒸汽)处理后制得各种硅酸盐建筑制品。制品在高温湿热处理过程中，结晶的石英溶于液相中，同$Ca(OH)_2$作用或活性SiO_2吸收钙离子而生成水化铝酸钙，并从其饱和溶液中析出胶体粒子大小的晶粒。水化硅酸钙最先在骨料颗粒表面生成，然后逐步扩展到骨料颗粒之间的空间。随着液相中水化结晶物质的增多，它们就逐步联结交织起来，形成结晶连生体，并把颗粒胶结起来，成为坚强的整体，使制品具有一定的强度。目前硅酸盐建筑制品有用粉煤灰、矿渣、炉渣、灰砂制成的砖或砌块或其他构件。构件有未加钢筋和加钢筋两种。这些制品一般大量用作建筑物的墙体材料来代替黏土砖。配筋的硅酸盐制品也可用作梁、板、柱以代替水泥混凝土构件。硅酸盐建筑制品是我国当前着重发展的建筑材料之一。

4. 几种掺混合料材料的硅酸盐水泥

1) 普通硅酸盐水泥

凡由硅酸盐水泥熟料、少量混合材料、适量石膏磨细制成的水硬性胶凝材料，称为普通硅酸盐水泥(简称普通水泥)。水泥中混合材料掺加量按重量百分比计，活性混合材料掺加量$>5\%$且$\leqslant 20\%$。其中允许用不超过水泥质量8%且符合标准要求的非活性混合材料或不超过水泥质量5%且符合要求的窑灰代替。

按国家标准《通用硅酸盐水泥》(GB 175—2007)规定,普通水泥分为 42.5、42.5R、52.5、52.5R等四个强度等级,对各种强度等级的水泥在不同龄期的强度要求如表 2-8 所示。对细度、凝结时间和安定性的要求与硅酸盐水泥相同。

表 2-8　普通水泥各龄期强度表

	强度等级	抗压强度/MPa		抗折强度/MPa	
		3 天	28 天	3 天	28 天
品　种	42.5	≥17.0	≥42.5	≥3.5	≥6.5
	42.5R	≥22.0	≥42.5	≥4.0	≥6.5
	52.5	≥23.0	≥52.5	≥4.0	≥7.0
	52.5R	≥27.0	≥52.5	≥5.0	≥7.0

普通水泥中混合材料很少,其组成特性和使用范围基本上与硅酸盐水泥相同。

2) *矿渣硅酸盐水泥*

凡由硅酸盐水泥熟料和粒化高炉矿渣,加入适量石膏磨细制成的水硬性胶凝材料都称为矿渣硅酸盐水泥(简称矿渣水泥)。矿渣水泥中粒化高炉矿渣掺加量按重量计为>20%且≤70%,并分为 A 型和 B 型:A 型矿渣掺量>20%且≤50%,B 型矿渣掺量>50%且≤70%。

按国家标准《通用硅酸盐水泥》(GB 175—2007)规定,矿渣水泥分为 32.5、32.5R、42.5、42.5R、52.5 和 52.5R 等六个强度等级,各种强度等级矿渣水泥在不同龄期的强度要求如表 2-9 所示。矿渣水泥对凝结时间及体积安定性的要求与普通水泥相同。

表 2-9　矿渣水泥各龄期强度表

强度等级	抗压强度/MPa		抗折强度/MPa	
	3 天	28 天	3 天	28 天
32.5	≥10.0	≥32.5	≥2.5	≥5.5
32.5R	≥15.0	≥32.5	≥3.5	≥5.5
42.5	≥15.0	≥42.5	≥3.5	≥6.5
42.5R	≥19.0	≥42.5	≥4.0	≥6.5
52.5	≥21.0	≥52.5	≥4.0	≥7.0
52.5R	≥23.0	≥52.5	≥4.5	≥7.0

矿渣硅酸盐水泥中熟料较少而活性混合材料较多。就各个局部而言,其水化反应是分两步进行的。首先是熟料矿物水化,随后是熟料矿物水化析出的氢氧化钙和掺入的石膏分别作为激发剂,并与矿渣中的活性氧化钙、活性氧化铝作用,生成水化硅酸钙、水化硫铝酸钙或水化硫铁酸钙。有时还可能形成水化铝硅酸钙(C_2ASH_8)等水化产物。因后一步在常温下进行缓慢,同时在矿渣水泥中,水泥熟料矿物含量比硅酸盐水泥少得多,因此矿渣水泥的凝结稍慢,早期(3 天、7 天)强度较低。但在硬化后期(28 天以后),由于水化硅酸钙凝胶的数量增多,使水泥石强度不断增强,最后甚至超过同强度等级普通水泥的强度。

矿渣水泥水化析出的氢氧化钙较少,而且在与活性混合材料作用时,有消耗掉大量的氢氧化钙,水泥石中剩余的氢氧化钙就更少了。因此这种水泥抵抗软水、海水和硫酸盐的腐蚀能力较强,易用于水工和海港工程。

矿渣水泥还具有较高的耐热性,硬化后的水泥石受高温作用时强度不致有显著降低,因此,可用于耐热混凝土工程。

矿渣水泥硬化后碱度降低,故抗碳化能力较差。一般,矿渣掺入量越多,早期强度越低,但后期强度增强越大。另外,外界温度对硬化速度的影响也比硅酸盐水泥敏感。在低温时,矿渣水泥硬化很慢,显著降低其早期强度,而采用蒸汽养护等湿热处理,对于加快硬化速度极为有效,并且在处理完毕后强度仍能增强。

矿渣水泥的干缩性较大,如养护不当,在未充分硬化之前干燥,就易产生裂缝。同时,矿渣水泥保持水分的能力较差,泌水性较大,拌制混凝土时容易析出多余水分,形成毛细管通路或粗大孔隙,降低均匀性和抗渗性,因此,在施工时必须加以注意。

矿渣水泥的抗冻性及抵抗干湿交替循环的性能不及普通水泥。

矿渣水泥的比重通常为2.8～3.1,疏松状态下的容重为1 000～1 200 kg/m^3。

3) 火山灰质硅酸盐水泥

凡由硅酸盐水泥熟料和火山灰质混合材料,加入适量石膏磨细制成的水硬性胶凝材料称为火山灰质硅酸盐水泥(简称火山灰水泥)。水泥中火山灰质混合材料掺加量按重量计为＞20%且≤40%,允许掺加不超过混合材料总掺量1/3的粒化高炉矿渣代替部分火山灰质混合材料。

按国家标准《通用硅酸盐水泥》(GB 175—2007)对火山灰水泥的强度等级和各种强度等级的规定,火山灰水泥在不同龄期的强度要求与矿渣水泥相同。对细度、凝结时间及体积安定性的要求与矿渣水泥相同。

火山灰水泥的凝结硬化过程与矿渣水泥大致相同。首先是水泥熟料的水化,所生成的$Ca(OH)_2$再与混合材料产生二次水化反应。混合材料中的活性氧化物吸附$Ca(OH)_2$,进而相互反应形成的水化硅酸钙为主体的水化产物,还包括水化硫铝酸钙和水化铝酸钙,以及水化铝酸盐和铁酸盐的固溶体。特别要提出的是,各种火山灰水泥的硬化过程虽然是基本相类似的,但水化产物和水化速度通常由于具体的混合材料、熟料以及硬化环境的不同而有所变化。

与普通水泥比较,火山灰水泥具有如下特性:

火山灰水泥硬化缓慢,早期强度较低,但后期强度可以赶上,甚至超过普通水泥。混合材料的活性愈高和水灰比愈小,则赶上的时间愈短,后期强度增强愈快,故在混凝土工程中使用这种水泥时,宜尽量选用小的水灰比,以发挥其强度增长率大的特性。

火山灰水泥的水化热较小,一般5天内的水化热仅为普通水泥的70%左右,故这种水泥宜用于大体积混凝土工程。

火山灰水泥对于淡水侵蚀作用的抵抗力很强,一般对于耐硫酸盐腐蚀的能力很强,这是因为水化后的水泥石氢氧化钙含量很低。但要指出的是,若在这种水泥中掺用黏土质混合材料,则不耐硫酸盐腐蚀。

当处在潮湿环境或水中养护时,火山灰水泥中的活性混合材料吸收石灰而产生膨胀胶化作用,并且形成较多的水化硅酸钙凝胶,使水泥石结构致密,因此有较高的紧密度和抗渗性,故宜用于抗渗性要求较高的工程。但当处在干燥空气中时,水化生成胶体的反应就会中止,强度也停止增强,而且,已经形成的水化硅酸钙凝胶还会逐渐干燥,产生较大的体积收缩(即干缩大)和内应力而形成微细裂纹。在火山灰水泥表面，空气中二氧化碳能使水化硅酸钙凝胶分解成碳酸钙和氧化硅的粉状混合物，因此使已经硬化的水泥石表面产生"起粉"现象。所以，对于处在干燥环境中的地上结构，不宜采用这种水泥。

某些火山灰水泥的耐热性较低，受高温作用后，强度会显著降低。此外，这种水泥需水量大，收缩大，耐冻性差，抗碳化能力较差，使用时应予注意。

火山灰水泥的比重较小，通常为2.8～3.1，疏松状态下的容量为900～1 000 kg/m^3。

4）粉煤灰硅酸盐水泥

凡由硅酸盐水泥熟料和粉煤灰，加入适量石膏磨细制成的水硬性胶凝材料称为粉煤灰硅酸盐水泥（简称粉煤灰水泥）。水泥中粉煤灰掺加量按重量计为20%～40%，允许掺加不超过混合总掺量1/3的粒化高炉矿渣。此时，混合材料总掺量可达50%，但粉煤灰掺量仍不得超过40%。

按国家标准《通用硅酸盐水泥》（GB 175—2007）对粉煤灰水泥的强度等级和对各龄期的强度等级要求，与矿渣水泥、火山灰水泥相同。对细度、凝结时间及体积安定性的要求与矿渣水泥相同。

粉煤灰水泥的凝结硬化过程，与火山灰水泥极为相似，主要是水泥熟料水化，所生成的$Ca(OH)_2$液相扩散到粉煤灰球形玻璃体的表面，发生化学吸附和侵蚀，并生成水化硅酸钙和水化铝酸钙。当有石膏存在时，随即生成水化硫铝酸钙结晶。大部分水化产物开始以凝胶状出现，随着龄期的增长，逐步转化为纤维状晶体，数量不断增加，相互交叉，形成连锁结构，使后期强度得到较快的增强。

与普通水泥相比，粉煤灰水泥具有如下特性：

粉煤灰中玻璃体与$Ca(OH)_2$反应是产生水硬性的主要物质。但粉煤灰的球性玻璃体比较稳定，表面又相当致密，不易水化，故这种水泥硬化较慢，早期强度较低，但后期强度可以赶上，甚至超过普通水泥。粉煤灰的活性愈高和细度愈细，则这种水泥的强度增强愈快。对于承受荷载较迟的工程，使用粉煤灰水泥特别有利。

粉煤灰水泥水化热较小，其数值与火山灰水泥相近，故宜用于大体积混凝土工程。

由于粉煤灰内比表面积较小，吸附水的能力较小，因而这种水泥的干缩性小，抗裂性较高。如在矿渣水泥中掺入适量的粉煤灰，不仅能保持矿渣水泥的早期强度不变，而且能明显地改善其干缩性的脆性。

粉煤灰水泥耐硫酸盐能力较强，但次于矿渣水泥。

粉煤灰水泥耐冻性较差，并随粉煤灰掺量的增加而降低。同时，由于粉煤灰水泥石中碱度较低，故抗碳化能力较差。

粉煤灰水泥混凝土初始吸水速度快，制品表面易产生收缩裂纹，故施工时应予注意。

硅酸盐水泥、普通硅酸盐水泥、矿渣硅酸盐水泥、火山灰质硅酸盐水泥及粉煤灰硅酸盐水泥这五种水泥的主要特性及适用范围如表2-10所示。

5）复合硅酸盐水泥

凡由硅酸盐水泥熟料、两种或两种以上规定的混合材料、适量石膏磨细制成的水硬性胶凝材料，称为复合硅酸盐水泥（简称复合水泥），代号P·C。水泥中混合材料总掺加量按质量百分比计应大于20%，但不超过50%。水泥中允许用不超过8%的窑灰代替部分混合材料，掺矿渣时混合材料掺量不得与矿渣水泥重复。

按我国现行国标《通用硅酸盐水泥》(GB 175—2007)规定，对复合水泥的技术要求：细度、凝结时间、安定性等指标与矿渣水泥、火山灰水泥及粉煤灰水泥相同，其强度等级分为 32.5、32.5R、42.5、42.5R、52.5、52.5R，各类型水泥的各龄期强度与矿渣水泥、火山灰水泥、粉煤灰水泥相同。

表 2-10　五种水泥的主要特性及适用范围

<table>
<tr><td colspan="2">名　称</td><td colspan="2">硅酸盐水泥</td><td>普通硅酸盐水泥</td><td>矿渣硅酸盐水泥</td><td>火山灰质硅酸盐水泥</td><td>粉煤灰硅酸盐水泥</td></tr>
<tr><td colspan="2" rowspan="2">简称</td><td colspan="2">硅酸盐水泥</td><td rowspan="2">普通水泥</td><td rowspan="2">矿渣水泥</td><td rowspan="2">火山灰水泥</td><td rowspan="2">粉煤灰水泥</td></tr>
<tr><td>Ⅰ型</td><td>Ⅱ型</td></tr>
<tr><td colspan="2">代号</td><td>P·Ⅰ</td><td>P·Ⅱ</td><td>P·O</td><td>P·S</td><td>P·P</td><td>P·F</td></tr>
<tr><td colspan="2">密度/(g/cm³)</td><td colspan="2">3.00～3.15</td><td>3.00～3.15</td><td>2.80～3.10</td><td>2.80～3.10</td><td>2.80～3.10</td></tr>
<tr><td colspan="2">堆积密度/(kg/m³)</td><td colspan="2">1 000～1 600</td><td>1 000～1 600</td><td>1 000～1 200</td><td>900～1 000</td><td>900～1 000</td></tr>
<tr><td rowspan="9">特性</td><td>1. 硬化</td><td colspan="2">快</td><td>较快</td><td>慢</td><td>慢</td><td>慢</td></tr>
<tr><td>2. 早期强度</td><td colspan="2">高</td><td>较高</td><td>低</td><td>低</td><td>低</td></tr>
<tr><td>3. 水化热</td><td colspan="2">高</td><td>高</td><td>低</td><td>低</td><td>低</td></tr>
<tr><td>4. 抗冻性</td><td colspan="2">好</td><td>好</td><td>差</td><td>差</td><td>差</td></tr>
<tr><td>5. 耐热性</td><td colspan="2">差</td><td>较差</td><td>好</td><td>较差</td><td>较差</td></tr>
<tr><td>6. 干缩性</td><td colspan="2"></td><td></td><td>较大</td><td>较大</td><td>较小</td></tr>
<tr><td>7. 抗渗性</td><td colspan="2">较好</td><td>较好</td><td>差</td><td>较好</td><td>较好</td></tr>
<tr><td>8. 耐蚀性</td><td colspan="2">较差</td><td>较差</td><td>较强</td><td colspan="2">除混合材料含 Al_2O_3 较多者抗硫酸盐腐蚀性较弱外，一般均较强</td></tr>
<tr><td>9. 泌水性</td><td colspan="2">较小</td><td>较小</td><td>明显</td><td>小</td><td>小</td></tr>
<tr><td colspan="2">适用条件</td><td colspan="3">(1) 一般地上工程，无腐蚀、无压力水作用的工程。
(2) 要求早期强度较高和低温施工无蒸汽养护的工程。
(3) 有抗冻性要求的工程</td><td>(1) 一般地上、地下和水中工程。
(2) 有硫酸盐侵蚀的工程。
(3) 大体积混凝土工程。
(4) 有耐热性要求的工程。
(5) 有蒸汽养护工程</td><td>除不适用于有耐热性要求的工程外，其他与矿渣水泥相同</td><td>同火山灰水泥</td></tr>
</table>

续表

名　　称	硅酸盐水泥	普通硅酸盐水泥	矿渣硅酸盐水泥	火山灰质硅酸盐水泥	粉煤灰硅酸盐水泥
不适用条件	(1) 大体积混凝土工程。 (2) 有腐蚀作用和压力水作用的工程		(1) 要求早强高的工程。 (2) 有耐冻性要求的工程	(1) 与矿渣水泥各项相同。 (2) 干热地区和耐磨性要求较高的工程	(1) 与矿渣水泥各项相同。 (2) 有抗碳化要求的工程

七、其他品种水泥

1. 道路硅酸盐水泥

随着我国高等级道路的发展，水泥混凝土路面已成为主要的路面类型之一。对专供公路城市道路和机场道路用的道路水泥，现根据我国现行标准《道路硅酸盐水泥》(GB 13693—2005)，就有关技术要求和技术标准分述如下：

1）定义

以适当成分的生料烧至部分熔融，所得的以硅酸钙为主要成分和较多量的铁铝酸钙的硅酸盐水泥熟料称为道路硅酸盐水泥熟料。由道路硅酸盐水泥熟料、0～10%活性混合材料和适量石膏磨细制成的水硬性胶凝材料，称为道路硅酸盐水泥(简称道路水泥)。

2）技术要求

(1) 化学组成。

在道路水泥或熟料中对以下列有害成分必须加以限制。

① 氧化镁含量：道路水泥中氧化镁含量不得超过5.0%。

② 三氧化硫含量：道路水泥中三氧化硫不得超过3.5%。

③ 烧失量：道路水泥中的烧失量不得大于3.0%。

④ 游离氧化钙含量：道路水泥熟料中游离氧化钙含量，旋窑生产不得大于1.0%；立窑生产不得大于1.8%。

⑤ 碱含量：按《水泥混凝土路面施工及验收规范》(GBJ 97—1987)规定，碱含量不得大于0.6%。

(2) 矿物组成。

① 铝酸三钙(C_3A)：道路水泥熟料中铝酸三钙的含量不得大于5.0%。

② 铁铝酸四钙(C_4AF)：道路水泥熟料中铁铝酸四钙的含量不得小于16.0%。

铝酸三钙和铁铝酸四钙的含量，先按国标《水泥化学分析方法》(GB/T 176—2008)中的方法求出三氧化二铝(Al_2O_3)和三氧化二铁(Fe_2O_3)的含量，然后按下式求得：

$$C_3A = 2.65 \times (Al_2O_3 - 0.64\ Fe_2O_3) \tag{2-18}$$

$$C_4AF = 3.04 \times Fe_2O_3 \tag{2-19}$$

(3) 物理-力学性质。

① 细度:按国标《水泥细度检验方法　筛选法》(GB/T 1345—2005)规定,80 μm 筛的筛余量不得大于10%。

② 凝结时间:按国标《水泥标准稠度用水量、凝结时间、安定性检验方法》(GB/T 1346—2011)的试验方法,初凝不得早于 1 h,终凝不得迟于 10 h。

③ 安定性:按国标《水泥标准稠度用水量、凝结时间、安定性检验方法》(GB/T 1346—2011)的试验方法,安定性用沸煮法检验,必须合格。

④ 干缩性:道路水泥 28 d 的干缩率不得大于 0.10%。

⑤ 耐磨性:道路水泥的磨损率不得大于 3.60kg/m²。

⑥ 强度:道路水泥各强度等级值不低于规定的数值。

3) 工程应用

道路水泥是一种强度高,特别是抗折强度高,耐磨性好,干缩性小,抗冲击性好,抗冻性和抗硫酸性比较好的专用水泥。它适用于道路路面、机场跑道路面、城市广场等工程。由于道路水泥具有干缩性小、耐磨、抗冲击等特性,可减少水泥混凝土路面的裂缝和磨耗等问题,减少维修,延长路面使用年限,因而可获得显著的社会效益和经济效益。

2. 快硬硅酸盐水泥

凡以硅酸盐水泥熟料和适量石膏磨细制成,以 3d 抗压强度表示强度等级的水硬性胶凝材料称为快硬硅酸盐水泥(简称快硬水泥)。

快硬水泥中的主要矿物成分为硅酸三钙(C_3S)、铝酸三钙(C_3A)。通常 C_3S 为 50%～60%,C_3A 为 8%～14%,C_3S 和 C_3A 的总量应不少于 60%～65%。为加快硬化速度,可适量增加石膏的掺量和提高水泥的粉磨细度。

1) 技术要求

快硬水泥技术要求分述如下。

(1) 化学性质。

① 氧化镁含量:熟料中氧化镁含量不得超过 5.0%。如水泥压蒸安定性试验合格,则熟料中氧化镁的含量允许放宽到 6.0%。

② 三氧化硫含量:水泥中三氧化硫含量不得超过 4.0%。

(2) 物理-力学性质。

① 细度:采用筛析方法,80 μm 方孔筛筛余量不得大于10%。

② 凝结时间:初凝不早于 45 min,终凝不得迟于 10 h。

③ 安定性:沸煮法检验必须合格。

④ 强度:以 3 d 强度表示强度等级,各龄期强度不得低于规定数值。

2) 工程应用

快硬水泥具有早期强度增进率高的特点,其 3d 抗压强度可达到强度等级,后期强度仍有一定增强,因此适用于紧急抢修工程、冬季施工工程。快硬水泥用于制造预应力钢筋混凝土或混凝土预制构件,可提高早期强度,缩短养护期,加快周转,不宜用于大体积工程。快硬水泥的缺点是干缩率较大,可提高早期强度,但容易吸湿降低强度,贮存期超过 1 个月,须重新检验。

3. 铝酸盐水泥

铝酸盐水泥又称矾土水泥，是以铝酸钙为主的铝酸盐水泥熟料磨细制成的水硬性胶凝材料，代号CA。根据需要也可在磨制 Al_2O_3 含量大于68%的水泥时掺加适量的 α-Al_2O_3 粉。高铝水泥是铝酸盐水泥的一个主要品种。

铝酸盐水泥按含量百分数分为如下四类。

$$CA\text{-}50: 50\% \leqslant Al_2O_3 < 60\% \tag{2-20}$$

$$CA\text{-}60: 60\% \leqslant Al_2O_3 < 68\% \tag{2-21}$$

$$CA\text{-}70: 68\% \leqslant Al_2O_3 < 77\% \tag{2-22}$$

$$CA\text{-}80: 77\% \leqslant Al_2O_3 \tag{2-23}$$

1）技术性质

（1）细度：比表面积不小于300 m^2/kg 或0.045 mm筛余不大于20%。发生争议时以比表面积为准。

（2）凝结时间：CA-50、CA-70、CA-80初凝时间不得早于30 min，终凝时间不得迟于6 h；CA-60的初凝时间不得早于60 min，终凝时间不得迟于18 h。

（3）强度：各类型水泥各龄期强度值不得低于表2-11所示的数值。

表2-11　铝酸盐水泥强度

水泥类型	抗压强度/MPa				抗折强度/MPa			
	6 h	1 d	3 d	28 d	6 h	1 d	3 d	28 d
CA-50	20	40	50		3.0	5.5	6.5	
CA-60		20	45	85		2.5	5.0	10.0
CA-70		30	40			5.0	6.0	
CA-80		25	30			4.0	5.0	

2）工程应用

铝酸盐水泥的特点是早期强度增强速率快，强度高，主要用于紧急抢修和早期强度要求高的工程、冬季施工的工程。同时，铝酸盐水泥能够抵抗矿物水和硫酸盐的侵蚀，具有较高的耐热性，因而也适用于受海水或其他侵蚀介质作用的重要工程，以及制作耐热混凝土、制造膨胀水泥等。

在使用铝酸盐水泥时，应避免与硅酸盐水泥混合使用，否则会造成水泥石的强度降低。

4. 膨胀水泥

膨胀水泥是硬化过程中不产生收缩，而具有一定膨胀性能的水泥。它通常由胶凝材料和膨胀剂混合而成。膨胀剂使水泥在水化过程中形成膨胀性物质（如水化硫铝酸钙），导致体积稍有膨胀。由于这一过程是在未硬化浆体中进行的，所以不致引发破坏和有害的内应力。

1）分类

（1）按胶结材料分类。

① 硅酸盐型膨胀水泥：用硅酸盐熟料、铝酸盐水泥和二水石膏按适当比例共同粉磨或分别

研磨再混合均匀，可制得硅酸盐型膨胀水泥。由于水化后生成钙矾石、水化氢氧化钙等水化产物，而这些水化生成物的体积均大于原固相的体积，因而造成硬化水泥浆体的体积膨胀。

② 铝酸盐型膨胀水泥：用高铝水泥熟料和二水石膏按适当比例混合，再加助磨剂磨细，制成铝酸盐型膨胀水泥。

③ 硫铝酸盐型膨胀水泥：用中、低品位的矾土、石灰和石膏为原料，适当配合磨细后经煅烧得到的以硫铝酸钙、硅酸二钙为主要矿物的熟料，再配以二水石膏磨细制得的具有膨胀性的水硬性胶凝材料，称为硫铝酸盐型膨胀水泥。

(2) 按膨胀值分类。

① 收缩补偿水泥。这种水泥膨胀性能较弱，膨胀时所产生的压应力大致能抵消干缩所引起的应力，可防止混凝土产生干缩裂缝。

② 自应力水泥。这种水泥具有较强的膨胀性能，当它用于钢筋混凝土中时，由于它的膨胀性能，使钢筋受到较大的拉应力，而混凝土则受到相应的压应力。当外界因素使混凝土结构产生拉应力时，就可被预先具有的压应力抵消或降低。这种靠水泥自身水化产生膨胀来张拉钢筋达到的预应力称为自应力。混凝土中所产生的压应力数值即子应力值。

2) 技术性质

各种膨胀水泥的膨胀性能不同，技术指标亦不尽相同。通常规定技术指标检验项目包括：比表面积、凝结时间、膨胀率、强度等。现举自应力水泥技术标准列于表 2-12。

表 2-12　自应力水泥技术标准

<table>
<tr><th colspan="2">类别
性能指标</th><th>硅酸盐自应力水泥</th><th>铝酸盐自应力水泥</th><th>硫铝酸盐自应力水泥</th></tr>
<tr><td colspan="2">比表面积/(cm^2/g)</td><td>>3 400</td><td>>5 600</td><td>>3 700</td></tr>
<tr><td rowspan="2">凝结时间</td><td>初凝</td><td>≥30 min</td><td>≥30 min</td><td>≥30 min</td></tr>
<tr><td>终凝</td><td>≤8 h</td><td>≤3 h</td><td>≤4 h</td></tr>
<tr><td colspan="2">砂浆(或混凝土)膨胀率/(%)</td><td>≤3</td><td>7 d>1.2
28 d>1.5</td><td>7 d>1.5
28 d>2.0</td></tr>
<tr><td colspan="2">砂浆(或混凝土)自应力值/MPa</td><td>2～4</td><td>7 d>3.5
28 d>4.5</td><td>>4.5</td></tr>
<tr><td rowspan="2">强度/MPa</td><td>抗压</td><td>>8.0</td><td>7 d>30
28 d>35</td><td>3 d>35
28 d>52.5</td></tr>
<tr><td>抗折</td><td></td><td></td><td>3 d=4.8
28 d=6.0</td></tr>
</table>

3) 工程应用

在道桥工程中，膨胀水泥常用于水泥混凝土路面、机场道面或桥梁修补工程。此外，还可在越江隧道或山区隧道工程中用于配制防水混凝土、自应力混凝土，用以堵漏和修补工程等。

5. 抗硫酸盐硅酸盐水泥

以适当成分的生料，烧至部分熔融，所得以硅酸钙为主的特定矿物组成的熟料，加入适量石膏磨细制成的具有一定抗硫酸盐侵蚀性能的水硬性胶凝材料，称为抗硫酸盐硅酸盐水泥（简称抗硫酸盐水泥）。

抗硫酸盐水泥要求熟料中硅酸三钙的含量小于50%，铝酸三钙的含量小于5%，铝酸三钙和铁铝酸四钙的总含量小于22%。抗硫酸盐水泥除具有抗硫酸盐侵蚀的特点外，还具有水化热低的特点，适用于一般受硫酸盐侵蚀的海港，水利、地下、隧道、引水、道路和桥涵基础等工程。

6. 中热硅酸盐水泥和低热矿渣硅酸盐水泥（大坝水泥）

以适当成分的硅酸盐水泥熟料，加入适量石膏，磨细制成的具有中等水化热的水硬性胶凝材料，称为中热硅酸盐水泥，简称中热水泥。

以适当成分的硅酸盐水泥熟料，加入矿渣和适量石膏磨细制成的具有低水化热的水硬性胶凝材料，称为低热矿渣硅酸盐水泥，简称低热矿渣水泥。水泥中矿渣的掺入量按质量百分比计为20%～60%，容许用不超过混合材料总量50%的磷渣或粉煤灰代替部分矿渣。

中热水泥与低热矿渣水泥通过限制水泥熟料中水化热大的铝酸三钙和硅酸三钙的含量，从而降低水化热。中热水泥和低热矿渣水泥主要适用于要求水化热较低的大坝和大体积混凝土工程。

道路硅酸盐水泥、中热硅酸盐水泥、低热硅盐水泥、快硬硅酸盐水泥和抗硫酸盐水泥的技术标准如表2-13所示。

表2-13 各种硅酸盐水泥的技术标准

性能指标 \ 名称		道路硅酸盐水泥	中热硅酸盐水泥	低热硅酸盐水泥	快硬硅酸盐水泥	抗硫酸盐水泥
氧化镁/(%)		≤5	≤5	≤5	≤5	≤5
三氧化硫/(%)		≤3.5	≤3.5	≤3.5	≤4	≤2.5
铝酸三钙/(%)		≤(5)	≤(6)	≤(8)		<5
硅酸三钙/(%)				≤(55)		<50
铁铝酸四钙/(%)		≥16				<22
烧失量/(%)		≤3				≤1.5
28 d 干缩率/(%)		≤0.1				
游离氧化钙/(%)		旋窑 1.0 立窑 1.8	≤1	≤1.2		≤1
细度	80 μm 方孔筛余/(%)	≤10	≤12	≤12	≤10	≤10
	比表面积/(m^2/kg)					
耐磨性/(kg/m^2)		≤3.6				
凝结时间	初凝不早于/min	60	60	60	45	45
	终凝不迟于/h	10	12	12	10	12
安定性		合格				

总结评价

(1) 石灰是一种气硬性胶凝材料，其基本成分为活性氧化钙。石灰的缺点是凝结硬化慢、强度低、体积收缩大、耐水性差，因此石灰不宜在长期潮湿的环境中或水中使用。但石灰也具有可塑性好的优点。

在道路桥梁工程中，石灰可以用来加固软土地基，或与其他材料共同制成半刚性基层材料用于道路垫层、底基层等，或制成浆体应用于桥梁工程圬工砌体。

(2) 水泥是一种水硬性胶凝材料。它是建筑工程中最基本的建筑材料，不仅大量应用于工业与民用建筑，还广泛应用于公路、铁路、水利、海港及国防等工程建设中。

①硅酸盐水泥中的基本成分为硅酸盐水泥熟料。熟料的主要矿物组成是硅酸三钙、硅酸二钙、铝酸三钙和铁铝酸四钙。改变矿物组成比例将会显著影响水泥的技术性质，可以满足不同的使用要求。

②为了改善水泥的某些性能，或增加水泥产量，或降低成本，可在硅酸盐熟料中掺加适量的各种混合材料，并与石膏共同磨细制成各种掺混合材料的水泥，如矿渣水泥、火山灰水泥、粉煤灰水泥和复合水泥等。目前道路桥梁工程中有六大通用水泥。

③水泥的主要技术指标有细度、凝结时间、体积安定性、强度等，只有满足规范要求的才是合格品，否则为不合格品。

④其他品种水泥也有相应的使用，各种水泥都有其独特的特性和应用范围。

学习模块 3

水泥混凝土的检测与应用

学习目标

教学目标

通过本模块的学习，使学生具备对常见混凝土的使用与检测能力。了解混凝土的分类、特性及工程基本要求，掌握水泥混凝土组成材料的技术标准及要求，熟记水泥混凝土的技术性质和技术标准，能独立完成水泥混凝土的配合比设计，了解其他类型混凝土的特点及工程应用。

教学要求

<table>
<tr><th>知识目标</th><th>能力目标</th><th>技能目标</th></tr>
<tr><td>水泥混凝土的组成和分类</td><td>（1）了解混凝土的不同分类方法。
（2）掌握水泥混凝土各组成材料的技术要求</td><td rowspan="3">（1）熟练掌握水泥混凝土拌和物的和易性，混凝土立方体抗压强度，混凝土抗冻性、抗渗性等试验操作过程。
（2）能熟练掌握混凝土配合比设计方法。
（3）能够对数据进行处理，并做出相应的判定</td></tr>
<tr><td>水泥混凝土的技术性质</td><td>（1）熟练掌握水泥混凝土的技术性质和技术标准。
（2）能独立完成水泥混凝土的配合比设计</td></tr>
<tr><td>其他混凝土</td><td>了解其他类型混凝土的特点、配合比设计及工程应用</td></tr>
</table>

任务 1 水泥混凝土的基础知识

混凝土是以胶凝材料、水和集料（骨料）按适当比例配合拌制成拌和物，再经硬化后得到的人工石材。而以水泥为胶凝材料、砂石为集料，与水按一定的配合比（加或不加外加剂和掺合料），经搅拌、成型、养护而得到的复合材料称为水泥混凝土，在工程中最为常用。水泥混凝土是一种重要的工程材料，广泛地应用于工业与民用建筑、水利、交通、港口等工程中。

工程案例

某桥预应力混凝土 T 形梁（见图 3-1），按照设计图纸要求，水泥混凝土强度等级为 C40，施工要求坍落度 30～50 mm，拟采用减水剂 UNF-5。

任务：请根据上述资料和实验室现有水泥及砂石材料按照规范要求制备出相应的水泥混凝土，检测其和易性、强度等主要技术性质，并对该工程使用的材料做出相应的评价。

图 3-1　某桥预应力混凝土 T 形梁示意图

任务分解

第一步：认识水泥混凝土的分类。

根据工程所处的环境和工程要求选择合适的水泥混凝土。

第二步：学习水泥混凝土的技术性质及标准，按照规范要求熟练掌握相关的性能检测试验，并能独立评价其性能。

水泥混凝土应具备良好的施工和易性、强度、耐久性等主要的技术性质，以适应荷载及环境因素的作用。

第三步：掌握水泥混凝土组成材料的技术要求。

组成水泥混凝土的基本材料有水泥、细集料、粗集料、水，有时需根据实际情况添加外加剂。各种材料的选择应根据工程特点和所处的环境条件，选择应同时符合技术及经济要求。

第四步:进行水泥混凝土的配合比设计。

根据选定的原材料和设计的要求进行水泥混凝土配合比设计,确定满足工程技术经济指标的混凝土的各种组成材料的用量。

一、水泥混凝土的分类

根据不同的分类标准,混凝土可分为以下几类:

1. 按胶凝材料分类

(1) 无机胶凝材料混凝土:如水泥混凝土、石膏混凝土、水玻璃混凝土等。

(2) 有机胶凝材料混凝土:如沥青混凝土、聚合物混凝土等。

2. 按表观密度分类

(1) 重混凝土:干表观密度大于2 800 kg/m^3,是用特别密实和特别重的集料(如重晶石、铁矿石、钢屑等)配制而成的,用于防射线或耐磨结构物中。

(2) 普通混凝土:干表观密度为2 000~2 800 kg/m^3,是以天然的砂、石作集料配制而成的。这类混凝土在工程中最常用,用于房屋及桥梁的承重结构、道路路面、水工建筑物的堤坝等。

(3) 轻混凝土:干表观密度小于2 000 kg/m^3,是用较轻的和多孔的集料如浮石、煤渣等制成,用于绝热、隔声或承重材料。

3. 按使用功能分类

按使用功能分类,水泥混凝土可分为防水混凝土、耐热混凝土、耐酸混凝土、耐碱混凝土、水工混凝土、海洋混凝土、道路混凝土等。

4. 按强度分类

按强度分类水泥混凝土可分为早强混凝土、超早强混凝土、高强混凝土、超高强混凝土、高性能混凝土(HPC)。

5. 按坍落度分类

按坍落度分类水泥混凝土可分为低塑性混凝土、塑性混凝土、流动性混凝土、大流动性混凝土、流态混凝土。

6. 按维勃稠度分类

按维勃稠度分类水泥混凝土可分为超干硬性混凝土、特干硬性混凝土、干硬性混凝土、半干硬性混凝土。

7. 按施工工艺分类

按施工工艺分类水泥混凝土可分为普通浇筑混凝土、离心成型混凝土、喷射混凝土、泵送混凝土等。

8. 按配筋情况分类

按配筋情况分类水泥混凝土可分为素混凝土、钢筋混凝土、纤维混凝土等。

二、水泥混凝土的特性

1. 优点

(1) 混凝土拌和物具有可塑性,可以按工程结构要求浇筑成不同形状和尺寸的整体结构和预制构件。

(2) 与钢筋等有牢固的黏结力,能在混凝土中配筋或埋设钢件制作钢筋混凝土构件或整体结构,强度高,耐久性好。

(3) 其组成材料中砂、石等当地材料占 80%以上,造价低。

(4) 改变各材料品种和用量,可以得到不同物理-力学性能的混凝土,以满足不同工程的要求,应用范围广泛。

2. 缺点

(1) 混凝土抗拉强度很低,受拉时抵抗变形能力小,容易开裂。

(2) 自重大。

(3) 生产工艺复杂,质量难以控制,管理困难。

三、水泥混凝土的组成材料及各材料的作用

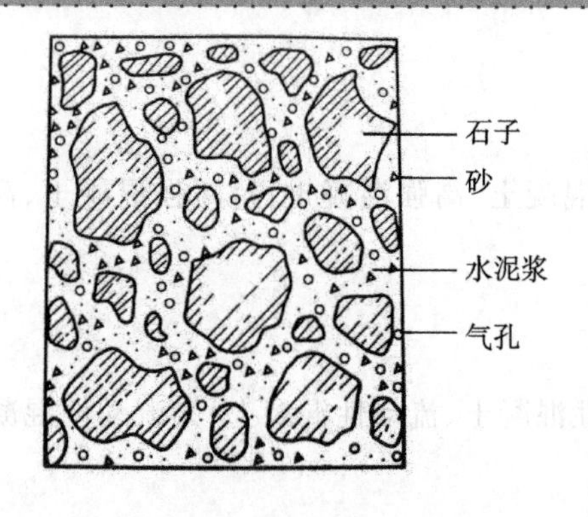

图 3-2　混凝土结构

水泥混凝土(以下简称混凝土)是由水泥、砂、石子、水四种材料组成的,有时为改善其性能,常加入适量的外加剂和外掺料。在混凝土中,水泥与水形成水泥浆,水泥浆包裹在集料表面并填充其空隙。在硬化前,水泥浆与外加剂起润滑作用,赋予拌和物一定的和易性,便于施工。水泥浆硬化后,则将集料胶结成一个坚实的整体。砂、石子称为集料,起骨架作用,砂填充石子的空隙,砂、石子构成的坚硬骨架可抑制由于水泥浆硬化和水泥石干燥而产生的收缩。混凝土的结构如图 3-2 所示。

四、工程中的基本要求

工程中混凝土要满足以下要求:

(1) 混凝土拌和物应具有一定的和易性,便于施工时浇筑振捣密实,并能保证混凝土的均

匀性。

(2) 混凝土经养护至规定龄期,应达到设计所要求的强度。

(3) 硬化后的混凝土应具有相应于所处环境的耐久性。

(4) 在保证混凝土质量的前提下,各项材料的组成应经济合理,尽量节约水泥,降低造价。

(5) 为防止出现温度裂缝,大体积混凝土应满足低热性要求。

特别提示

水泥混凝土是道路与桥梁工程建设中应用广泛、用量大的建筑材料之一,它具有许多优点:

(1) 凝结前具有良好的塑性,可以浇制成各种形状和大小的构件或结构物。

(2) 与钢筋黏结牢固,可制作钢筋混凝土结构和构件。

(3) 硬化后抗压强度高,耐久性良好。

(4) 砂、石子等可就地取材,比较经济。

当然,它也存在自重大、抗拉强度低、易开裂等缺点。

五、水泥混凝土的组成材料

水泥混凝土由水泥、砂、石子、水、外加剂和外掺料组成。混凝土的技术性质在很大程度上是由原材料的性质及其相对含量决定的,同时也与施工工艺(拌和、浇筑、养护等)有关。因此,我们必须了解其原材料的性质、作用及其质量要求,合理选择材料,以保证混凝土的质量。

1. 水泥

1) 水泥品种的选择

配制混凝土一般可选用硅酸盐水泥、普通硅酸盐水泥、矿渣硅酸盐水泥、火山灰质硅酸盐水泥和粉煤灰硅酸盐水泥。必要时也可以选用快硬硅酸盐水泥或其他水泥。

选用何种水泥,应根据混凝土工程的特点和所处的环境条件,参照有关规范规定选用。

2) 水泥强度等级的选择

水泥强度等级的选择应与混凝土的设计强度等级相适应。经验证明,一般情况下,水泥强度等级(以 MPa 为单位)为混凝土强度等级的 1.5~2.0 倍;若以高强度等级水泥配制低强度等级混凝土,水泥用量会偏少,影响和易性及密实度,应掺入一定数量的混合材料;如用低强度等级水泥配制高强度等级混凝土,水泥用量会过多,不经济,而且影响混凝土其他的技术性质。

2. 细集料

配制混凝土用细集料(砂)有天然砂和人工砂,砂的种类不同,同等条件下所配置的混凝土性质不同。工程中常选用河砂配制混凝土。

《建筑用砂》(GB/T 14684—2011)按技术要求将砂分为三类:Ⅰ类宜用于强度等级大于 C60 的混凝土,Ⅱ类宜用于强度等级 C30~C60 及抗冻、抗渗或其他要求的混凝土,Ⅲ类宜用于强度等级小于 C30 的混凝土和建筑砂浆。配制混凝土时所采用的细集料的质量要求有以下几方面:

1）砂中含泥量和泥块含量

含泥量是指砂中粒径小于 0.075 mm 颗粒的含量；泥块含量是指砂中粒径大于 1.18 mm，经水洗手捏后变成小于 0.60 mm 颗粒的含量。

砂中含泥量影响混凝土的强度。泥块对混凝土的抗压、抗渗、抗冻等性质均有不同程度的影响，尤其是包裹型的泥的影响更为严重。泥遇水成浆，胶结在砂石表面，不易分离，影响水泥与砂石的黏结力。天然砂中含泥量、泥块含量应符合表 3-1 的规定。

2）有害物质

砂中有害物质包括云母、硫化物与硫酸盐、氯盐和有机物等。云母为表面光滑的小薄片，与水泥浆黏结性差，会影响混凝土的强度及耐久性；有机物、硫化物及硫酸盐杂质对水泥有侵蚀作用；而氯盐对混凝土中的钢筋有侵蚀作用。

砂中不宜混有草根、树叶、树枝、塑料、煤块、煤渣等杂物，且砂中云母、硫化物与硫酸盐、氯盐和有机物等的杂质含量不应超过表 3-1 的规定值。

3）砂的坚固性

砂的坚固性是指砂在气候、环境变化或其他物理因素作用下抵抗破裂的能力。天然砂的坚固性用硫酸钠溶液检验，砂试样在饱和硫酸钠溶液中经 5 次循环浸渍后，其质量损失应符合表 3-2 的规定；人工砂以压碎指标值测定，其规定符合表 3-2。

表 3-1　天然砂中含泥量、泥块含量及砂中有害物质含量（GB/T **14684—2011**）

项目		指标		
		Ⅰ类	Ⅱ类	Ⅲ类
天然砂	含泥量（按质量计）/（%）	1.0	3.0	5.0
	泥块含量（按质量计）/（%）	0	1.0	2.0
有害杂质含量	云母（按质量计）/（%）	1.0	2.0	2.0
	硫化物与硫酸盐（按 SO_3 计）/（%）	0.5	0.5	0.5
	有机物含量（比色法）/（%）	合格	合格	合格
	轻物质（按质量计）/（%）	1.0	1.0	1.0
	氯化物（以氯离子质量计）/（%）	0.01	0.02	0.06

表 3-2　砂的坚固性指标（GB/T **14684—2011**）

项目	指标		
	Ⅰ类	Ⅱ类	Ⅲ类
质量损失（天然砂）/（%）	8	8	10
单级最大压碎指标（人工砂）/（%）	20	25	30

4）颗粒级配与粗细程度

混凝土中砂粒之间的空隙是由水泥浆所填充的，空隙率越小，混凝土集架越密实，所需水泥浆越少，就节约水泥且有助于混凝土强度和耐久性的提高。从图 3-3 中可以看出：如果是同样粗细的砂，则空隙率最大（见图 3-3(a)）；多粒级的砂搭配，空隙率较小。

《建设用砂》(GB/T 14684—2011)将砂分为粗砂、中砂、细砂。在相同质量条件下,细砂的总表面积较大,而粗砂的总表面积较小。在混凝土中,砂子的表面需要由水泥浆包裹,砂子的总表面积愈大,则需要包裹砂粒表面的水泥浆就愈多。因此,一般说用粗砂拌制混凝土比用细砂所需的水泥浆少。

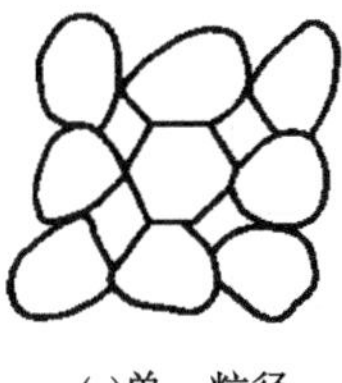

(a)单一粒径

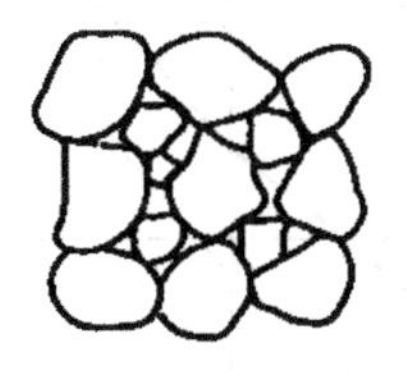

(b)配有部分次大粒径

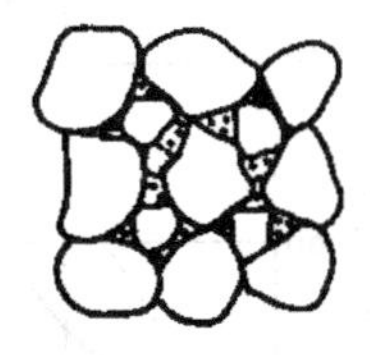

(c)在图(b)的剩余空隙中再填入小颗粒

图 3-3 细集料颗粒

所以,在拌制混凝土时,应同时考虑砂的颗粒级配和粗细程度。应选择颗粒级配好、粗细程度均匀的砂,即砂中含有较多的粗颗粒,并以适当的中颗粒及少量细颗粒填充其空隙,达到空隙率及总表面积均较小,这样的砂,不仅水泥浆用量较少,而且还可提高混凝土的密实性与强度。可见控制砂的颗粒级配和粗细程序有很大的技术经济意义,因而它是评定砂质量的重要指标。

砂的颗粒级配和粗细程度用筛分析法测定。对细度模数为 1.6~3.7 的混凝土用砂,根据 0.60 mm 筛孔的累计筛余量分成 3 个级配区(见表 3-3),混凝土用砂的颗粒级配应处于表 3-3 中的任何一个级配区以内。但砂的实际筛余率,除 4.75 mm 和 0.60 mm 筛号外,允许稍有超出,但其总量(几个粒级累计筛余百分率超出的和,或只是某一粒级的超出百分率)不应大于 5%。以累计筛余百分率为纵坐标,以筛孔尺寸为横坐标,按表 3-3 的规定绘出砂的 1、2、3 级配区的筛分曲线,如图 3-4 所示。

表 3-3 砂级配区的规定(GB/T 14684—2011) (%)

筛孔尺寸/mm	级配区		
	1 区	2 区	3 区
	累计筛余(按重量计)		
9.50(方孔)	0	0	0
4.75(方孔)	10~0	10~0	10~0
2.36(方孔)	35~5	25~0	15~0
1.18(方孔)	65~35	50~10	25~0
0.60(方孔)	85~71	70~41	40~16
0.30(方孔)	95~80	92~70	85~55
0.15(方孔)	100~90	100~90	100~90

配制混凝土时,应优先选用 2 区砂;采用 1 区砂时,在混凝土配合比设计中应提高砂率并保持足够的水泥用量,以满足和易性;采用 3 区砂时,应适当降低砂率,以保证混凝土强度。

3. 粗集料

混凝土中的粗集料(石子)是指粒径为 4.75~150 mm 的矿质材料,常用的有碎石和卵石。

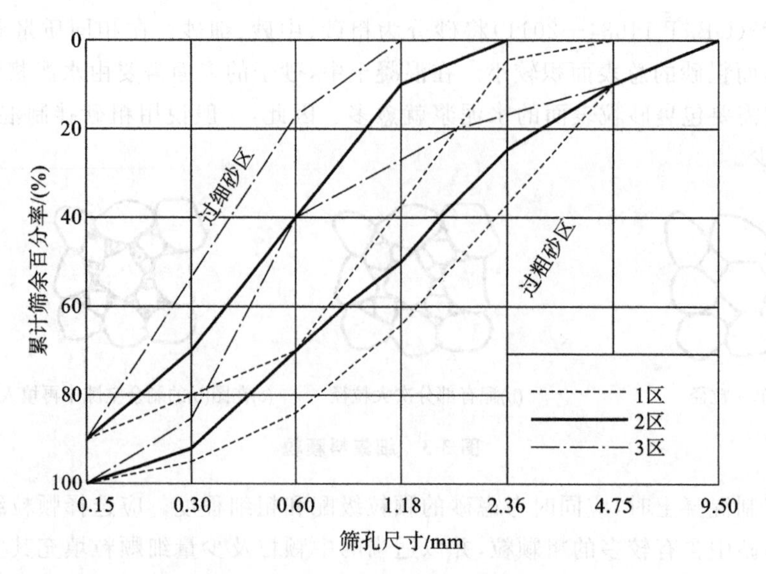

图 3-4　砂的 1、2、3 级配区曲线

卵石又称砾石，它是由天然岩石经自然条件长期作用而形成的，按其产源可分为河卵石、海卵石及山卵石等几种，其中以河卵石应用较多。卵石中有机杂质含量较多，但与碎石比较，卵石表面光滑，棱角少，空隙率及表面积小，拌制的混凝土水泥浆用量少，和易性较好，但与水泥石胶结力差。在相同条件下，卵石混凝土的强度较碎石混凝土低。碎石大多由天然岩石经破碎、筛分而成，表面粗糙，棱角多，较洁净，与水泥浆黏结比较牢固。碎石是工程中用量最大的粗集料。

《建设用卵石、碎石》(GB/T 14685—2011)按技术要求将卵石、碎石分为Ⅰ类、Ⅱ类和Ⅲ类。为了保证混凝土质量，所采用的粗集料要符合规范要求。

1）最大粒径及颗粒级配

(1) 最大粒径。

粗集料中公称粒级的上限称为该粒级的最大粒径(D_M)。当粗集料粒径增大时，其表面积随之减少，因此，保证一定厚度润滑层所需的水泥浆的数量也相应减少。由试验研究证明，最佳的最大粒径取决于混凝土的水泥用量。在混凝土中，条件许可时应尽量采用较大粒径。但在高强混凝土和有抗侵蚀要求的混凝土中，最大粒径应小于 40 mm。集料最大粒径还受结构形式和配筋疏密限制。根据《混凝土结构工程施工及验收规范》(GB 50204—2002)(2011 年版)的规定，混凝土粗集料的最大粒径不得超过结构截面最小尺寸的 1/4，同时不得大于钢筋间最小净间距的 3/4。对于混凝土实心板，粗集料最大粒径不宜超过板厚的 1/3，且不得超过 40 mm。

特别提示

随着粗集料最大粒径的增加，混凝土所需的单位用水量相应减少，因此，在固定用水量和水胶比(水灰比)的条件下，增大粒径可使混凝土具有较好的和易性，而减少水胶比也能够提高混凝土的强度和耐久性。

(2) 颗粒级配。

石子级配的好坏对节约水泥和保证混凝土具有良好的和易性有很大关系。特别是拌制高强度混凝土时,石子级配更为重要。

粗集料级配按供应情况可分为连续级配和单粒级配两种。连续级配(粒级)是将石子按其尺寸大小分级,分级尺寸是连续的,即从某一最大粒级以下依次有其他粒级。一般天然河卵石属于连续级配。连续级配集料与天然集料情况比较接近,配制的混凝土一般工作性良好,不易发生离析,是最常用的集料。单粒级配(粒级)集料可以避免连续级配中的较大粒级集料在堆放及装卸过程中的离析现象,可以通过不同组合,配制成各种不同要求的级配集料,以保证混凝土的质量,便于大型混凝土搅拌厂使用。另外还有一种间断级配,即有意剔除中间尺寸的颗粒,使大颗粒与小颗粒间有较大的“空当”。按理论上计算,当分级增大时,集料空隙率的降低速率较连续级配大,可较好地发挥集料的骨架作用而减少水泥用量,常用于低流动性或干硬性混凝土。但间断级配集料配制的混凝土拌和物往往易于离析、和易性较差,工程中较少采用。

国家标准《建设用碎石、卵石》(GB/T 14685—2011)规定,粗集料级配应符合表3-4中的规定。

表3-4 碎石或卵石的颗粒级配范围(GB/T **14685—2011**)

级配情况	公称粒级/mm	累计筛余(按质量计)/(%)											
		筛孔尺寸/mm											
		2.36	4.75	9.5	16.0	19.0	26.5	31.5	37.5	53.0	63.0	75.0	90.0
连续粒级	5～16	95～100	85～100	30～60	0～10	0	—	—	—	—	—	—	—
	5～20	95～100	90～100	40～80	—	0～10	0	—	—	—	—	—	—
	5～25	95～100	90～100	—	30～70	—	0～5	0	—	—	—	—	—
	5～31.5	95～100	90～100	70～90	—	15～45	—	0～5	0	—	—	—	—
	5～40	—	95～100	70～90	—	30～65	—	—	0～5	0	—	—	—
单粒粒级	5～10	95～100	80～100	0～15	0	—	—	—	—	—	—	—	—
	10～16	—	95～100	80～100	0～15	—	—	—	—	—	—	—	—
	10～20	—	95～100	85～100	—	0～15	0	—	—	—	—	—	—
	16～25	—	—	95～100	55～70	25～40	0～10	0	—	—	—	—	—
	16～31.5	—	95～100	—	85～100	—	—	0～10	0	—	—	—	—
	20～40	—	—	95～100	—	80～100	—	—	0～10	0	—	—	—
	40～80	—	—	—	—	95～100	—	—	70～100	—	30～60	0～10	0

注:公称粒级的上限为该粒级的最大粒径。

2) 强度及坚固性

为保证混凝土的强度要求,粗集料都必须质地细密,具有足够的强度。碎石或卵石的强度,用岩石立方体强度和压碎指标两种方法表示,具体要求见表3-5。

粗集料的坚固性是反映碎石或卵石在气候、环境变化或其他物理因素作用下抵抗碎裂的能力。石子的坚固性采用硫酸钠溶液浸渍法进行检验。按标准GB/T 14685—2011的技术要求,石子样品在硫酸钠饱和溶液中经5次循环浸渍后，其质量损失应符合表3-5的规定。

3）针片状颗粒含量

凡岩石长度大于该颗粒所属的平均粒径的2.4倍者为针状颗粒，厚度小于平均粒径0.4倍者为片状颗粒。平均粒径指该粒级上、下限粒径的平均值。针片状颗粒对混凝土的和易性及强度影响很大，其含量的限制指标见表3-5。

4）有害杂质含量

为保证混凝土的强度及耐久性，对石子中的含泥量、泥块含量、硫化物及硫酸盐含量、有机质含量等必须认真检验，不得大于表3-5所列指标。重要工程所用石子应进行碱活性检验。

表3-5　碎石和卵石技术要求（GB/T 14685—2011）

项　目	技术要求		
	Ⅰ类	Ⅱ类	Ⅲ类
碎石压碎指标/（%）	10	20	30
卵石压碎指标/（%）	12	14	16
针片状颗粒含量按质量计/（%）	5	10	15
含泥量按质量计/（%）	0.5	1.0	1.5
泥块含量按质量计/（%）	0	0.2	0.5
硫化物和硫酸盐含量（折算为SO_3）（按质量计）/（%）	0.5	1.0	1.0
有机物	合格	合格	合格
坚固性（质量损失）/（%）	5	8	12
岩石抗压强度/MPa	在饱和水状态下，火成岩应不小于80，变质岩应不小于60，水成岩应不小于30		

5）含泥量和泥块含量

含泥量是指石子中粒径小于0.75 mm的颗粒含量；泥块含量是指石子中原粒径大于4.75 mm，经水洗手捏后变成小于2.36 mm的颗粒含量。

6）表观密度、连续级配松散堆积空隙率

表观密度应不小于2 600 kg/m^3，连续级配松散堆积空隙率为：Ⅰ类应不大于43%，Ⅱ类应不大于45%，Ⅲ类应不大于47%。

7）吸水率

Ⅰ类吸水率应不大于1.0%，Ⅱ类吸水率应不大于2.0%，Ⅲ类吸水率应不大于2.0%。

8）碱-集料反应

碱-集料反应是指水泥、外加剂等混凝土构成物及环境中的碱与集料中活性矿物在潮湿环境下缓慢发生化学反应并导致混凝土开裂破坏的膨胀反应。经碱-集料反应试验后，由卵石、碎石配制的试件无裂缝、酥裂、胶体外溢等现象，在规定试验龄期的膨胀率小于0.10%。

4. 混凝土拌和及养护用水

在拌制和养护混凝土用的水中，不得含有影响水泥正常凝结与硬化的有害杂质，凡是符合国家标准的生活饮用水，都能用来拌制和养护混凝土。海水中含有硫酸盐、镁盐和氯化物，对水泥石有侵蚀作用，对钢筋也会造成锈蚀，因此海水只用来拌制素混凝土，但不得用于拌制钢筋混凝土和预应力混凝土。

地表水、地下水以及经适当处理的或处置的工业废水，若水质符合《混凝土用水标准》(JGJ 63—2006)，且待检水与蒸馏水凝结时间对比试验，水泥初凝时间差、终凝时间差均不大于30 min，并符合国家标准凝结时间的规定，强度对比试验抗压强度不低于标准试件抗压强度的90%时也可用于拌制混凝土。混凝土拌和用水质量要求如表3-6所示。

表3-6　混凝土拌和用水质量要求

项　　目	素混凝土	钢筋混凝土	预应力混凝土
pH值	≥4.5	≥4.5	≥5.0
不溶物/(mg/L)	≤5 000	≤2 000	≤2 000
可溶物/(mg/L)	≤10 000	≤5 000	≤2 000
氯化物(以 Cl^- 计)/(mg/L)	≤3 500	≤1 000	≤500
硫酸盐(以 SO_4^{2-} 计)/(mg/L)	≤2 700	≤2 000	≤600
碱含量/(mg/L)	≤1 500	≤1 500	≤1 500

5. 混凝土外加剂

在混凝土中掺适量外加剂可提高混凝土强度，改善混凝土各种性能，而且对减少用水量、节约水泥有着十分显著的效果。

混凝土外加剂是在拌制混凝土、水泥净浆过程中掺入，用以改善混凝土性能的化学物质。掺量不大于水泥质量的5%(特殊情况除外)。

混凝土外加剂按其主要功能可分为如下四类。

(1) 改善混凝土拌和物流变性能的外加剂，如减水剂、引气剂和泵送剂等。

(2) 调节混凝土凝结时间、硬化性能的外加剂，如缓凝剂、早强剂和速凝剂。

(3) 改善混凝土耐久性的外加剂，如引气剂、防水剂和阻锈剂等。

(4) 改善混凝土其他性能的外加剂，如加气剂、膨胀剂、防冻剂、着色剂等。

1) 减水剂

在混凝土坍落度基本相同的条件下，减水剂能减少拌和用水量，或在拌和用水量不变的条件下，改善混凝土的和易性，或同时具有以上两种效果又不显著改变含气量。

(1) 减水剂的种类。

①按照不同减水效果，减水剂可分为以下五种。

- 普通减水剂：在保持混凝土稠度不变的条件下，具有一般减水增强作用的外加剂。
- 高效减水剂：在保持混凝土稠度不变的条件下，具有大幅度减水增强作用的外加剂。其减水率在12%以上。
- 早强减水剂：兼有早强和减水作用的外加剂。
- 缓凝减水剂：兼有缓凝和减水作用的外加剂。
- 引气减水剂：兼有引气和减水作用的外加剂。

②按化学成分分，减水剂可分为如下几种。

• 木质素磺酸盐系（木质素系）减水剂。木质素系减水剂主要品种有木质素磺酸钙、木质素磺酸钠、木质素磺酸镁。

M型减水剂，简称M剂，是由提取酒精后的木浆废液，经蒸发、磺化浓缩、喷雾干燥所制得的一种棕黄色粉状物。M剂主要成分为木质素磺酸钙，质量分数为60%以上，还原性物质质量分数为低于12%，PH值为5～5.5。M剂为阴离子表面活性剂。

M剂适宜掺量为0.2%～0.3%。在保持配合比不变的条件下，掺用M剂后坍落度可提高10 cm左右；在保持混凝土强度和坍落度不变的条件下，掺用M剂可减水10%，节约水泥10%；保持混凝土坍落度和水泥用量不变的条件下，掺用M剂减水10%，提高强度10%～20%。M剂对混凝土有缓凝作用，一般缓凝1～3 h。低温下缓凝性更强，若掺量过多，则缓凝严重。

M剂由于原料为工业废料，资源丰富，成本低廉，并能减少环境污染，且生产工艺和设备简单，因此各国均大量生产，广为使用。目前，M剂在我国的应用比较普遍，可用于一般混凝土工程，尤其适用于大模板、滑模、大体积浇及夏季施工的混凝土工程等，冬季可与早强剂复合使用，效果更好。

• 萘磺酸盐甲醛缩合物（萘系）。这类减水剂是以煤焦中分馏出的萘及萘的同系物为原料，大部分使用工业下脚料，具有多萘核结构β-萘磺酸甲醛高缩物钠盐。这类减水剂大多为非引气型，属于阴离子表面活性剂。常用的牌号有UNF、FDN、MF等，其特点是缩合度高，分子链长，对水泥扩散力强，起泡力低，减水率高，能有效改善混凝土的物理-力学性能，特别对提高混凝土的强度及提高流动性等有显著效果。其减水率在15%～25%，早强效果好，28 d强度增长20%，可节约水泥10%～25%，最适宜掺量为0.2%～0.5%。适合于配制C50～C100的高强或超高强混凝土、大流动性泵送混凝土及冬季施工的混凝土。

萘系减水剂一般在搅拌过程中先加水搅拌2～3 min，然后加入减水剂，大坍落度混凝土不宜用翻车长距离运输，宜采用后掺法。

• 水溶性树脂系减水剂（树脂系）。水溶性树脂系减水剂被誉为减水剂之王，我国产品有SM，其主要成分为磺化三聚氰胺甲醛缩合物，简称密胺树脂，属阴离子表面活性剂。

SM属早强、非引气型高效减水剂，减水率高达20%～27%，甚至最高可达30%。各龄期强度均有显著提高，每天强度可比前一天提高一倍以上，7天即可达基准混凝土28天的强度，28天则增强30%～60%。若保持强度要求不变，可节约水泥25%左右。另外，混凝土的弹性模量、抗渗、抗冻等性能以及与钢筋的黏结力等，也均有改善和提高。

SM减水剂可用于配制80～100 MPa高强混凝土，也可用于配制耐火、耐高温（1000～1200 ℃）的混凝土。目前仅用于有特殊要求的混凝土工程。

• 复合减水剂。目前，国内外都在普遍研究使用复合外加剂，将某些品种的减水剂和其他外加剂复合使用，可取得满足不同施工要求及降低成本的效果。如以消泡剂GXP-103和MF复合，可弥补单掺MF时因引气而导致混凝土后期强度降低的缺点；将三乙醇胺与UNF-2复合可作为早强减水剂使用，明显提高混凝土的早期强度；将硫酸钠与糖钙复合，可制成早强剂（NC），能在冬季负温下使用，取得良好的效果。

(2) 减水剂作用机理。

减水剂是阴离子表面活性剂，其本身不与水泥发生化学反应，而是通过表面活性剂的吸附-分散作用、润滑作用和润湿作用，改善新拌混凝土的和易性、水泥石的内部结构及混凝土的性能。

由于阴离子表面活性剂的作用,水泥颗粒更好地被水湿润,均匀分散,释放出被水泥颗粒包裹的游离水,在水泥颗粒周围形成一层溶剂化水膜及引入少量气泡等综合原因,使混凝土拌和物的流动性提高;在和易性相近时,由于水灰比降低及混凝土内部结构改善,因此硬化混凝土的性能提高。

(3) 减水剂的技术经济效果。

混凝土中加入减水剂后,一般可获得以下效果:

① 在用水量不变时,可提高混凝土拌和物的流动性,坍落度可增大10～20 cm。

② 保持混凝土的和易性不变,可减水10%～15%,混凝土强度可提高15%～20%,尤其是早期强度提高更为显著。

③ 保持混凝土强度不变时,可节约水泥用量10%～15%。

④ 水泥水化放热速度减慢,热峰出现推迟。

⑤ 混凝土泌水、离析现象得到很大改善,混凝土透水性可降低40%～80%,提高抗渗、抗冻、耐化学腐蚀等能力。

⑥ 可配制特种混凝土,比采用特种水泥更为经济、简便和灵活。

(4) 减水剂的掺加方法。

减水剂掺入混凝土拌和物中的方法不同,其效果也不同。

① 先掺法:将粗集料、细集料、粉状减水剂与水泥混合,然后加水搅拌。其优点是:使用方便,省去了减水剂溶解、储存、冬季施工的防冻等工序和设施。缺点是:塑化效果较差,特别是粉状减水剂受潮易结块或者有较大颗粒不易分散拌匀,直接影响使用效果。

② 同掺法:将减水剂溶解成一定浓度的溶液,搅拌时同粗集料、细集料、水泥和水一起加入搅拌。其优点是:与先掺法相比,容易搅拌均匀;与滞水法相比,搅拌时间短,搅拌机生产效率高;另外由于稀释为溶液,对计量和自动化控制比较方便。缺点是:增加了减水剂的溶解、储存、冬季防冻保温等措施。减水剂中不溶物或溶解度较小的物质易沉淀,造成溶液浓度的差异,因此在使用中应注意充分溶解与搅拌,防止沉淀,随拌随用。

③ 滞水法:在搅拌过程中减水剂(当以溶液加入时称为溶液滞水法,以干粉加入时称为干粉滞水法)滞后于加水1～3 min。其优点是:能提高高效减水剂在某些水泥中的使用效果,可提高流动性、减水率、强度和节约更多的水泥,减少减水剂的掺量,提高减水剂对水泥的适应性。缺点是:搅拌时间延长、搅拌机生产效率降低。

④ 后掺法:减水剂不在搅拌时加入,而是在运输途中或在施工现场分几次或一次加入,再经两次或多次搅拌,成为混凝土拌和物。其优点是:可减少、抑制混凝土在长距离运输过程中的分层离析和坍落度损失,可提高混凝土拌和物的流动性、减水率、强度和降低减水剂掺量、节约水泥等,并可提高减水剂对水泥的适应性。缺点是:需要设置运输车辆及增加搅拌次数,延续搅拌时间。

特别提示

减水剂是使用最广泛和效果最显著的一种外加剂。

2）早强剂及早强减水剂

早强剂是能提高混凝土早期强度并对后期强度无显著影响的外加剂，与减水剂复合兼有减水作用的为早强减水剂。

早强剂按其化学成分，可分为无机物和有机物两大类。无机早强剂又分为氯化物系和硫酸盐系。氯化物系中常用的有氯化钠、氯化钙等，硫酸盐系中常用的有硫酸钠、硫代硫酸钠等。有机早强剂常用的有三乙醇胺、三异丙醇胺、甲酸钙、乙酸钠等。除上述两类早强剂外，工程中常采用复合早强剂。复合早强剂既具有促进水泥水化和早强作用，又有减水剂减水作用。在早强剂应用中应特别注意混凝土的耐久性能。

早强剂及早强减水剂可用于蒸养混凝土及常温、低温条件下有早强要求的混凝土，但强电解质早强剂如氯盐、硫酸钠在某些情况下不得使用。

常用早强剂的一般掺量：氯化钠为1%～2%，硫酸钠为0.5%～2%，三乙醇胺为0.02%～0.05%。

3）缓凝剂及缓凝减水剂

能延缓混凝土凝结时间，并对混凝土后期强度发展无不利影响的外加剂为缓凝剂，兼有缓凝和减水作用的外加剂为缓凝减水剂。

我国使用最多的缓凝剂是糖钙、木钙，它具有缓凝及减水作用；其次有羟基酸及其盐类，羟基酸类有柠檬酸、酒石酸钾钠等，无机盐类为锌盐、硼酸盐。此外，还有胺盐及其衍生物、纤维素醚等。

缓凝剂适用于有延缓时间要求的施工中，如在气温高、运距长的情况下，可防止混凝土拌和物过早发生坍落度损失；又如分层浇筑的混凝土，为防止出现冷缝，也常加入缓凝剂。另外，在大体积混凝土中为了延长放热时间，也可掺入缓凝剂。

4）速凝剂

能使混凝土迅速凝结硬化的外加剂称为速凝剂。速凝剂的主要种类有无机盐类和有机物类。我国常用的速凝剂是无机盐类，产品型号有红星1型、711型、782型等。

速凝剂主要用于矿山井巷、铁路隧道、引水涵洞、地下工程以及喷锚支护时的喷射混凝土或喷射砂浆工程中。在实际工程中为了提高质量、节约材料、改善劳动条件，往往把速凝剂与减水剂复合使用。

5）引气剂及引气减水剂

在搅拌混凝土的过程中引入大量均匀分布、稳定而封闭的微小气泡的外加剂称为引气剂。

封闭气泡直径在50～250 μm(0.05～0.25 mm)范围内，微小独立气泡起着滚珠轴承的作用，可减少拌和物流动时的滑动阻力，增加新拌混凝土的流动性。引气剂增加混凝土拌和物的黏聚力，使混凝土泌水率显著减少。大量的微细气泡对混凝土的冻融破坏起缓冲作用，能显著提高硬化混凝土的抗冻融耐久性。但混凝土中含气量的增加会降低混凝土强度。

引气剂的掺量是根据混凝土含气量要求而定的，一般引气剂混凝土的含气量为3.5%～7%；有冻融要求的混凝土，其含气量在5%～7%。

引气剂适用于抗冻、防渗、抗硫酸盐、泌水严重的混凝土、贫混凝土、轻集料混凝土以及对饰面有要求的混凝土等。

特别提示

通常，混凝土中含气量每增加1%，混凝土的抗压强度可降低5%左右，抗折强度降低2.5%左右。这是因为混凝土中大量气泡的存在，增大了孔隙率，而有效面积减小，所以降低了强度和耐磨性。

为了防止混凝土强度显著下降，应严格控制引气剂的掺量，以使其含气量不至于过大。

6）防冻剂

防冻剂是能使混凝土在负温下硬化，并在规定时间内达到足够防冻强度的外加剂。我国常用的防冻剂是由多组分复合而成，其主要组分有防冻组分、减水组分、早强组分等。

防冻组分是复合防冻剂中的重要组分，按其成分可分为如下三类：

（1）氯盐类：常用的有氯化钙、氯化钠。由于氯化钙参与水泥的水化反应，不能有效地降低混凝土中液相的冰点，故常与氯化钠复合使用，通常采用的配比为氯化钙∶氯化钠＝2∶1。

（2）氯盐阻锈类：氯盐与阻锈剂复合而成。阻锈剂有亚硝酸钠、铬酸盐、磷酸盐、聚磷酸盐等，其中亚硝酸钠阻锈效果最好，故被广泛应用。

（3）无氯盐类：有硝酸盐、亚硝酸盐、碳酸盐、尿素、乙酸盐等。

上述各类防冻组分适用的温度范围一般为：氯化钠单独使用时为－5 ℃，硝酸盐（硝酸钠、硝酸钙盐）、尿素型为－10 ℃，亚硝酸盐（亚硝酸钠盐）为－15 ℃，碳酸盐为－25～－15 ℃。

复合防冻剂中的减水组分、引气组分、早强组分则分别采用前面所述的各类减水剂、引气剂、早强剂。

7）膨胀剂

膨胀剂是能使混凝土产生一定体积膨胀的外加剂。掺入膨胀剂后对混凝土的力学性质不会带来大的影响，但可提高混凝土的抗渗性和抗裂性。膨胀剂的种类有硫铝酸钙类、氧化钙类、氧化镁类、金属类等。

掺硫铝酸钙类膨胀剂的膨胀混凝土（砂浆），不得用于长期处于环境温度为80 ℃以上的工程中；掺硫铝酸钙类或氧化钙类膨胀剂的混凝土，不宜使用氯盐类外加剂；掺铁屑膨胀剂的填充用膨胀砂浆，不得用于杂散电流的工程和与铝、镁材料接触的部位。

8）外加剂的质量检验

GB 8076—2008《混凝土外加剂》中，规定了高性能减水剂等8种外加剂的技术要求、试验方法、检验规则等。按规定的取样及试验方法检验，外加剂应全部符合该标准要求。

外加剂产品均应由生产厂家随货提供以下技术文件或说明书：①产品名称及型号；②出厂日期；③主要特性及成分；④适用范围及适宜掺量；⑤性能检测合格证；⑥贮存条件及有效期；⑦使用方法及注意事项。凡有下列情况之一者，应拒绝收货：①无性能检验合格证；②技术文件不全；③质量不足；④产品受潮湿变质；⑤超过有效期等。

特别提示

外加剂的应用是混凝土技术的重大突破，必须根据具体的工程科学地选择及应用，才能达到提高工程质量、降低造价等目的。

6. 混凝土的掺合料

为了节约水泥，改善混凝土性能，在普通混凝土中可掺入一些矿物粉末，这些矿物粉末称为掺合料。常用的掺合料有粉煤灰、烧黏土、硅粉及各种天然火山灰质混合材等。

1）粉煤灰

粉煤灰的化学成分主要有 SiO_2、Al_2O_3、Fe_2O_3 等，其中 SiO_2 及 Al_2O_3 两者含量之和常在60%以上，是决定粉煤灰活性的主要成分。当粉煤灰掺入混凝土时，粉煤灰具有火山灰活性作用，它吸收氢氧化钙后生成硅酸钙凝胶，成为胶凝材料的一部分；微珠球状颗粒，具有增大混凝土拌和物流动性、减少泌水、改善混凝土和易性的作用。粉煤灰水化反应很慢，它在混凝土中长期以固体颗粒形态存在，具有填充集料空隙的作用，可提高混凝土密实性。粉煤灰可代替部分水泥，成本低廉，因此可获得显著的经济效益。

非成品原状粉煤灰的品质指标如下：①烧失量不得超过12%；②干灰含水量不得超过1%；③三氧化硫（水泥和粉煤灰总量中的）不得超过3.5%；④0.08 mm方孔筛筛余量不得超过12%。

混凝土中掺入粉煤灰的效果与粉煤灰的掺入方式有关。常用的掺入方式有等量取代水泥法、粉煤灰代砂、超量取代水泥法。当混凝土中掺入粉煤灰等量取代水泥时，称为等量取代水泥法。由于粉煤灰活性较低，混凝土早期及28 d龄期强度降低，但随着龄期的延长，掺粉煤灰的混凝土强度可逐步赶上不掺粉煤灰的混凝土。因混凝土内水泥用量减少，减少了混凝土发热量，还可以改善和易性，提高抗渗性，故此法常用于大体积混凝土。当掺入粉煤灰时仍保持混凝土中水泥用量不变，则混凝土拌和料的黏聚性及保水性将显著优于不掺粉煤灰的混凝土，此时，可减少砂的用量，称为粉煤灰代砂。由于粉煤灰的火山灰活性，混凝土强度将提高，和易性及抗渗性将显著改善。为了保持混凝土28天强度及和易性不变，常采用超量取代法，即粉煤灰的掺入量大于所取代的水泥量，多出的粉煤灰取代同体积砂。

混凝土中掺入粉煤灰时，常与减水剂、引气剂或阻锈剂同时掺用，称为双掺技术。减水剂可以克服某些粉煤灰增大混凝土需水量的缺点；引气剂可以解决粉煤灰混凝土抗冻性能较低的问题；阻锈剂可以改善粉煤灰混凝土抗碳化性能，防止钢筋锈蚀。

2）硅粉

硅粉亦称硅灰，是从冶炼硅铁和其他硅金属工厂的废烟气中回收的副产品。硅粉呈灰白色，颗粒极细，是水泥粒径的1/100～1/50，比表面积为20～25 m^2/g，主要成分为 SiO_2，活性很高，是一种新型改善混凝土性能的掺合料。

试验研究表明，硅粉掺入混凝土中可获得如下效果。①改善混凝土拌和物的和易性。由于硅粉颗粒极细、比表面积大、需水量为普通水泥的130%～150%，故混凝土流动性随硅粉掺量的增加而减小。为了保持混凝土的流动性，必须掺用高效减水剂。硅粉的掺入，显著地改善了混凝土黏聚性及保水性，提高了混凝土抗离析性和抗泌水性，故适宜配制高流态混凝土、泵送混凝土及水下灌注混凝土。②配制高强混凝土。当硅粉与高效减水剂配合使用时，硅粉与 $Ca(OH)_2$ 反应生成水化硅酸钙凝胶体，填充水泥颗粒间的空隙，改善界面结构及黏结力，可显著提高混凝土强度。在掺入适量高效减水剂的条件下，可配制出28 d强度达100 MPa的超高强混凝土。

③改善混凝土的孔隙结构，提高耐久性。混凝土中掺入硅粉后，大孔减小，超微细孔隙增加，改善了水泥石的孔隙结构，使掺硅粉混凝土的耐久性显著提高。硅粉掺量为10%～20%时，抗渗性可提高100倍以上，抗冻性也明显提高。④硅粉混凝土的抗冲磨性随硅粉掺量的增加而提高。它比其他抗冲磨材料具有价廉、施工方便等优点，适用于水工建筑物的抗冲刷部位及高速公路路面。⑤硅粉混凝土抗侵蚀性较好，适用于要求抗溶出性侵蚀及抗硫酸盐侵蚀的工程。硅粉还具有抑制碱-集料反应以及防止钢筋锈蚀的作用。

硅粉掺入混凝土的方法，有内掺法（取代等质量水泥）、外掺法（水泥用量不变）及硅粉和粉煤灰共掺法等多种。无论采用哪种掺法，都必须同时掺入适量高效减水剂，以使硅粉在水泥浆体内充分地分散。

六、水泥混凝土的技术性质

混凝土在未凝结硬化以前，称为混凝土拌和物。它必须具有良好的和易性，便于施工，以保证能获得良好的浇筑质量。混凝土拌和物凝结硬化以后，应具有足够的强度，以保证建筑物能安全地承受设计荷载，并应具有与所处环境相适应的耐久性。

1. 混凝土拌和物的和易性（工作性）

1）和易性的概念

和易性是指混凝土拌和物易于施工操作（拌和、运输、浇筑、捣实）并能获得质量均匀、成型密实的性能。和易性是一项综合的技术性质，包括流动性、黏聚性和保水性等三方面的含义。

（1）流动性　流动性是指混凝土拌和物在本身自重或施工机械振捣的作用下，能产生流动，并均匀密实地填满模板的性能。其大小直接影响施工时振捣的难易和成型的质量。

（2）黏聚性　黏聚性是指混凝土拌和物在施工过程中其组成材料之间有一定的黏聚力，不致产生分层和离析的现象。它反映了混凝土拌和物保持整体均匀性的能力。

（3）保水性　保水性是指混凝土拌和物在施工过程中，保持水分不易析出、不致产生严重泌水现象的能力。发生泌水现象的混凝土拌和物，由于水分分泌出来会形成容易透水的孔隙，而影响混凝土的密实性，降低质量。

混凝土拌和物的流动性、黏聚性和保水性之间是互相联系、互相矛盾的。和易性就是这三方面性质在某种具体条件下矛盾统一的概念。

2）和易性的测定

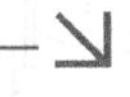

特别提示

水泥混凝土的和易性，也称工作性，是一项综合的技术性质。也有认为它包含流动性、可塑性、稳定性、易密性四个方面的含义，即满足输送和浇捣要求的流动性，不为外力产生脆断的可塑性，不产生分层、泌水的稳定性和易于浇捣密实的易密性。

目前，尚没有能够全面反映混凝土拌和物和易性的测定方法。在工地和实验室，通常是通过相关试验测定拌和物的流动性，试验的同时辅以直观经验评定混凝土拌和物的黏聚性和保水性，从而做出和易性评价。

《公路工程水泥及水泥混凝土试验规程》(JTG E30—2005)规定，测定流动性的方法有坍落度试验和维勃稠度试验两种方法。

(1) 坍落度试验。

坍落度试验是使用历史最久最为普遍的测定混凝土拌和物流动性的方法。在测量坍落度的同时，通过目测可检查拌和物的黏聚性和保水情况，评定其可塑性与稳定性，以便较全面地评定塑性混凝土拌和物的和易性。

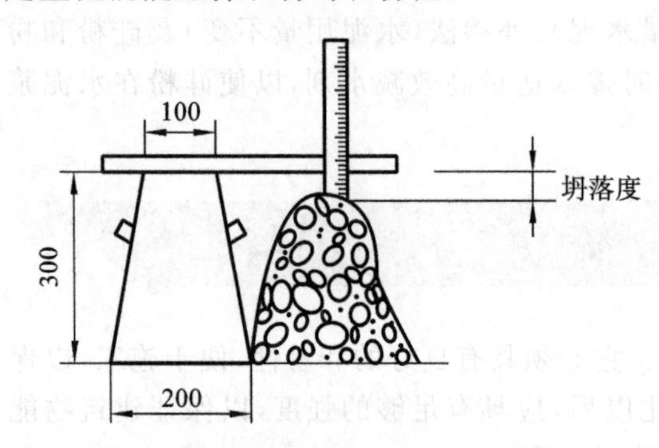

图 3-5　坍落度试验测定方法示意图

坍落度试验测定方法是将被测的混凝土拌和物按规定方法装入高为 300 mm 的标准圆锥体筒(称坍落筒)内，分层插实，装满刮平，垂直向上提起坍落筒，拌和物因自重而下落，量出筒高与坍落后拌和物试体最高点间的高差，以 mm(精确至 5 mm)为单位，即为该拌和物的坍落度，以 T 表示，如图 3-5 所示。

用捣棒在坍落的混凝土锥体侧面轻轻敲打以检查黏聚性。如果锥体逐渐下沉，则表示黏聚性良好；如果锥体倒坍、部分崩裂或出现离析现象，则表示黏聚性不好。

观察混凝土拌和物中稀浆析出的程度来评定保水性。坍落筒提起后如有较多的稀浆从底部析出，锥体部分的混凝土也因失浆而集料外露，则表明该混凝土拌和物的保水性不好。如果无稀浆或仅有少量浆体自底部析出，则表示此混凝土拌和物保水性良好。

技术提示

在评价水泥混凝土拌和物的稠度方面，坍落度试验是重要指标之一。对于流态混凝土，采用坍落度来评价其稠度。坍落度越大，说明混凝土的流动性越大。当然，并不是流动性越大越好，过大会使混凝土分层，造成上下不均，过小则会不便于施工，因此坍落度应符合具体工程的坍落度要求，在一个适宜的范围内。混凝土拌和物应同时具有良好的黏聚性和保水性。

(2) 维勃稠度(V.B 稠度值)试验。

对于干硬或较干稠的混凝土拌和物(坍落度小于 10 mm 时)，坍落度试验测不出拌和物稠度的变化情况，宜用维勃稠度测定其和易性。

维勃稠度测定仪(简称维勃计)是瑞士勃纳(Bahrner)提出的一种测定混凝土混合料的方法。国际标准化协会予以推荐，我国定为测定混凝土拌和物干硬性的试验方法。

用图 3-6 所示的装置，将坍落筒置于容器之内，并固定在规定的振动台上。先在坍落筒内填满混凝土，抽出坍落筒。然后，将附有滑竿的透明圆板放在混凝土顶部，开动马达振动至圆板的全部面积与混凝土接触时为止。测定所经过的时间秒数(s)作为拌和物的稠度值，称为维勃稠度值。维勃稠度值

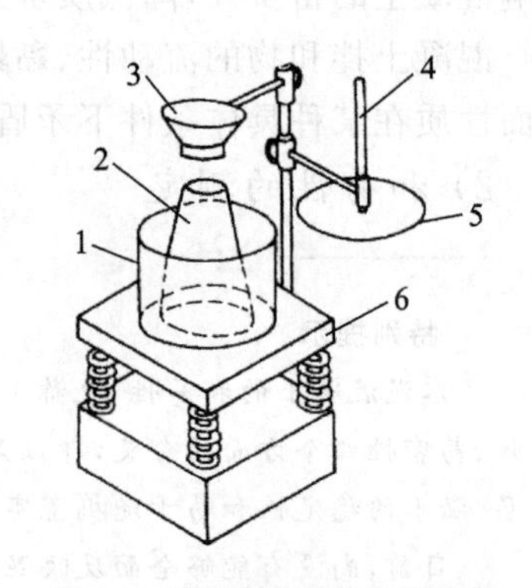

图 3-6　维勃稠度测定示意图

1—圆柱形容器；2—坍落度筒；3—漏斗；4—测杆；5—透明圆盘；6—振动台

越大，混凝土拌和物越干稠。这种测定方法适用于集料不大于40 mm、维勃稠度在5～30 s之间的拌和物稠度的测定。

混凝土按维勃稠度值大小可分四级：超干硬性(V≥31 s)、特干硬性(V≥21～30 s)、干硬性(V≥11～20 s)、半干硬性(V≥5～10 s)。

技术提示

维勃稠度试验是将新拌水泥混凝土装入坍落度筒后再拔去坍落度筒，并将透明圆盘放在圆锥混凝土顶面，然后在规定频率和振幅下振动，直到透明圆盘的下表面完全布满水泥浆为止。

3) 影响和易性的主要因素

(1) 水泥浆的数量。

混凝土拌和物中水泥浆的多少直接影响混凝土拌和物流动性的大小。在水灰比不变的条件下，单位体积拌和物中，水泥浆愈多，拌和物的流动性愈大。但若水泥浆过多，将会出现流浆现象，使拌和物的黏聚性变差，同时对混凝土的强度与耐久性也会产生一定影响，且水泥用量也大。水泥浆过少，则不能填满集料空隙或不能很好包裹集料表面，就会产生离析和崩坍现象，使黏聚性变差。因此，混凝土拌和物中水泥浆的含量应以满足流动性要求为准，不宜过大或过小。

(2) 水灰比。

在水泥用量不变的情况下，水灰比愈小，水泥浆愈稠，混凝土拌和物的流动性便愈小。当水灰比过小时，水泥浆干稠，混凝土拌和物的流动性过低，会使施工困难，不能保证混凝土的密实性。增加水灰比会使流动性加大，若水灰比过大，又会造成混凝土拌和物的黏聚性和保水性不良，产生流浆、离析现象，并严重影响混凝土的强度。所以，水灰比不能过大或过小，一般应根据混凝土强度和耐久性要求合理地选用。

(3) 单位用水量。

无论是水泥浆的多少，还是水泥浆的稀稠，对混凝土拌和物流动性起决定作用的是单位用水量。但是，加大用水量会降低混凝土的强度和耐久性。因此，应该在保持水灰比不变的条件下，用调整水泥浆量的方法来调整混凝土的强度和耐久性。

(4) 砂率。

砂率是指混凝土拌和物内，砂的质量占砂、石总质量的百分数。单位体积混凝土中，在水泥浆量一定的条件下，砂率过小，则砂浆数量不足以填满石子的空隙体积，而且不能形成足够的砂浆层以包裹石子表面，这样，不仅拌和物的流动性小，而且黏聚性及保水性均较差，产生离析、流浆现象。若砂率过大，集料的总表面积及空隙率增大，包裹砂子表面的水泥浆层相对减薄，甚至水泥浆不足以包裹所有砂粒，使砂浆干涩，拌和物的流动性随之减小。砂率对坍落度及水泥用量的影响如图3-7所示。因此，砂率不能过小也不能过大，应选取最优砂率，即在水泥浆用量和水灰比一定的条件下，拌和物的黏聚性、保水性符合要求，同时流动性最大的砂率。在工程中，为了节约水泥，常以在水灰比和坍落度一定的条件下，水泥用量最小的砂率作为最优砂率。

(5) 原材料品种及性质。

水泥的品种、颗粒细度，集料的颗粒形状、表面特征、级配，外加剂等对混凝土拌和物和易性都有影响。采用矿渣水泥和火山灰水泥拌制的混凝土流动性比普通水泥拌制的混凝土流动性

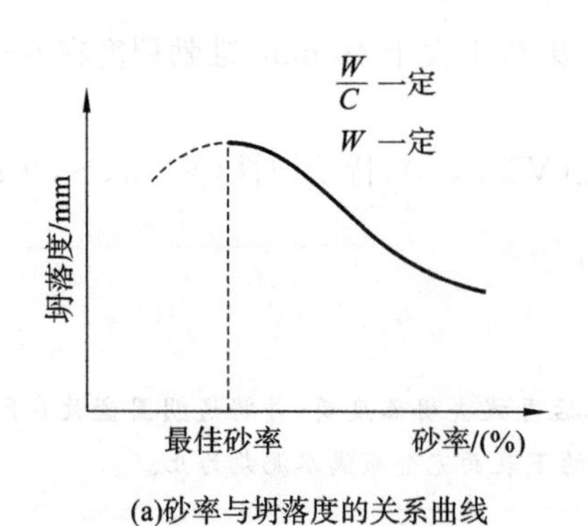

(a)砂率与坍落度的关系曲线

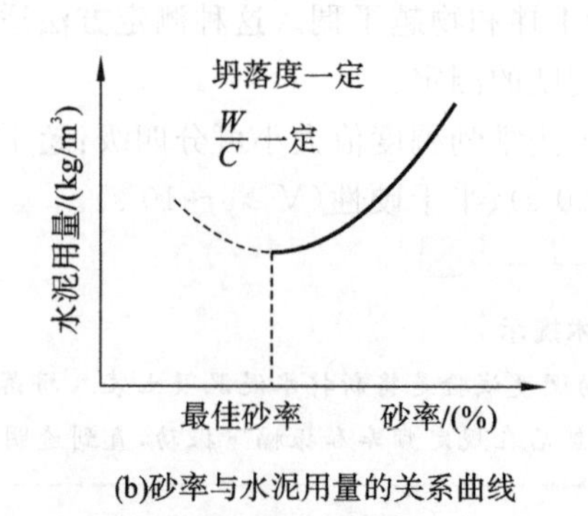

(b)砂率与水泥用量的关系曲线

图 3-7 砂率与坍落度及水泥用量的关系曲线

小，且保水性差；水泥颗粒越细，混凝土流动性越小，但黏聚性及保水性较好。卵石拌制的混凝土拌和物比碎石拌制的流动性好；河砂拌制的混凝土流动性好；级配好的集料，混凝土拌和物的流动性也好。加入减水剂和引气剂可明显提高拌和物的流动性，引气剂能有效地改善拌和物的保水性和黏聚性。

(6) 施工方面。

混凝土拌制后，随时间的延长和水分的减少而逐渐变得干稠，流动性减小。施工中环境的温度、湿度变化，搅拌时间及运输距离的长短，称料设备、搅拌设备及振捣设备的性能等都会对混凝土和易性产生影响。因此施工中为保证一定的和易性，必须注意各因素的变化，采用相应的措施。

特别提示

影响混凝土和易性的因素很多，主要有原材料本身的品种和性质、各组成材料的用量比例、施工方面等，因此，应根据不同工程的具体情况具体分析，采用适当的方式改善混凝土的和易性。

2. 混凝土的强度

混凝土的强度包括抗压强度、抗拉强度、抗弯强度和抗剪强度等，其中抗压强度最大，故混凝土主要用来承受压力。

1) 混凝土的抗压强度

(1) 混凝土的立方体抗压强度与强度等级。

按照国家标准《普通混凝土力学性能试验方法标准》(GB/T 50081—2002)，制作边长为150 mm的立方体试件，在标准养护条件(温度(20±2) ℃、相对湿度 95%以上)下，养护至 28 天龄期，用标准试验方法测得的极限抗压强度，称为混凝土标准立方体抗压强度，以 f_{cu} 表示。

在立方体极限抗压强度总体分布中，具有 95%保证率的立方体试件抗压强度，称为混凝土立方体抗压强度标准值(以 MPa 即 N/mm² 计)，以 $f_{cu,k}$ 表示。抗压强度标准值是按数据统计处理办法达到规定保证率的某一数值，它不同于立方体试件抗压强度。

混凝土强度等级是按混凝土立方体抗压强度标准值(MPa)来划分的，可分为 C10、C15、C20、C25、C30、C35、C40、C45、C50、C55、C60、C65、C70、C75、C80、C85、C90、C95 和 C100 等 19

个等级。例如，强度等级为 C25 的混凝土，是指 25 MPa$\leqslant f_{cu,k}<$30 MPa 混凝土。

测定混凝土立方体试件的抗压强度，也可以按粗集料最大粒径的尺寸而选用不同的试件尺寸。但在计算其抗压强度时，应乘以换算系数，以得到相当于标准试件的试验结果。选用边长为 100 mm 的立方体试件，换算系数为 0.95；边长为 200 mm 的立方体试件，换算系数为 1.05。

技术提示

采用标准试验方法在标准条件下测定混凝土的强度是为了使不同地区、不同时间的混凝土具有可比性。在实际的混凝土工程中，为了说明某一工程中混凝土实际达到的强度，常把试块放在与该工程相同的环境下养护，按需要的龄期进行测试，作为现场混凝土质量控制的依据。

(2) 混凝土棱柱体抗压强度。

按棱柱体抗压强度的标准试验方法，制成边长为 150 mm×150 mm×300 mm 的标准试件，在标准养护 28 天的条件下，测其抗压强度，即棱柱体抗压强度（f_{ck}）。通过试验分析，$f_{ck}\approx 0.67f_{cu,k}$。

(3) 影响混凝土抗压强度的因素。

影响混凝土抗压强度的因素有很多，包括原材料的质量（主要是水泥强度等级和集料品种）、材料之间的比例关系（水灰比、浆集比、集料级配）、施工方法（拌和、运输、浇筑、养护）以及试验条件（龄期、试件形状与尺寸、试验方法、温度及湿度）等。

①水泥强度等级和水灰比。

水泥强度等级和水灰比是影响混凝土强度最重要的因素。水泥是混凝土中的活性组分，其强度的大小直接影响着混凝土强度的高低。在配合比相同的条件下，所用的水泥强度等级越高，配制的混凝土强度也越高。当用同一种水泥（品种及强度等级相同）时，混凝土的强度主要取决于水灰比。因为水泥水化时所需的结合水，一般只占水泥质量的 23%左右，但在实际拌制混凝土时，为了获得必要的流动性，常需要加入较多的水（占水泥质量的 40%～70%）。当混凝土硬化后，多余的水分就残留在混凝土中形成水泡，蒸发后形成气孔，使混凝土密实度降低，强度下降。因此，在水泥强度等级相同的情况下，水灰比愈小，水泥石与集料黏结力愈大，混凝土的强度也就愈高。但是，如果水灰比过小，拌和物过于干硬，在一定的捣实成型条件下，无法保证浇筑质量，混凝土中将出现较多的蜂窝、孔洞，强度也将下降。试验证明，混凝土强度，随水灰比的增大而降低，呈曲线关系，而混凝土强度和灰水比的关系，则呈直线关系。（见图 3-8）

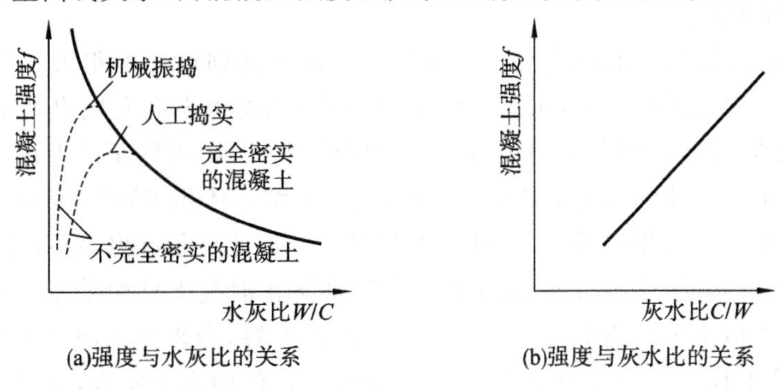

(a)强度与水灰比的关系　(b)强度与灰水比的关系

图 3-8　混凝土强度与水灰比及灰水比的关系

根据大量试验与工程实践，应用数理统计方法，水泥的强度、水灰比、混凝土强度之间的线性关系可用以下经验公式表示：

$$f_{cu,0}=\alpha_a \cdot f_{ce}(C/W-\alpha_b) \tag{3-1}$$

式中：$f_{cu,0}$——混凝土强度(28 d)(MPa)；

f_{ce}——水泥 28 d 抗压强度实测值(MPa)；

α_a、α_b——回归系数，与集料品种、水泥品种等因素有关；

C/W——灰水比。

一般水泥厂为了保证水泥的出厂强度等级，其实际抗压强度往往比其强度等级要高些。当无法取得水泥 28 d 抗压强度实测值时，可用下式计算：

$$f_{ce}=\gamma_c \cdot f_{ce,k} \tag{3-2}$$

式中：$f_{ce,k}$——水泥强度等级值(MPa)；

γ_c——水泥强度等级值的富余系数，可按实际统计资料确定，若无实际资料，则根据参考值选取；

f_{ce}值也可根据 3 d 强度或快测强度推定 28 d 强度关系式推定得出。

上面的经验公式，一般适用于流动性混凝土和低流动性混凝土，不适用于干硬性混凝土。对流动性混凝土而言，只有在原材料相同、工艺措施相同的条件下，α_a、α_b才可视为常数。因此必须结合工地的具体条件，如施工方法及材料的质量等，进行不同$\frac{W}{C}$的混凝土强度试验，求出符合当地实际情况的 α_a、α_b系数来，这样既能保证混凝土的质量，又能取得较高的经济效果。若无试验条件，可按《普通混凝土配合比设计技术规程》(JGJ 55—2011)提供的经验数值：采用碎石时，$\alpha_a=0.53$，$\alpha_b=0.20$；采用卵石时，$\alpha_a=0.49$，$\alpha_b=0.13$。

利用式(3-1)，可根据所用的水泥强度等级和水灰比来估计所配制的混凝土强度，也可根据水泥强度等级和要求的混凝土强度等级来计算应采用的水灰比。

②集料的种类与级配。

集料中有害杂质过多且品质低劣，将降低混凝土的强度。集料表面粗糙，则与水泥石黏结力较大，混凝土强度高。集料级配良好、砂率适当，能组成密实的集架，混凝土强度也较高。

③混凝土外加剂与掺合料。

在混凝土中掺入早强剂可提高混凝土早期强度，掺入减水剂可提高混凝土强度，掺入一些掺合料可配制高强度混凝土。

④养护温度和湿度。

混凝土浇筑成型后，所处的环境温度和湿度对混凝土的强度影响很大。混凝土的硬化，在于水泥的水化作用，周围温度升高，水泥水化速度加快，混凝土强度发展也就加快。反之，温度降低时，水泥水化速度降低，混凝土强度发展将相应迟缓。当温度降至冰点以下时，混凝土的强度停止增强，并且由于孔隙内水分结冰而引起的膨胀(水结冰体积可膨胀约 90%)使混凝土的内部结构遭受破坏，但气温如果再升高时，冰又开始融化。如此反复冻融，混凝土强度损失将非常严重。混凝土早期强度低，更容易冻坏，所以应当特别防止混凝土早期受冻。湿度适当时，水泥水化能顺利进行，混凝土强度得到充分发展。如果湿度不够，会影响水泥水化作用的正常进行，甚至停止水化。这不仅严重降低混凝土的强度，而且水化作用未能完成，使混凝土结构疏松，渗水性增大，或形成干缩裂缝，从而影响其耐久性。

因此，混凝土成型后一定时间内必须保持周围环境有一定的温度和湿度，使水泥充分水化，以保证获得较好质量的混凝土。

⑤硬化龄期。

混凝土在正常养护条件下，其强度将随着龄期的增长而增强。最初 7～14 天内，强度增长较快，28 天达到设计强度。以后增长缓慢，但若保持足够的温度和湿度，强度的增长将延续几十年。普通水泥制成的混凝土，在标准条件下，混凝土强度的发展大致与其龄期（龄期不小于 3 天）的对数成正比关系，如下式所示：

$$f_n = f_{28}\frac{\lg n}{\lg 28} \tag{3-3}$$

式中：f_n——n 天龄期混凝土的抗压强度（MPa）；

f_{28}——28 天龄期混凝土的抗压强度（MPa）；

$\lg n$、$\lg 28$——分别为 n（$n \geqslant 3$）和 28 的常用对数。

根据上式可由已知龄期的混凝土强度，估算未知龄期的强度。但因为混凝土强度的影响因素很多，强度发展不可能一致，故上式只能作为参考。

⑥施工工艺。

混凝土的施工工艺包括配料、拌和、运输、浇筑、养护等工序，每一道工序对其质量都有影响。若配料不准确，误差过大；搅拌不均匀；拌和物运输过程中产生离析；振捣不密实；养护不充分等均会降低混凝土强度。因此，在施工过程中，一定要严格遵守施工规范，确保混凝土的强度。

2）混凝土的抗拉强度

混凝土在直接受拉时，很小的变形就要开裂，它在断裂前没有残余变形，是一种脆性破坏。混凝土的抗拉强度一般为抗压强度的 1/20～1/10。我国采用立方体（国际上多用圆柱体）的劈裂抗拉试验来测定混凝土的抗拉强度，称为劈裂抗拉强度 $f_{st}^{劈}$，其与抗压强度之间的关系可近似地用下式表示：

$$f_{st}^{劈} = 0.23 f_{cu,k}{}^{2/3} \tag{3-4}$$

抗拉强度对于开裂现象有重要意义，在结构设计中抗拉强度是确定混凝土抗裂度的重要指标。对于某些工程（如混凝土路面、水槽、拱坝），在对混凝土提出抗压强度要求的同时，还应提出抗拉强度要求。

3. 混凝土的耐久性

硬化后的混凝土除了具有设计要求的强度外，还应具有与所处环境相适应的耐久性，如抗渗性、抗冻性、抗磨性、抗侵蚀性等。

1）混凝土的抗冻性

抗冻性是道路与桥梁用水泥混凝土最重要的耐久性，是指混凝土在饱和水状态下能经受多次冻融循环而不破坏，同时强度也不严重降低的性能。混凝土受冻后，混凝土中水分受冻结冰，体积膨胀，当膨胀力超过其抗拉强度时，混凝土将产生微细裂缝，反复冻融使裂缝不断扩展，混凝土强度降低甚至破坏，从而影响建筑物的安全。

混凝土的抗冻性以抗冻等级表示。抗冻等级按 28 天龄期的试件用快冻试验方法测定，分为 F50、F100、F150、F200、F300、F400 等 6 个等级，相应表示混凝土抗冻性试验能经受 50、100、150、200、300、400 次的冻融循环。

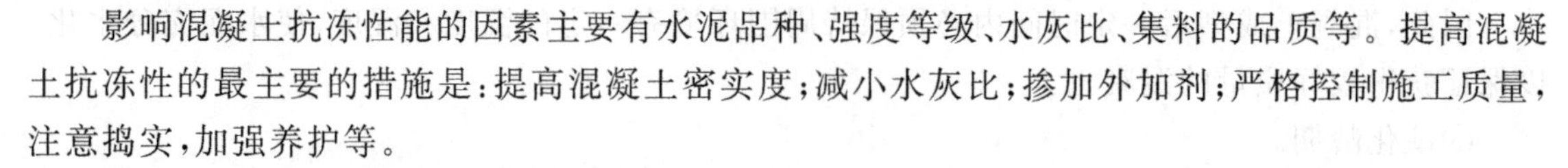

影响混凝土抗冻性能的因素主要有水泥品种、强度等级、水灰比、集料的品质等。提高混凝土抗冻性的最主要的措施是：提高混凝土密实度；减小水灰比；掺加外加剂；严格控制施工质量，注意捣实，加强养护等。

2）混凝土的抗渗性

抗渗性是指混凝土抵抗水、油等液体压力作用下渗透的性能。它直接影响混凝土的抗冻性和抗侵蚀性。混凝土的抗渗性主要与其密实度及内部孔隙的大小和构造有关。

混凝土的抗渗性用抗渗等级表示，即以 28 天龄期的标准试件，按标准试验方法进行试验时所能承受的最大水压力(MPa)来确定。混凝土的抗渗等级可划分为 P2、P4、P6、P8、P10、P12 等 6 个等级，相应表示混凝土抗渗试验时一组 6 个试件中 4 个试件未出现渗水时的最大水压力分别为 0.2、0.4、0.6、0.8、1.0、1.2 MPa。

提高混凝土抗渗性能的措施有：提高混凝土的密实度，改善孔隙结构，减少渗水通道；减小水灰比；掺加引气剂；选用适当品种等级的水泥；注意振捣密实、养护充分等。

3）混凝土的抗侵蚀性

混凝土在外界侵蚀性介质(软水，含酸、盐水等)作用下，结构受到破坏、强度降低的现象称为混凝土的腐蚀。混凝土的腐蚀原因主要是外界侵蚀性介质对水泥石中的某些组分(氢氧化钙、水化铝酸钙等)产生破坏作用所致。

4）混凝土的耐磨性

耐磨性是路面和桥梁用混凝土的重要性能之一。作为高级路面的水泥混凝土，必须具有抵抗车辆轮胎磨耗和磨光的性能。耐磨性的评价，按现行试验方法是以 150 mm×150 mm×150 mm立方体试件，养护至28 天龄期，在 60 ℃烘干至恒重，在带有花轮磨头的混凝土磨耗试验机上，在 200 N 负荷下磨削 50 转，然后计算单位面积磨损量。

5）混凝土的碳化

混凝土的碳化作用是空气中二氧化碳与水泥石中的氢氧化钙作用，生成碳酸钙和水。碳化过程是二氧化碳由表及里向混凝土内部逐渐扩散的过程。在硬化混凝土的孔隙中，充满了饱和氢氧化钙溶液，使钢筋表面产生一层难溶的三氧化二铁和四氧化三铁薄膜，它能防止钢筋锈蚀。碳化引起水泥石化学组成结构发生变化，使混凝土碱度降低，减弱了对钢筋的保护作用，将导致钢筋锈蚀；碳化还将显著增加混凝土的收缩，降低混凝土抗拉、抗弯强度。但碳化可使混凝土的抗压强度增大。其原因是碳化放出的水分有助于水泥的水化作用，而且碳酸钙减少了水泥石内部的孔隙。

提高混凝土抗碳化能力的措施有：减小水灰比，掺入减水剂或引气剂，保证混凝土保护层的厚度及质量，充分湿养护等。

6）混凝土的碱-集料反应

混凝土的碱-集料反应，是指水泥中的碱(Na_2O 和 K_2O)与集料中的活性 SiO_2 发生反应，使混凝土发生不均匀膨胀，造成裂缝、强度下降等不良现象，从而威胁建筑物安全，这种现象称为碱-集料反应。常见的有碱-氧化硅反应、碱-硅酸盐反应、碱-碳酸盐反应 3 种类型。

防止碱-集料反应的措施有：采用低碱(Na_2O 小于 0.6%)水泥并限制混凝土总碱量；掺入活性混合料；掺用引气剂和不用含活性 SiO_2 的集料等；保证混凝土密实性和重视建筑物排水，避免混凝土表面积水和接缝存水。

7）提高混凝土耐久性的措施

(1) 合理选择水泥品种。

(2) 严格控制混凝土的水灰比及保证足够的水泥用量。《混凝土结构设计规范》(GB 50010—2010)根据混凝土结构所处的不同环境和工程条件(见表 3-7)，规定了最大水胶比(见表 3-8)，《普通混凝土配合比设计规程》(JGJ 55—2011)规定了最小胶凝材料用量(见表 3-9)。

(3) 长期处于潮湿和严寒环境中的混凝土，应掺用引气剂。

(4) 严格控制原材料的质量，使之符合规范要求。

(5) 掺用加气剂或减水剂。

(6) 严格控制施工质量。在混凝土施工中，应搅拌均匀、振捣密实及加强养护等，以保证混凝土的施工质量。

表 3-7　混凝土结构的环境类别(GB 50010—2010)

环境类别	条　　件
一	室内干燥环境； 无侵蚀性静水浸没的环境
二 a	室内潮湿环境； 非严寒和非寒冷地区的露天环境； 非严寒和非寒冷地区与无侵蚀性的水或土壤直接接触的环境； 严寒和寒冷地区的冰冻线以下与无侵蚀性的水或土壤直接接触的环境
二 b	干湿交替环境； 水位频繁变动环境； 严寒和寒冷地区的露天环境； 严寒和寒冷地区冰冻线以上与无侵蚀性的水或土壤直接接触的环境
三 a	严寒和寒冷地区冬季水位变动区环境； 受除冰盐影响的环境； 海风环境
三 b	盐渍土环境； 受除冰盐作用的环境； 海岸环境
四	海水环境
五	受人为或自然的侵蚀性物质影响的环境

注：(1)室内潮湿环境是指构件表面经常处于结露或湿润状态的环境；

(2)严寒和寒冷地区的划分应符合国家现行标准《民用建筑热工设计规范》GB 50176 的有关规定；

(3)海岸环境和海风环境宜根据当地情况，考虑主导风向及结构所处迎风、背风部位等因素的影响，由调查研究和工程经验确定；

(4)受除冰盐影响环境为受到除冰盐盐雾影响的环境，受除冰盐作用环境指被除冰盐溶液溅射的环境以及使用除冰盐地区的洗车房、停车楼等建筑。

表 3-8 结构混凝土材料的耐久性基本要求(GB 50010—2010)

环境等级	最大水胶比	最低强度等级	最大氯离子含量/(%)	最大碱含量/(kg/m³)
一	0.60	C20	0.30	不限制
二 a	0.55	C25	0.20	3.0
二 b	0.50(0.55)	C30(C25)	0.15	
三 a	0.45(0.50)	C35(C30)	0.15	
三 b	0.40	C40	0.10	

注:(1)氯离子含量指其占胶凝材料总量的百分比;

(2)预应力构件混凝土中的最大氯离子含量为 0.05%,最低混凝土强度等级应按表中的规定提高两个等级;

(3)素混凝土构件的水胶比及最低强度等级的要求可适当放松;

(4)有可靠工程经验时,二类环境中的最低混凝土强度等级可降低一个等级;

(5)处于严寒和寒冷地区二 b、三 a 类环境中的混凝土应使用引气剂,并可采用括号中的有关参数;

(6)当使用非碱活性骨料时,对混凝土中的碱含量可不做限制。

表 3-9 混凝土的最小胶凝材料用量(JGJ 55—2011)

最大水胶比	最小胶凝材料用量/(kg/m³)		
	素混凝土	钢筋混凝土	预应力混凝土
0.60	250	280	300
0.55	280	300	300
0.50	320		
≤0.45	330		

特别提示

混凝土的耐久性如抗冻性、耐磨性、抗侵蚀性等,与混凝土的密实度关系显著,也与水泥用量和水胶比密切相关。因此,在普通混凝土配合比设计中,还应根据混凝土所处的环境条件,校核水胶比和水泥用量,使之满足耐久性要求的最大水胶比和最小水泥用量。

任务 2 水泥混凝土配合比设计

混凝土配合比是指混凝土中各组成材料(水泥、水、砂、石)用量之间的比例关系。常用的表示方法有两种:①以每立方米混凝土中各项材料的质量表示,如水泥 300 kg、水 180 kg、砂 720 kg、石子 1 200 kg;②以水泥质量为 1 的各项材料相互间的质量比及水胶比来表示,将上例换算成质量比为水泥∶砂∶石=1∶2.4∶4,水胶比=0.60。

工程案例

试设计某桥预应力混凝土T梁用混凝土的配合组成。

一、设计资料

(1) 按桥梁设计图纸：水泥混凝土的强度等级C40，水泥混凝土的概率度$t=1.645$，水泥混凝土的强度标准差为$\sigma=5.0$ MPa。

(2) 按预应力混凝土梁钢筋密度和现场施工机械设备，要求水泥混凝土拌和物的坍落度为30～50 mm，桥梁所处环境为寒冷地区。

(3) 可供选择的组成材料及其性质如下：

①水泥——硅酸盐水泥Ⅰ型42.5级，实测28 d抗压强度为48.0 MPa，密度$\rho_c=3.10$ g/cm^3。

②碎石——一级石灰岩轧制的碎石，最大粒径$d_{max}=19$ mm，表观密度$\rho_g=2.76$ g/cm^3，现场含水率为1.0%。

③砂——清洁河砂，中砂，表观密度$\rho_s=2.76$ g/cm^3，现场含水率为5.0%。

④水——饮用水，符合水泥混凝土拌和用水要求。

⑤减水剂——采用UNF-5，用量为0.8%，减水率为12%。

二、设计要求

(1) 确定水泥混凝土配制强度$f_{cu,0}$，并选择适宜的组成材料。

(2) 按我国国标现行方法计算初步配合比。

(3) 通过实验室试样调整和强度试验，确定实验室配合比。

(4) 按提供的现场材料含水率折算为施工配合比。

三、对设计文件的要求

(1) 学生应统一设计用纸及统一的封面，并装订成册(第一页为空白纸，以作教师计分、评语用)。

(2) 计算过程详细、清楚，书写工整。

(3) 应独立思考，按规定时间上交。

任务分解

第一步：计算水泥混凝土初步配合比。

根据设计资料确定水泥混凝土的配制强度以及水胶比、单位用水量、单位水泥用量、砂率、粗细集料用量，得出初步配合比。

第二步：试拌调整提出基准配合比。

采用工程中实际采用的原材料及搅拌方法，按初步配合比拌制一定数量的混凝土拌和物，验证其和易性并进行相应调整。

第三步：检验强度，确定实验室配合比。

和易性满足要求的基准配合比，混凝土强度不一定符合要求，应进行强度复核，得到满足强度要求的实验室配合比。

第四步：考虑现场实际情况，确定混凝土施工配合比。

施工现场集料具有一定含水率，应据此进行调整，换算为施工配合比。

一、混凝土配合比设计的基本要求

设计混凝土配合比，就是要根据原材料的技术性能及施工条件，合理选择原材料，并确定出能满足工程所要求的技术经济指标的各项组成材料的用量。混凝土配合比设计的基本要求如下：

（1）满足混凝土结构设计所要求的强度等级。

（2）满足施工所要求的混凝土拌和物的和易性。

（3）满足混凝土的耐久性（如抗冻等级、抗渗等级和抗侵蚀性等）。

（4）在满足各项技术性质的前提下，使各组成材料经济合理，尽量做到节约水泥和降低混凝土成本。

二、混凝土配合比设计的三个参数

1. 水胶比

水胶比（W/B）是单位体积混凝土中水与胶凝材料（包括水泥和活性矿物掺合料）质量的比值，是影响混凝土强度和耐久性的主要因素。其确定原则是在满足强度和耐久性的前提下，尽量选择较大值，以节约胶凝材料。

2. 砂率（β_s）

砂率是指砂子质量占砂石总质量的百分率。砂率是影响混凝土和易性的重要指标。砂率的确定原则是在保证混凝土拌和物黏聚性和保水性要求的前提下，尽量取小值。

3. 单位用水量

单位用水量是指 1 m^3 混凝土的用水量。单位用水量的多少反映了单位混凝土中水泥浆与集料之间的比例关系。在混凝土拌和物中，水泥浆的多少显著影响混凝土的和易性，同时也影响强度和耐久性。其确定原则是在达到流动性要求的前提下取较小值。

水胶比、砂率、单位用水量是混凝土配合比的三个重要参数，在配合比设计中正确地确定这三个参数，就能使混凝土满足上述设计要求。

三、混凝土配合比设计的技术规定

1. 混凝土拌和物工作性选择

混凝土拌和物的工作性，依据结构物的断面尺寸、钢筋配置的疏密以及捣实的机械类型和施工方法等来选择。一般对无筋大结构、钢筋配制稀疏易于施工的结构，应尽可能选用较小的坍落度，以节约水泥。反之，对断面尺寸较小、形状复杂或配筋特密的结构，则应选择较大的坍落度，可易于浇捣密实，以保证施工质量。

公路桥涵用混凝土拌和物的工作性根据公路桥涵技术规范的有关规定，按表3-10参考选用。

表3-10　公路桥涵用混凝土拌和物的坍落度

结构种类	坍落度/mm
桥涵基础、墩台、仰拱、挡土墙及大型制块等便于灌注捣实的结构	0～20
上列桥涵墩台等工程中较不便施工处	10～30
普通配筋的钢筋混凝土结构	30～50
钢筋较密、断面较小的钢筋混凝土结构(梁、柱、墙等)	50～70
钢筋配置特密、断面高而狭小极不便灌注捣实的特殊结构部位	70～90

水泥混凝土路面用道路混凝土拌和物的工作性，按《公路水泥混凝土路面施工技术规范》(JTG F30—2003)规定，对于滑模摊铺机施工的碎石混凝土最佳工作性坍落度为25～50 mm，卵石混凝土为20～40 mm，适宜的范围是10～65 mm。

路面混凝土和易性的选择，根据我国现行《公路工程水泥及水泥混凝土试验规程》(JTG E30—2005)规定，水泥混凝土稠度分级如表3-11所示。

表3-11　水泥混凝土的稠度分级

级别	坍落度/mm	维勃时间/s	级别	坍落度/mm	维勃时间/s
特干硬	—	≥31	低塑	50～90	10～5
很干稠	—	30～21	塑性	100～150	≤4
干稠	10～40	20～11	流态	>160	—

2. 混凝土设计强度等级

我国现行《混凝土结构设计规范》(GB 50010—2010)规定：素混凝土结构的混凝土强度等级不应低于C15；钢筋混凝土结构的混凝土强度等级不应低于C20；采用强度等级400 MPa及以上的钢筋时，混凝土强度等级不应低于C30；预应力混凝土结构的混凝土强度等级不宜低于C40，且不应低于C30；承受重复荷载的钢筋混凝土结构的混凝土构件，混凝土强度等级不应低于C30；高强混凝土，其强度等级不低于C60。

路面混凝土配合比设计，应依据《公路水泥混凝土路面设计规范》(JTJ D40—2011)规定，按表3-12所示不同交通量等级的水泥混凝土抗弯拉强度标准值的规定选用。

表3-12　水泥混凝土抗弯拉强度标准值

交通荷载等级	极重、特重、重	中等	轻
水泥混凝土的弯拉强度标准值/MPa	≥5.0	4.5	4.0
钢纤维混凝土的弯拉强度标准值/MPa	≥6.0	5.5	5.0

四、混凝土配合比设计的步骤

1. 配合比设计的基本资料

(1) 明确设计所要求的技术指标,如强度、和易性、耐久性等。

(2) 合理选择原材料,并预先检验,明确所用原材料的品质及技术性能指标,如水泥品种及强度等级、密度等,砂的细度模数及级配,石子种类、最大粒径及级配,是否掺用外加剂及掺合料等。

2. 初步配合比的计算

1) 确定混凝土试配强度($f_{cu,0}$)

由于实际施工条件与实验室条件有差别,而且在实际施工时存在各种原因使混凝土强度难免有所波动,如施工中各项原材料的质量能否保持一致,混凝土配合比例能否控制准确,拌和、运输、浇筑及养护等工序是否正确等,这些因素的变化将造成混凝土质量的不稳定。为使混凝土的强度保证率能满足规定的要求,在设计混凝土配合比时,必须使混凝土的试配强度 $f_{cu,0}$ 高于设计强度等级 $f_{cu,k}$。

(1) 当混凝土的设计强度等级小于 C60 时,配制强度应按下式确定:

$$f_{cu,0} \geqslant f_{cu,k} + 1.645\sigma \tag{3-5}$$

式中:$f_{cu,0}$——混凝土的配制强度(MPa);

$f_{cu,k}$——设计要求的混凝土强度等级(MPa);

σ——施工单位的混凝土强度标准差的历史统计水平(MPa)。

(2) 当设计强度等级不小于 C60 时,配制强度应按下式确定:

$$f_{cu,0} \geqslant 1.15 f_{cu,k} \tag{3-6}$$

混凝土强度标准差应按下列规定确定:

(1) 当具有近 1~3 个月的同一品种、同一强度等级混凝土的强度资料,且试件组数不小于 30 时,其混凝土强度标准差 σ 应按公式计算或规范(JGJ 55—2011)中相应规定取值。

(2) 当没有近期的同一品种、同一强度等级混凝土的强度资料时,其强度标准差按表 3-13 取值。

表 3-13 混凝土强度标准差 σ 值

混凝土强度等级	≤C20	C25~C45	C50~C55
σ/MPa	4.0	5.0	6.0

2. 确定水胶比(W/B)

(1) 当混凝土强度等级小于 C60 时,混凝土水胶比宜按下式计算:

$$W/B = \frac{\alpha_a f_b}{f_{cu,0} + \alpha_a \alpha_b f_b} \tag{3-7}$$

式中:W/B——混凝土水胶比;

α_a、α_b——回归系数，按规定取值；

f_b——胶凝材料 28 d 胶砂抗压强度，可实测。

若水泥 28 d 胶砂强度无实测值，可按下式计算：

$$f_{ce}=\gamma_c f_{ce,g} \tag{3-8}$$

式中：γ_c——水泥强度等级值的富余系数，可按实际统计资料确定，当缺乏实际统计资料时，也可按表 3-14 选用；

$f_{ce,g}$——水泥强度等级值，MPa。

表 3-14　水泥强度等级值的富余系数

水泥强度等级值/MPa	32.5	42.5	52.5
富余系数	1.12	1.16	1.10

若胶凝材料 28 d 强度无实测值，也可按下式计算：

$$f_b=\gamma_f\gamma_s f_{ce} \tag{3-9}$$

式中：γ_f、γ_s——分别为粉煤灰影响系数和粒化高炉矿渣粉影响系数，可按表 3-15 选用。

表 3-15　粉煤灰影响系数和粒化高炉矿渣粉影响系数

种类 掺量/(%)	粉煤灰影响系数 γ_f	粒化高炉矿渣粉影响系数 γ_s
0	1.00	1.00
10	0.85～0.95	1.00
20	0.75～0.85	0.95～1.00
30	0.65～0.75	0.90～1.00
40	0.55～0.65	0.80～0.90
50	—	0.70～0.85

注：(1)采用Ⅰ级、Ⅱ级粉煤灰宜取上限值；

(2)采用 S75 级粒化高炉矿渣粉宜取下限值，采用 S95 级粒化高炉矿渣粉宜取上限值，采用 S105 级粒化高炉矿渣粉可取上限值加 0.05；

(3)当超出表中的掺量时，粉煤灰影响系数和粒化高炉矿渣粉影响系数应经试验确定。

(2) 满足耐久性要求的水胶比：根据混凝土所处的环境条件，耐久性要求的允许最大水胶比得满足耐久性要求的水胶比（见表 3-9）。同时满足强度、耐久性要求的水胶比，取上述(1)、(2)中的较小值。

3）确定单位用水量

(1) 干硬性和塑性混凝土单位用水量(m_{w0})的确定：①W/B=0.4～0.8 时，根据拌和物稠度要求和已知的粗集料种类及最大粒径，可由表 3-16 中的规定值选取单位用水量；②W/B 小于 0.4 或大于 0.8 的混凝土及采用特殊成型工艺的混凝土，单位用水量通过试验确定。

(2) 流动性、大流动性混凝土的单位用水量按下列步骤计算：①以表 3-16 中坍落度 90 mm 的用水量为基础，按坍落度每增大 20 mm 用水量增加 5 kg，计算出未掺外加剂的混凝土用水量；②掺外加剂时混凝土单位用水量按下式计算：

$$m_{wa}=m_{w0}(1-\beta) \tag{3-10}$$

式中：m_{wa}——掺外加剂混凝土的单位用水量(kg/m^3)；

m_{w0}——未掺外加剂混凝土的单位用水量(kg/m^3)；

β——外加剂的减水率，%，经试验确定。

表 3-16　混凝土单位用水量选用表(JGJ 55—2011)　(单位：kg/m^3)

项目	指标	卵石最大粒径/mm				碎石最大粒径/mm			
		10	20	31.5	40	16	20	31.5	40
坍落度/mm	10～30	190	170	160	150	200	185	175	165
	35～50	200	180	170	160	210	195	185	175
	55～70	210	190	180	170	220	205	195	185
	75～90	215	195	185	175	230	215	205	195
维勃稠度/s	16～20	175	160	—	145	180	170	—	155
	11～15	180	165	—	150	185	175	—	160
	5～10	185	170	—	155	190	180	—	165

注：(1)本表用水量系采用中砂时的平均取值，采用细砂时，1 m^3 混凝土用水量可增加 5～10 kg，采用粗砂则可减少 5～10 kg。

(2)掺用各种外加剂或掺合料时，用水量应相应调整。

(3)本表不适用于水灰比小于 0.4 或大于 0.8 的混凝土以及采用特殊成型工艺的混凝土。

4）计算混凝土的单位胶凝材料用量

根据已选定的单位用水量(m_{w0})和已确定的水胶比(W/B)值，可由下式求出单位胶凝材料用量(m_{b0})，并应进行试拌调整，在拌和物性能满足的情况下，取经济合理的胶凝材料用量。

$$m_{b0}=\frac{m_{w0}}{W/B} \tag{3-11}$$

根据结构使用环境条件和耐久性要求，查表 3-9 中规定的 1 m^3 混凝土最小的胶凝材料用量，最后取两值中大者作为 1 m^3 混凝土的胶凝材料用量。

每立方米混凝土的矿物掺合料用量应按下式计算：

$$m_{f0}=m_{b0}\beta_1 \tag{3-12}$$

每立方米混凝土的水泥用量应按下式计算：

$$m_{c0}=m_{b0}-m_{f0} \tag{3-13}$$

5）确定砂率

(1) 砂率(β_s)应根据骨料的技术指标、混凝土拌和物性能和施工要求，参考值由历史资料确定。

(2) 当缺乏砂率的历史资料时，混凝土砂率的确定应符合下列规定：

①坍落度小于 10 mm 的混凝土，其砂率应经试验确定；

②坍落度为 10～60 mm 的混凝土，其砂率可根据粗骨料品种、最大公称粒径及水胶比选取；

③坍落度大于 60 mm 的混凝土，其砂率可经试验确定，也可在表 3-17 的基础上，按坍落度每增大 20 mm、砂率增大 1%的幅度予以调整。

表 3-17 混凝土砂率选用表(JGJ 55—2011) (%)

水胶比 W/B	卵石最大公称粒径/mm			碎石最大公称粒径/mm		
	10.0	20.0	40.0	16.0	20.0	40.0
0.40	26~32	25~31	24~30	30~35	29~34	27~32
0.50	30~35	29~34	28~33	33~38	32~37	30~35
0.60	33~38	32~37	31~36	36~41	35~40	33~38
0.70	36~41	35~40	34~39	39~44	38~43	36~41

注:(1) 本表数值系中砂的选用砂率,对细砂或粗砂可相应地减小或增大砂率。
(2) 采用人工砂配制混凝土时,砂率可适当增大。
(3) 只用一个单粒级粗集料配制混凝土时,砂率应适当增大。

(3) 试验法:拌制5组以上不同砂率的试样,每组相差2%~3%,测出各组的坍落度或维勃稠度。在坐标上绘出砂率与坍落度(或维勃稠度)关系图,从曲线上找出极大值所对应的砂率即为所求。

(4) 计算法:测得混凝土所用砂、石的表观密度和堆积密度,求出石子的空隙率,按以下原理计算砂率。砂子填充石子空隙且略有剩余。

$$\beta_s=\frac{m_{s0}}{m_{s0}+m_{g0}}\times 100\%=\frac{k\rho'_{0s}P}{k\rho'_{0s}P+\rho'_{0g}}\times 100\% \tag{3-14}$$

式中:β_s——砂率(%);

m_{s0}、m_{g0}——分别为砂、石用量(kg);

ρ'_{0s}、ρ'_{0g}——分别为砂、石的堆积密度(kg/m^3);

P——石子的空隙率;

k—拨开系数,1.1~1.4,用碎石及粗砂时取大值。

6) 计算1 m^{3}混凝土的砂、石用量

1 m^3 混凝土的砂用量(m_{s0})、石用量(m_{g0})可用质量法或体积法求得,实际工程中常以质量法为准。

(1) 质量法。根据经验,如果原材料情况比较稳定,所配制的混凝土拌和物的表观密度将接近一个固定值,可先假设(即估计)每立方混凝土拌和物的质量为 ρ_{cp}(kg/m^3),按下列公式计算 m_{s0}、m_{g0}:

$$\begin{cases} m_{c0}+m_{s0}+m_{g0}+m_{w0}=\rho_{cp}\times 1\ \text{m}^3 \\ \dfrac{m_{s0}}{m_{so}+m_{g0}}\times 100\%=\beta_s \end{cases} \tag{3-15}$$

式中:ρ_{cp}——混凝土拌和物的假定表观密度,kg/m^3,其值可取2 350~2 450 kg/m^3,根据集料的表观密度、粒径及混凝土强度等级参考表3-18选取;

m_{c0}——每立方米混凝土的水泥质量(kg);

m_{s0}——每立方米混凝土的砂的质量(kg);

m_{g0}——每立方米混凝土的石子的质量(kg);

m_{w0}——每立方米混凝土的水的质量(kg);

β_s——砂率(%)。

表 3-18　混凝土拌和物湿表观密度参考值

混凝土强度等级	C7.5～C15	C20～C30	>C40
假定湿表观密度/(kg/m³)	2 380	2 400	2 420

(2) 体积法。假定混凝土拌和物的体积等于各组成材料绝对体积及拌和物中所含空气的体积之和，用下式计算 1 m³ 混凝土拌和物的各材料用量。

$$\begin{cases} \dfrac{m_{s0}}{m_{s0}+m_{g0}}\times 100\%=\beta_s \\ \dfrac{m_{c0}}{\rho_c}+\dfrac{m_{w0}}{\rho_w}+\dfrac{m_{g0}}{\rho'_g}+\dfrac{m_{s0}}{\rho'_s}+0.01\alpha=1 \end{cases} \tag{3-16}$$

式中：ρ_c、ρ_w——分别为水泥、水的密度(kg/m³)；

ρ'_s、ρ'_g——分别为砂、石的表观密度(kg/m³)；

α——混凝土含气量百分数，在不使用引气型外加剂时，可选取 $\alpha=1$。

解以上联式，即可求出 m_{s0}、m_{g0}。

至此，可得到初步配合比，但以上各项计算多是利用经验公式或经验资料获得的，由此配成的混凝土有可能不符合实际要求，所以须对配合比进行试配、调整与确定。

3. 试配、调整，确定基准配合比

采用工程中实际采用的原材料及搅拌方法，按初步配合比计算出配制 20～30 L 所需的材料用量，拌制成混凝土拌和物。试拌时，每盘混凝土的最小搅拌量应符合表 3-19 的规定。如需进行抗折强度试验，则应根据实际需要计算用量。采用机械搅拌时，其搅拌量应不小于搅拌机额定搅拌量的 1/4。

表 3-19　混凝土试配的最小搅拌量

骨料最大粒径/mm	拌和物数量/L
≤31.5	20
40	25

首先通过试验测定坍落度，同时观察黏聚性和保水性。若不符合要求，应进行调整。调整的原则如下：若流动性太大，可在砂率不变的条件下，适当增加砂、石用量；若流动性太小，应在保持水灰比不变的条件下，增加适量的水和水泥；黏聚性和保水水性不良时，实质上是混凝土拌和物中砂浆不足或砂浆过多，可适当增大砂率或适当降低砂率，调整到和易性满足要求时为止。条件变动时材料用量调整参考值可参考表 3-20。当试拌调整工作完成后，应测出混凝土拌和物的表观密度(ρ_{cp})，并重新计算出每立方米混凝土的各项材料用量，即为供混凝土强度试验用的基准配合比。

设调整和易性后试验的材料用量为水 m_{wb}、水泥 m_{cb}、砂 m_{sb}、石子 m_{gb}，则基准配合比为：

$$\begin{cases} m_{wJ}=\dfrac{\rho_{cp}\times 1\ m^3}{m_{wb}+m_{cb}+m_{sb}+m_{gb}}m_{wb} \\ m_{gJ}=\dfrac{\rho_{cp}\times 1\ m^3}{m_{wb}+m_{cb}+m_{sb}+m_{gb}}m_{gb} \\ m_{cJ}=\dfrac{\rho_{cp}\times 1\ m^3}{m_{wb}+m_{cb}+m_{sb}+m_{gb}}m_{cb} \\ m_{sJ}=\dfrac{\rho_{cp}\times 1\ m^3}{m_{wb}+m_{cb}+m_{sb}+m_{gb}}m_{sb} \end{cases} \tag{3-17}$$

表 3-20　条件变动时材料用量调整参考值

条件变化情况	大致的调整值		条件变化情况	大致的调整值	
	加水量	砂率		加水量	砂率
坍落度增减 10 mm 含气量增减 1%	±2%～±4% ±3%	— ±0.5%	砂率增减 1%	±2 kg/m³	—

4. 强度复核，确定实验室配合比

经过和易性调整试验得出的混凝土基准配合比，其水胶比值不一定选用恰当，混凝土的强度不一定符合要求，应对混凝土强度进行复核。采用三个不同的配合比，其中一个是基准配合比，另两个配合比的水胶比则分别比基准配合比增加或减少 0.05，其用水量与基准配合比相同，砂率值可分别增加或减少 1%。每种配合比制作一组试件（三块），每一组都应检验相应配合比拌和物的和易性及测定表观密度，其结果代表这一配合比的混凝土拌和物的性能，将试件标准养护 28 d 时试压，得出相应的强度。

由试验所测得混凝土强度与相应的灰水比做图或计算，求出与混凝土配制强度（$f_{cu,0}$）相对应的胶水比。最后按以下原则确定 1 m³ 混凝土拌和物的各材料用量，即为实验室配合比。

1）用水量

取基准配合比中用水量（m_w），并根据制作强度试件时测得的坍落度或维勃稠度值进行调整确定。

2）胶凝材料用量

胶凝材料用量即以用水量乘以通过试验确定的与配制强度相对应的水胶比值。

3）砂、石用量

取基准配合比中的砂用量（m_s）、石用量（m_g），并按定出的水胶比做适当调整。

4）混凝土表观密度的校正

由强度复核之后的配合比，还应根据实测的混凝土拌和物的表观密度（$\rho_{c,t}$）做校正，以确定 1 m³ 混凝土的各材料用量。其步骤如下：

（1）计算出混凝土拌和物的表观密度（$\rho_{c,c}$）：

$$\rho_{c,c}=m_c+m_w+m_s+m_g \tag{3-18}$$

（2）计算出校正系数（δ）：

$$\delta=\frac{\rho_{c,t}}{\rho_{c,c}} \tag{3-19}$$

(3) 当混凝土表观密度实测值与计算值之差的绝对值不超过计算值的2%时,上面确定的配合比即确定的设计配合比;当二者之差超过2%时,应按下式计算出实验室配合比(每1 m³混凝土各材料用量):

$$\begin{cases} m_{c,sh}=m_c\delta \\ m_{w,sh}=m_w\delta \\ m_{s,sh}=m_s\delta \\ m_{g,sh}=m_g\delta \end{cases} \tag{3-20}$$

5) 混凝土施工配合比的确定

混凝土的实验室配合比中砂、石是以干燥状态为标准计量的。但施工时,实际工地上存放的砂、石都含有一定的水分。所以,在施工现场,应根据集料的实际含水率进行调整,将实验室配合比换算为施工配合比。

依据现场实测砂、石含水率,在配料时,从加水量中扣除集料含水量,并相应增加砂、石用量。假定工地测出砂的含水率为$a\%$,石子的含水率为$b\%$,设施工配合比1 m³混凝土各材料用量为m'_c、m'_s、m'_g、m'_w(单位均为kg),则:

$$\begin{cases} m'_c=m_{c,sh} \\ m'_s=m_{s,sh}(1+a\%) \\ m'_g=m_{g,sh}(1+b\%) \\ m'_w=m_{w,sh}-m_{s,sh}\cdot a\%-m_{g,sh}\cdot b\% \end{cases} \tag{3-21}$$

五、混凝土配合比设计实例

例3-1 某钢筋混凝土T形梁,所在地区属寒冷地区,设计要求混凝土强度等级为C25,无强度历史统计资料,坍落度为30～50 mm,混凝土采用机械振捣。原材料性能如下:

水泥:强度等级为42.5级的普通水泥,密度$\rho_c=3.1\ g/cm^3$。砂:当地河砂,中砂,表观密度$\rho_s=2\ 610\ kg/m^3$。石子:采用当地的石灰岩石轧制的碎石,最大粒径为31.5 mm,表观密度$\rho_g=2\ 670\ kg/m^3$。实测工地砂、石含水率分别为3%、1%。

试根据给定资料进行实验室配合比及施工配合比设计。

解

1. 初步配合比设计

1) 确定配制强度$f_{cu,0}$

根据题意,该混凝土属于无统计资料的混凝土,其配制强度按式(3-5)计算。

$$f_{cu,0}=f_{cu,k}+1.645\sigma=(25+1.645\times 5)\ \text{MPa}=33.2\ \text{MPa}$$

2) 确定水胶比(W/B)

(1) 强度要求的水胶比,由式(3-7)得:

$$W/B=\frac{\alpha_a f_b}{f_{cu,0}+\alpha_a\alpha_b f_b}$$

将 $f_{ce}=\gamma_c f_{ce,k}=(1.16\times42.5)\text{MPa}=49.3\ \text{MPa}$，$\alpha_a=0.53$ 及 $\alpha_b=0.20$ 代入上式，则得：

$$W/B=(0.53\times49.3)/(33.2+0.53\times0.20\times49.3)=0.68$$

（2）确定按耐久性要求的水胶比。由题意，混凝土处于寒冷地区，查表3-8及表3-9，允许最大水胶比为0.55，所以满足耐久性要求的水胶比为0.55。

（3）确定单位用水量 m_{w0}

查表3-16，按坍落度30～50 mm、碎石的最大粒径31.5 mm，得单位用水量为185 kg。

（4）计算水泥用量 m_{c0}

$$m_{c0}=m_{w0}/(W/B)=(185/0.55)\ \text{kg}=336\ \text{kg}$$

由表3-9可知，最大水胶比为0.55时，钢筋混凝土最小水泥用量为300 kg/m^3，所以，取 $m_{c0}=336\ \text{kg/m}^3$。

（5）选择砂率 β_s

根据粗集料的最大粒径31.5 mm及水灰比0.55，查表3-17初选的砂率为 $\beta_s=35\%$。

（6）计算砂用量 m_{s0}、石用量 m_{g0}

（1）质量法。假定1 m^3 混凝土拌和物的表观密度 $\rho_{cp}=2\,400\ \text{kg/m}^3$，则由式(3-15)得：

$$\begin{aligned}m_{s0}+m_{g0}&=\rho_{cp}\times1\ \text{m}^3-(m_{c0}+m_{g0})\\&=(2\,400-336-185)\ \text{kg}\\&=1\,879\ \text{kg}\end{aligned}$$

$$\begin{aligned}m_{s0}&=(m_{s0}+m_{g0})\times\beta_s\\&=(1\,879\times35\%)\ \text{kg}\\&=658\ \text{kg}\end{aligned}$$

$$m_{g0}=(m_{s0}+m_{g0})-m_{s0}=(1\,879-658)\ \text{kg}=1\,221\ \text{kg}$$

（2）体积法。由式(3-16)得：

$$\begin{cases}\dfrac{m_{s0}}{m_{s0}+m_{g0}}=\times100\%=0.35\\[2ex]\dfrac{336}{3\,100}+\dfrac{185}{1\,000}+\dfrac{m_{g0}}{2\,670}+\dfrac{m_{s0}}{2\,610}+0.01\times1=1\end{cases}$$

解得：$m_{s0}=646\ \text{kg}$，$m_{g0}=1\,200\ \text{kg}$

实际工程中常用质量法表示，则混凝土的初步配合比为：

水：185 kg。水泥：336 kg。砂：658 kg。石子：1 221 kg。$W/C=0.55$。

2. 试拌、调整，确定基准配合比

按计算出的初步配合比，称20 L混凝土所用材料进行混凝土试拌，其试拌用料量为：

水：(185×0.020) kg=3.7 kg。水泥：(336×0.020) kg=6.72 kg。砂：(658×0.020) kg=13.16 kg。碎石：(1 221×0.020) kg=24.42 kg。

假设通过第一次试拌测得混凝土拌和物的坍落度为20 mm，黏聚性和保水性较好，则其坍落度较原要求的平均值小20 mm，应在保持水胶比不变的条件下增加用水量，根据经验，每增减10 mm坍落度时，加水量增减2%～4%，取平均值3%计算，故增加用水量(3.7×3%×2) kg=0.222 kg，水泥用量增加0.403 kg。因此，第二次试拌的材料用量为：水3.922 kg，水泥7.123 kg，砂和石用量仍各为13.16 kg及24.42 kg。经试拌后测得坍落度为40 mm，满足要求。并测得拌和物的表观密度为2 380 kg/m^3。则由式(3-17)得基准配合比为：

$$m_{cJ}=\frac{\rho_{cp}\times 1\ m^3}{m_{wb}+m_{cb}+m_{sb}+m_{gb}}\times m_{cb}=349\ kg$$

$$m_{wJ}=\frac{\rho_{cp}\times 1\ m^3}{m_{wb}+m_{cb}+m_{sb}+m_{gb}}\times m_{wb}=192\ kg$$

$$m_{sJ}=\frac{\rho_{cp}\times 1\ m^3}{m_{wb}+m_{cb}+m_{sb}+m_{gb}}\times m_{sb}=644\ kg$$

$$m_{gJ}=\frac{\rho_{cp}\times 1\ m^3}{m_{wb}+m_{cb}+m_{sb}+m_{gb}}\times m_{gb}=1\ 195\ kg$$

3. 检查强度，确定实验室配合比

以基准水胶比 0.55，另取 0.60 和 0.50 共三个水胶比的配合比，分别制成混凝土试件，进行强度试验。测得各试件 28 天的强度如表 3-21 所示。

表 3-21　例 3-1 强度试验结果

试　　样	W/B	B/W	f_{cu}/MPa
Ⅰ	0.50	2.0	38.4
Ⅱ	0.55	1.82	32.2
Ⅲ	0.60	1.67	27.2

据表 3-21 数据，因强度与胶水比呈线性关系（见图 3-8(b)），通过计算可求出与配制强度 $f_{cu,0}$=31.4 MPa 相对应的胶水比为 1.80（水胶比为 0.56），则符合强度要求的配合比为：

用水量 $m_w=m_{wJ}$=192 kg，水泥用量 m_c=(192×1.80) kg=346 kg，重新计算砂石用量，得砂用量 m_s=636 kg，石用量 m_g=1 182 kg。最后，实测出混凝土拌和物表观密度 $\rho_{c,t}$=2 390 kg，其计算表观密度 $\rho_{c,c}=(m_w+m_c+m_s+m_g)$ kg/m³=(192+346+636+1 182) kg/m³=2 356 kg/m³。

因此，配合比校正系数 $\delta=\frac{2\ 390}{2\ 356}=1.014$。

与实验室配合比相差不超过 2%，故可不再进行调整。最后，实验室配合比为：

水泥:346 kg。水:192 kg。砂子:636 kg。碎石:1 182 kg。$W/B=0.56$。

4. 计算混凝土施工配合比

根据实验室配合比及式(3-17)得施工配合比各材料用量为：

水泥　　$m'_c=346$ kg

砂子　　m'_s=[636×(1+3%)] kg=655 kg

碎石　　m'_g=[1 182×(1+1%)] kg=1 194 g

水　　m'_w=[192−636×3%−1182×1%] kg=161 kg

任务 3 混凝土质量控制

质量合格的混凝土，应能满足设计要求的技术性质，具有较好的均匀性且达到规定的保证率。但由于受多种因素的影响，混凝土的质量是不均匀的、波动的。

一、混凝土的质量检查及波动分析

1. 混凝土的质量检查

混凝土的质量检查是对混凝土质量的均匀性进行有目的的抽样测试及评价。检查的内容有混凝土拌和物的质量和硬化后混凝土的质量。

混凝土拌和物的质量检查主要内容是和易性、水灰比和含气量。硬化后混凝土的质量检查，是在施工现场按规范规定的方法抽取有代表性的试样，养护到规定龄期进行试验。主要对强度进行检查，在有特殊要求的情况下，还需对抗渗、抗冻性能进行检查。

2. 混凝土质量波动原因

造成混凝土质量波动的原因有原材料质量（如水泥的强度、集料的级配及含水率等）的波动、施工工艺（如配料、拌和、运输、浇筑及养护等）的不稳定性、施工条件和气温的变化、试验方法及操作所造成的试验误差、施工人员的素质等。在正常施工条件下，这些影响因素都是随机的，因此，混凝土的质量也是随机变化的。混凝土质量控制的目的就是分析、掌握质量波动规律，以控制正常波动因素，发现并排除异常波动因素，使混凝土质量波动控制在规定范围，以达到既保证混凝土质量又节约用料的目的。

二、混凝土的质量评定

1. 混凝土强度数理统计量

1）强度平均值$\overline{f_{cu}}$

$$\overline{f_{cu}}=\frac{1}{n}\sum_{i=1}^{n}f_{cu,i} \tag{3-22}$$

式中：n——试验组数（$n\geqslant25$）；

$f_{cu,i}$——第 i 组试验值（MPa）。

2）强度标准差（均方差）σ

σ 是评定混凝土质量均匀性的一种指标，可由下式计算：

$$\sigma=\sqrt{\frac{\sum_{i=1}^{n}(f_{cu,i}-\overline{f_{cu}})^2}{n-1}}=\sqrt{\frac{\sum_{i=1}^{n}f_{cu,i}^2-n\overline{f_{cu}^2}}{n-1}} \tag{3-23}$$

式中：$f_{cu,i}$——统计周期内第 i 组混凝土试件的强度（MPa）。

3）变异系数（离差系数）C_v

$$C_v=\frac{\sigma}{\overline{f_{cu}}} \tag{3-24}$$

2. 混凝土强度的波动规律——正态分布

试验表明，混凝土强度的波动规律是符合正态分布的，即在施工条件相同的情况下，对同一种混凝土进行系统取样，测定其强度，以强度为横坐标，以某一强度出现的概率为纵坐标，可绘出强度概率正态分布曲线。如图 3-9 所示。正态分布的特点为：以强度平均值为对称轴，左右两边的曲线是对称的，距离对称轴愈远的值，出现的概率愈小，并逐渐趋近于零；曲线和横坐标之间的面积为概率的总和，等于 100%；对称轴两边，出现的概率相等；在对称轴两侧的曲线上各有一个拐点，拐点距强度平均值的距离即标准差。

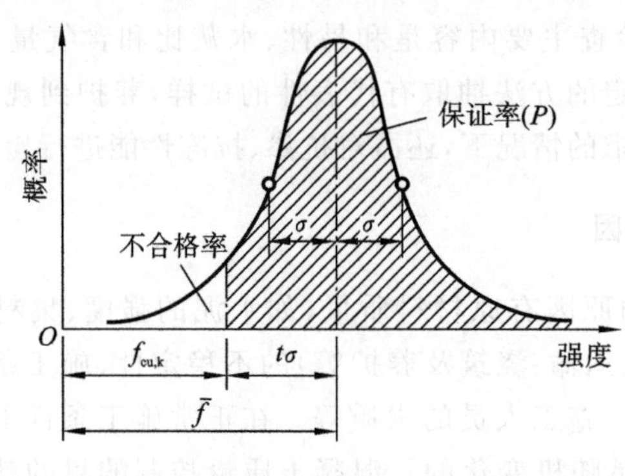

图 3-9 混凝土强度正态分布曲线

3. 混凝土强度保证率

混凝土强度保证率(P)是指混凝土强度总体中，大于或等于设计强度所占的概率，以正态分布曲线上的阴影部分面积表示，如图 3-9 所示。其计算方法如下：

先根据混凝土设计要求的强度等级($f_{cu,k}$)、混凝土的强度平均值($\overline{f_{cu}}$)、标准差(σ)或变异系数(C_v)，由下式计算出概率度 t。

$$t=\frac{f_{cu,k}-\overline{f_{cu}}}{\sigma} \tag{3-25}$$

或

$$t=\frac{f_{cu,k}-\overline{f_{cu}}}{C_v\ \overline{f_{cu}}} \tag{3-26}$$

再根据 t 值，查得保证率 P(%)。

保证率的取值应根据工程的重要性确定，我国《混凝土强度检验评定标准》(GB/T 50107—2010)及《混凝土结构设计规范》(GB 50010—2010)规定，同批试件的统计强度保证率不得小于 95%。

4. 混凝土质量均匀性的评定

在混凝土强度平均值、强度标准差、离差系数三个数理统计量中，强度平均值是强度概率曲线最高点的横坐标，仅代表混凝土强度总体的平均值，并不说明其强度的波动情况。强度标准差 σ 是强度概率曲线上拐点离强度平均值的距离，它反映了强度的离散性。σ 值越大，正态分布曲线愈矮而宽，表示强度数据的离散程度愈大，混凝土的均匀性愈差，混凝土强度质量也愈不稳定，施工控制水平愈差；反之，σ 值愈小，分布曲线愈高而窄，表示强度测定值的分布集中，波动较小，混凝土的均匀性好，则施工控制水平愈高。我国《混凝土强度检验评定标准》(GB/T 50107—2010)中，根据强度标准差的大小，将现场集中搅拌混凝土的生产质量水平划分为优良、一般及差三个等级，如表 3-22。

表 3-22　现场集中搅拌混凝土的生产质量水平

生产质量水平	优良		一般		差	
混凝土强度等级	<C20	≥C20	<C20	≥C20	<C20	≥C20
混凝土强度标准差 σ/MPa	≤3.5	≤4.0	≤4.5	≤5.5	>4.5	>5.5
强度不低于要求强度等级的百分率 P/(%)	≥95		>85		≤85	

三、混凝土质量控制

1. 原材料质量检验

原材料是决定混凝土性能的主要因素，材料的变化将导致混凝土性能的波动。因此，施工现场必须对所用材料及时检验。检验的内容主要有水泥的强度等级、凝结时间、体积安定性等，集料的含泥量、含水率、颗粒级配，砂子的细度模数等。

2. 施工配合比换算

由于施工现场条件和实验室配合比条件的不一致性，所以混凝土实验室配合比不能直接用于施工，在施工现场要根据集料的含水率把实验室配合比换算为施工配合比。其换算方法见混凝土配合比设计部分。

3. 混凝土施工配制强度($f_{cu,0}$)

从混凝土强度的正态分布图中可以看出，若按结构设计强度配制混凝土，则实际施工中将有一半达不到设计强度，即混凝土强度保证率只有 50%。因此，在混凝土配合比设计时，配制强度必须高于设计强度等级。

令混凝土的配制强度等于平均强度，即 $f_{cu,0}=\overline{f_{cu}}$，则由式(3-25)得

$$f_{cu,0}=f_{cu,k}-t\sigma \tag{3-27}$$

由式(3-26)得

$$f_{cu,0}=\frac{f_{cu,k}}{1+tC_v} \tag{3-28}$$

根据强度保证率的要求及施工控制水平，确定出 t 和 C_v 值，用以上两式即可算出混凝土的配制强度。

4. 混凝土质量控制图

为了掌握分析混凝土质量波动情况，及时分析发现的问题，将水泥强度、混凝土坍落度、混

凝土强度检验结果绘制成质量控制图。

质量控制图的横坐标为按时间测得的质量指标子样编号,纵坐标为质量指标的特征值,中间一条横坐标为中心控制线,上、下两条线为控制界线。由混凝土坍落度、混凝土强度等质量检查结果绘制的图,称为质量控制图。

从质量控制图的变动趋势,可以判断施工是否正常。如果测得的各点在中心线附近较多,即为施工正常。如果各点显著偏离中心线或分布在一侧,尤其是有些点超出上、下控制线,说明混凝土质量均匀性已下降,应立即查明原因,加以解决。

任务 4 其他混凝土

在道桥工程中,除了普通水泥混凝土以外,有时根据施工工艺或结构受力特点的要求,还需要使用其他混凝土,如粉煤灰混凝土、道路水泥混凝土、高强混凝土、流态混凝土等。

一、粉煤灰混凝土

水泥水化过程中会产生大量水化热,而一旦水化热过大,就会导致混凝土结构出现大量裂缝,进而影响结构的使用功能和耐久性。为了减小这种水化热,同时降低工程成本,在一些具体的工程中,尤其是具有大体积混凝土结构物的工程中,常常会优先选用粉煤灰混凝土。

1. 配合比设计方法

粉煤灰混凝土的配合比设计方法,可采用等量取代法、超量取代法和外加法。目前多采用超量取代法。所谓超量取代法是指在粉煤灰的总掺量中,一部分取代等体积的水泥,超量部分取代等体积的砂。

2. 配合比设计原则

掺粉煤灰混凝土的配合比设计,以等稠度、等强度等级为原则。所谓等稠度、等强度等级,是指配制成的粉煤灰混凝土与基准混凝土拌和物(即未掺粉煤灰的混凝土)的稠度和硬化后指定龄期的强度等级皆相等。

3. 配合比设计步骤

1) 计算基准混凝土配合比

根据普通混凝土配合比设计方法,计算基准配合比。

2) 选定粉煤灰的掺量百分率以及粉煤灰超量系数

粉煤灰取代水泥的掺量百分率 $f(\%)$,不得超过表 3-23 规定的允许最大限值。粉煤灰超量系数 δ_f,可以根据粉煤灰的等级,按表 3-24 选取。

3）计算粉煤灰取代水泥量、超量部分和总掺量

粉煤灰取代水泥量为：

$$m_{f1}=m_{c0}f \tag{3-29}$$

粉煤灰超量部分质量为：

$$m_{f2}=m_{f1}\cdot(\delta_f-1) \tag{3-30}$$

粉煤灰总掺量为：

$$m_f=m_{f1}+m_{f2} \tag{3-31}$$

4）计算粉煤灰混凝土的单位水泥用量

$$m_{cf}=m_{c0}-m_{f1} \tag{3-32}$$

5）计算粉煤灰混凝土的单位砂用量

$$m_{sf}=m_{s0}-\frac{m_{f2}}{\rho_f}\cdot\rho_s \tag{3-33}$$

6）确定粉煤灰混凝土的各种材料用量

由前计算得 m_{cf}，m_{sf}，取 $m_{gf}=m_{g0}$、$m_{wf}=m_{w0}$，则粉煤灰混凝土各材料用量为 m_{cf}、m_{wf}、m_{sf}、m_{gf}。

7）试拌、调整，提出实验室配合比

具体调整方法参照普通水泥混凝土。

表 3-23　粉煤灰取代水泥最大限量（GBJ 146—1990）

混凝土种类	粉煤灰取代水泥最大限量/（%）			
	硅酸盐水泥	普通硅酸盐水泥	矿渣硅酸盐水泥	火山灰硅酸盐水泥
预应力钢筋混凝土	25	15	10	
钢筋混凝土、高强度混凝土、耐冻混凝土、蒸养混凝土	30	25	20	15
中、低强度混凝土、泵送混凝土、大体积混凝土、地下、水下混凝土	50	40	30	20
碾压混凝土	65	55	45	35

表 3-24　粉煤灰超量系数（GBJ 146—1990）

粉煤灰等级	超量系数 δ_f
Ⅰ	1.1～1.4
Ⅱ	1.3～1.7
Ⅲ	1.5～2.0

例 3-2　某粉煤灰混凝土配合比设计，设计要求：按本章例题 3-1 资料，掺加Ⅰ级粉煤灰，粉煤灰密度为 2.2 g/cm³，设计该粉煤灰混凝土配合比。

解 (1)计算基准混凝土配合比。

按例题 3-1,得 $m_{cf}=336$ kg ,$m_{wf}=185$ kg,$m_{sf}=658$ kg,$m_{gf}=1\ 221$ kg。

(2) 选定粉煤灰的掺量百分率以及粉煤灰超量系数。

由题给条件知:水泥品种为普通硅酸盐水泥,混凝土工程种类为钢筋混凝土,查表 3-23 得粉煤灰取代水泥最大限量为 25%,现取 20%。粉煤灰等级为Ⅰ级,水泥强度等级为 42.5,水泥混凝土强度等级为 C25,查表 3-24 取粉煤灰超量系数为 1.20。

(3) 计算粉煤灰取代水泥量、超量部分和总掺量。

粉煤灰取代水泥量为: $m_{f1}=m_{c0}f=(336\times20\%)$ kg$=62.7$ kg

粉煤灰超量部分质量为: $m_{f2}=m_{f1}\cdot(\delta_f-1)=[67.2\times(1.2-1)]$ kg$=13.4$ kg

粉煤灰总掺量为: $m_f=m_{f1}+m_{f2}=(67.2+13.4)$ kg$=80.6$ kg

(4) 计算粉煤灰混凝土的单位水泥用量。

$$m_{cf}=m_{c0}-m_{f1}=(336-67.2)\ \text{kg}=268.8\ \text{kg}$$

(5) 计算粉煤灰混凝土的单位砂用量。

$$m_{sf}=m_{s0}-\frac{m_{f2}}{\rho_f}\cdot\rho_s=\left(658-\frac{13.4}{2.2}\times2.61\right)\ \text{kg}=642\ \text{kg}$$

(6) 确定粉煤灰混凝土的各种材料用量。

由前计算得 $m_{cf}=268.8$ kg,$m_f=80.6$ kg,$m_{wf}=185$ kg,$m_{sf}=642$ kg,$m_{gf}=1\ 221$ kg。

(7) 试拌、调整。(同前)

二、道路水泥混凝土

水泥混凝土路面是高等级公路路面结构的主要类型之一,在我国现阶段的公路工程中占有重要地位。按我国 JTJ F30—2003《公路水泥混凝土路面施工技术规范》的规定,路面混凝土配合比设计,既可以采用抗折强度为设计指标,又可以采用抗压强度为设计指标。根据高等级公路的结构及受力特点,在配制路面混凝土时,工程上往往习惯采用抗折强度作为设计强度。

1. 路面水泥混凝土配合比设计要求

(1)满足施工工艺性要求。

(2)满足设计的抗折强度要求。

(3)满足结构耐久性(包括耐磨性)要求。

(4)满足经济合理的要求。

2. 路面水泥混凝土配合比设计步骤

1) 计算初步配合比

(1) 确定配制强度 f_c。

$$f_c=\frac{f_r}{1-1.04C_v}+ts \tag{3-34}$$

式中:f_c——混凝土配制 28 天抗折强度均值(MPa);

f_r——混凝土设计抗折强度标准值(MPa)；

s——混凝土抗折强度试验样本的标准差(MPa)；

t——保证率系数，按表 3-25 确定；

C_v——强度变异系数，应按统计数据按表 3-26 取值，如无统计数据时，应按设计取值。

表 3-25 保证率系数

公路等级	判别概率 P	样本数 n/组				
		3	6	9	15	20
高速公路	0.05	1.36	0.79	0.61	0.45	0.39
一级公路	0.10	0.95	0.59	0.46	0.35	0.30
二级公路	0.15	0.72	0.46	0.37	0.28	0.24
三、四级公路	0.20	0.56	0.37	0.29	0.22	0.19

表 3-26 各级公路混凝土路面抗折强度变异系数

公路等级	高速公路	一级公路		二级公路	三、四级公路	
混凝土抗折强度变异系数水平等级	低	低	中	中	中	高
抗折强度变异系数允许变化范围	0.05～0.10	0.05～0.10	0.10～0.15	0.10～0.15	0.10～0.15	0.15～0.20

(2) 确定水胶比。

碎石或碎卵石混凝土的水胶比为：

$$\frac{W}{C}=\frac{1.5684}{f_c+1.0097-0.3595f_s} \tag{3-35}$$

卵石混凝土的水胶比为：

$$\frac{W}{C}=\frac{1.2618}{f_c+1.5492-0.4709f_s} \tag{3-36}$$

式中：f_s——水泥实测抗折强度(MPa)；

f_c——混凝土配制 28 d 抗折强度均值(MPa)；

W/C——水胶比。

水胶比不得超过表 3-27 中规定的最大水胶比。

表 3-27 混凝土满足耐久性要求的最大水灰(胶)比和最小单位水泥用量

公路等级		高速公路、一级公路	二级公路	三、四级公路
最大水灰(胶)比		0.44	0.46	0.48
抗冰冻要求最大水灰(胶)比		0.42	0.44	0.46
抗盐冻要求最大水灰(胶)比		0.40	0.42	0.44
最小单位水泥用量/(kg/m³)	42.5 级	300	300	290
	32.5 级	310	310	305

续表

公路等级		高速公路、一级公路	二级公路	三、四级公路
抗冰(盐)冻时最小单位水泥用量/(kg/m³)	42.5级	320	320	315
	32.5级	330	330	325
掺粉煤灰时最小单位水泥用量/(kg/m³)	42.5级	260	260	255
	32.5级	280	270	265
抗冰(盐)冻掺粉煤灰时最小单位水泥用量(42.5级)/(kg/m³)		280	270	265

(3) 计算单位用水量 m_{w0}。

对于碎石或碎卵石混凝土

$$m_{w0}=104.97+0.309S_L=11.27\frac{C}{W}+0.61S_P \tag{3-37}$$

对于卵石混凝土

$$m_{w0}=86.89+0.370S_L+11.24\frac{C}{W}+1.00S_P \tag{3-38}$$

式中：S_L——混凝土拌和物坍落度(mm)；

S_P——砂率(%)，查表3-28得；

$\frac{C}{W}$——胶水比，水胶比的倒数。

如果掺加了减水剂，可按下式计算：

$$m_{w1}=m_{w0}\left(1-\frac{\beta}{100}\right) \tag{3-39}$$

式中：m_{w1}——掺加减水剂混凝土的单位用水量(kg/m³)；

β——所用外加剂的实测减水率(%)。

表3-28 砂的细度模数与最优砂率关系

砂细度模数		2.2～2.5	2.5～2.8	2.8～3.1	3.1～3.4	3.4～3.7
砂率 S_P/(%)	碎石	30～34	32～36	34～38	36～40	38～42
	卵石	28～32	30～34	32～36	34～38	36～40

注：碎卵石可在碎石和卵石混凝土之间内插取值。

(4) 确定单位水泥用量 m_{c0}。

$$m_{c0}=m_{w0}\times\left(\frac{C}{W}\right) \tag{3-40}$$

式中：m_{c0}——单位用水量(kg/m³)；

$\frac{C}{W}$——胶水比。

单位水泥用量不得小于表3-27中规定的满足耐久性要求的最小水泥用量。

(5) 计算砂石材料用量 m_{s0}、m_{g0}。

砂石材料单位用量可按前述质量法或绝对体积法确定。经计算得到的配合比应验算单位粗集料填充体积率，且不宜小于70%。

2）试拌、调整（同前）

3. 路面混凝土配合比实例

例3-3 试设计某高速公路面层混凝土（无抗冻性要求）的初步配合比组成。

原始资料：

（1）水泥：52.5普通硅酸盐水泥，密度为3.1 g/cm³，实测28 d抗折强度为8.5 MPa。

（2）碎石：石灰石，最大粒径37.5 mm，级配合格，表观密度为2.70 g/cm³，振实密度为1 700 g/cm³。

（3）砂：中砂，表观密度为2.65 g/cm³，细度模数为2.4，其他各项指标均符合技术要求。

（4）水：饮用水。

设计要求：

混凝土设计抗折强度标准值为5 MPa，施工单位混凝土抗折强度样本标准差为0.4 MPa（$n=9$）。混凝土拌和物的坍落度为10～30 mm。

解 设计步骤：

（1）确定配制强度 f_c。

$$f_c=\frac{f_r}{1-1.04C_v}+ts=\left(\frac{5}{1-1.04\times0.075}+0.61\times0.4\right)\text{ MPa}=5.67\text{ MPa}$$

（2）确定水胶比。

$$\frac{W}{C}=\frac{1.568\ 4}{f_c+1.009\ 7-0.359\ 5f_s}=\frac{1.568\ 4}{5.67+1.009\ 7-0.359\ 5\times8.5}=0.43$$

查表3-27得耐久性允许最大水胶比为0.44，故取计算水胶比为0.43。

（3）计算单位用水量 m_{w0}。

因坍落度要求在10～30 mm范围内，故可取20 mm，通过查表3-28确定 S_P 为32%。

$$\begin{aligned}m_{w0}&=104.97+0.309S_L+11.27\frac{C}{W}+0.61S_P\\&=(104.97+0.309\times20+11.27\times2.33+0.61\times34)\text{ kg/m}^3=158\text{ kg/m}^3\end{aligned}$$

（4）确定单位水泥用量 m_{c0}。

$$m_{c0}=m_{w0}\times\left(\frac{C}{W}\right)=\left(158\times\frac{1}{0.43}\right)\text{ kg/m}^3=367\text{ kg/m}^3$$

由于耐久性允许最小水泥用量为300 kg/m³，故取水泥用量为367 kg/m³。

（5）计算砂石材料用量 m_{s0}、m_{g0}。

$$\begin{cases}\dfrac{m_{s0}}{m_{g0}+m_{s0}}\times100\%=34\%\\[2ex]\dfrac{m_{c0}}{\rho_c}+\dfrac{m_{g0}}{\rho_g}+\dfrac{m_{s0}}{\rho_s}+\dfrac{m_{w0}}{\rho_w}+0.01\alpha=1\end{cases}$$

解得： $m_{s0}=651\text{ kg/m}^3$，$m_{g0}=1\ 264\text{ kg/m}^3$

验算：碎石的体积填充率$\frac{1\ 264}{1\ 700}=74.3\%$，符合要求。

由此确定该路面水泥混凝土初步配合比为：

$m_{c0}=367\ kg/m^3$， $m_{s0}=651\ kg/m^3$， $m_{g0}=1\ 264\ kg/m^3$， $m_{w0}=158\ kg/m^3$

三、高强混凝土

强度等级在C50～C80的混凝土称为高强混凝土。现代大型桥梁为了增大跨越能力，减轻自重，提高结构耐久性，往往需要采用高强混凝土。为了保证高强混凝土达到应有的强度，通常从以下几方面采取措施。

1. 选用优质高强水泥

选用优质高强水泥，应从矿物组成和细度两方面进行考虑。首先从矿物组成方面考虑，应优先选用早强、高强成分含量高的水泥，即硅酸三钙(C_3S)和铝酸三钙(C_3A)含量较高，特别是C_3S含量较高的水泥。其次从细度方面考虑，提高水泥的细度可使水泥水化反应快速、充分、完全。

2. 采用磁化水

磁化水是普通的水以一定速度流经磁场，由于磁化作用提高了水的活性。用磁化水拌制混凝土，水更容易进入水泥颗粒内部，使水泥水化更完全、充分，因而可提高混凝土的强度。

3. 选取硬质高强的集料

粗集料应选择质地坚硬、级配良好的碎石。骨料的强度高于混凝土强度的50%以上。细集料与粗集料应能组成密实的矿质混合料。

4. 外加剂

目前，工程用高强混凝土均需采用减水剂及其他外加剂。

四、流态混凝土

流态混凝土是指在预拌的坍落度为80～120 mm的基体混凝土拌和物中，加入外加剂——流化剂，经过二次搅拌，使基体混凝土拌和物的坍落度增加至180～220 mm。能自流填满模型或钢筋间隙的混凝土又称超塑性混凝土。

1. 流态混凝土的组成

流态混凝土是由基本混凝土和流化剂组成的新型混凝土。

1）基体混凝土组成

基体混凝土的水泥用量一般不低于300 kg/m³，粗集料最大粒径不大于19 mm，细集料最好含有一定数量粒径小于0.3 mm的粉料，砂率通常可达45%左右。基体混凝土拌和物的坍落度值应与流化后拌和物的坍落度值相匹配，通常两者差值约为10 cm。

2）流化剂

流化剂属于高效减水剂，流化剂的用量一般为水泥用量的0.5%～0.7%，如超过0.7%，一般坍落度无明显增加，且易产生离析现象。

3）掺合料

在流态混凝土中常掺加优质粉煤灰，可以改善混凝土的流动性，提高强度，节约水泥。

2. 流态混凝土的特点及应用

首先，流态混凝土流动性好，能自流填满模型或钢筋间隙，适于泵送。其次，由于流化剂可以大幅度减少用水量，如果保持水泥用量不变，则可在保证流动性的前提下减小水灰比，进而可提高混凝土的强度和耐久性；而如果保持水灰比不变，则在保证原混凝土试配强度不变的同时，不仅可减少用水量，还可节省部分水泥。此外，流态混凝土一般还具有早强、高强、不易离析、不易泌水等特点。

3. 工程应用

流态混凝土在道路与桥梁工程中应用日益广泛，如越江隧道的水泥混凝土路面、斜拉桥的混凝土主塔，以及地铁的衬砌封顶等，均须采用流态混凝土。此外，流态混凝土对于工程中一些不方便振捣的部位，如钢筋间距较小的结构部位，又如工程中的深桩基础，都会有很好的浇筑效果。

总结评价

混凝土是最主要的土木工程材料之一，其原料丰富、方便经济，广泛应用于建筑工程、水利工程、道路工程、地下工程、国防工程等。水泥混凝土既可以和沥青混凝土一样，成为路面的主要建筑材料，也可以作为现代公路桥梁中钢筋混凝土桥的主材，广泛应用于高等级公路工程，还可以用于机场道面、桥梁工程结构的附属构造物等。

1. 混凝土有哪些特性？

2. 水泥混凝土是由哪些材料组成的？各有什么作用？

3. 砂的颗粒级配和粗细程度对混凝土有什么影响？当两种砂的细度模数相同时，其级配是否相同？反之，如果级配相同，其细度模数是否相同？

4. 什么是混凝土拌和物的和易性？其影响因素有哪些？

5. 在测定混凝土拌和物和易性指标时，可能存在以下四种情况：

①流动性比要求的小；

②流动性比要求的大；

③流动性比要求的小，而黏聚性较差；

④流动性比要求的大，且黏聚性、保水性也较差。

试问应采取什么措施来调整？

6. 影响混凝土强度的主要因素及提高混凝土强度的主要措施有哪些？

7. 混凝土配合比设计中有哪三个重要参数？应如何确定？

8. 混凝土耐久性的概念、影响因素及提高措施各是什么？

9. 什么叫减水剂、早强剂、引气剂？简述减水机理。

10. 简述粉煤灰混凝土及路用混凝土的试配方法。

学习模块4

沥青材料的检测与应用

学习目标

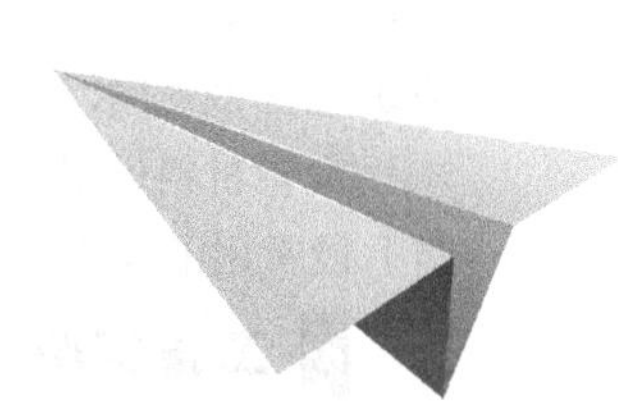

教学目标

通过本模块的学习，学生具备对几种常见沥青材料的使用与检测能力。了解沥青的分类及各种沥青的形成过程；掌握道路石油沥青的生产工艺、分类方法、组成结构，熟记石油沥青的技术性质和技术标准；熟悉乳化沥青的特点及应用；了解煤沥青的组成与技术特点；了解改性沥青的特点及工程应用。

教学要求

<table>
<tr><th>知识目标</th><th>能力目标</th><th>技能目标</th></tr>
<tr><td>石油沥青的组成和结构</td><td>(1) 能熟悉石油沥青组分分析方法并掌握各种组分的性能及特点。
(2) 能熟记沥青胶体结构的类型及各自的特点。
(3) 能根据针入度指数(PI)准确判断沥青胶体结构的类型</td><td rowspan="3">(1) 熟练掌握石油沥青的“三大指标”的试验操作过程。
(2) 熟练掌握石油沥青相对密度的试验操作过程。
(3) 能够对数据进行处理，并做出相应的判定</td></tr>
<tr><td>石油沥青的技术性质</td><td>(1) 能熟练掌握石油沥青的技术指标。
(2) 能依据规范要求测定石油沥青的黏性、塑性和温度稳定性</td></tr>
<tr><td>道路石油沥青的技术标准</td><td>能根据规范要求知道道路石油沥青的等级及适用范围</td></tr>
</table>

任务 1 石油沥青的基础知识

沥青是一种有机胶凝材料，它是由一些极其复杂的高分子碳氢化合物和这些碳氢化合物的非金属(氧、硫、氮)的衍生物所组成的混合物。在常温下，沥青呈褐色或黑褐色的固体、半固体或液体状态。它能溶于二硫化碳、四氯化碳、三氯甲烷和苯等多种有机溶剂中。

沥青材料由于结构致密，黏结力良好，不导电、不吸水，具有耐酸、耐碱、耐腐蚀等性能，因此，在土木建筑工程中主要作为防水、防潮、防腐蚀材料用于屋面或地下防水工程、防腐蚀工程，铺筑道路及贮水池、桥梁等防水防潮层，现已成为建筑中不可缺少的材料。

沥青材料的品种有很多，按其在自然界获得的方式不同，可分为地沥青和焦油沥青两大类。在道路上最常用的是石油沥青，以及少量的煤沥青。此外，乳化沥青、改性沥青也应用于道路工程中。

工程案例

广东省某城市高速公路(见图 4-1)建设项目 2 标段，设计速度为 100 km/h，路基宽度为 24.5 m，桥梁与路基同宽。公路为Ⅰ级，总长度为 25.6 km，4 cm 橡胶沥青磨耗层，AC-13＋1 cm 同步碎石橡胶沥青黏结层，28 cm 水泥混凝土面层，0.6 cm 改性乳化沥青稀浆封层＋透层，20 cm水泥稳定碎石底基层，20 cm 级配碎石垫层，30 cm 厚 8%石灰土处理土基。

图 4-1　某高速公路示意图

任务 1：请根据上述资料选择合适的沥青类型和标号，检测其技术性质和路用性能，并对该工程使用的石油沥青做出相应的评价。

任务 2：改性沥青与石油沥青相比，在技术性质上有何差异？其优缺点有哪些？存储和加工时必须将改性沥青和石油沥青区分开来，作为施工技术人员，在工地条件下如何鉴别这两种不同类型的沥青？

任务分解

第一步：选择沥青类型和标号。

根据工程所处的环境和结构类型，选择黏稠石油沥青，结合沥青路面使用性能的气候分区及道路石油沥青适用范围，选择A级沥青，并确定合适的沥青标号。

第二步：分析石油沥青的组成和结构。

石油沥青的化学组成对沥青技术性质有很大影响，根据沥青中化学组分及其含量的不同，可以将沥青分为溶胶结构、溶-凝胶结构、凝胶结构三种不同的胶体结构类型，沥青的胶体结构与沥青的路用性能有密切关系。

第三步：检测该工程所使用的石油沥青的技术性质。

道路石油沥青具有黏性、塑性、温度稳定性和耐久性等11个技术性质，根据《公路工程沥青及沥青混合料试验规程》(JTG E20—2011)，采用正确的试验方法检测其各种性能指标，评价其路用性能。

第四步：分析比对石油沥青与改性沥青的技术性质，对两种沥青进行有效鉴定。

与石油沥青相比，改性沥青由于添加了改性剂，优化了技术性质，不论是高温稳定性还是低温抗裂性，都有了较为明显的提高，但由于其制作成本较高，所以在一定程度上具有局限性。

一、石油沥青的组成和结构

1. 石油沥青的化学组成

石油沥青是由多种碳氢化合物及其非金属（氧、硫、氮）的衍生物组成的混合物，它的分子表达通式为 $C_nH_{2n}+aO_bS_cN_d$，化学组成主要是碳（80%～87%）、氢（10%～15%），其次是非烃元素（<3%），如氧、硫、氮等。此外，还含有一些微量的金属元素，如镍、钒、铁、锰、镁、钠等，但含量都极少，约为百万分之几。

由于沥青化学组成的复杂性，虽然多年来许多化学家致力于这方面的研究，但从沥青元素的分析成果看，并没有找到元素组成与其路用性能间的直接关系。

2. 石油沥青的化学组分及组分分析方法

1）化学组分

为了研究石油沥青化学组成与使用性能之间的联系，从工程使用的角度出发，通常将沥青分成化学性质相近，并且和路用性质有一定联系的几个组，这些组就称为沥青的组分。

2）组分分析方法

将沥青分为不同组分的化学分析方法称为组分分析法。组分分析是利用沥青在不同有机溶剂中的选择性溶解或在不同吸附剂上的选择性吸附等性质进行分析。

沥青组分分析方法较多。早年J. 马尔库松（德）就提出将石油沥青分离为沥青酸、沥青酸酐、油分、树脂、沥青质、沥青碳和似碳物等组分的方法；后来经过许多研究者的改进，美国的L. R. 哈巴尔德和K. E. 斯坦费尔德将其完善为三组分分析法；再后来L. W. 科尔贝特（美）又提出四组分分析法。此外，还有五组分分析法和多组分分析法等。

我国现行《公路工程沥青及沥青混合料试验规程》(JTG E20—2011)中规定有三组分和四组分分析法。

(1) 三组分分析法。

三组分分析法是将石油沥青分离为油分、树脂、沥青质三个组分。在油分中常含有蜡，故在分析时还应将油、蜡分离。这种分析方法称为溶解-吸附法，按三组分分析法所得各组分的性状见表 4-1。

(2) 四组分分析法。

四组分分析法又称 SARA 分析法，是用规定的溶剂及吸附剂，采用溶剂沉淀及色谱柱法将沥青试样分成沥青质(As)、胶质(R)、饱和分(S)及芳香分(Ar)四种组分。

①沥青质：沥青试样中不溶于正庚烷而溶于甲苯的黑褐色无定形固体物，占沥青含量的5%～25%。

②饱和分：在软沥青质中，为氧化铝色谱柱吸附后再用正庚烷脱附的部分，含量占沥青的5%～20%。

③芳香分：在饱和分被脱附后再用甲苯溶解脱附的部分，占沥青总量的 20%～50%。

④胶质：则是软沥青质中继饱和分、芳香分脱附后又用甲苯-乙醇冲洗脱附的部分。

表 4-1　石油沥青三组分分析法所得各组分的性状

组分	外观特征	平均分子量 M_w	碳氢比 C/H	物化特征
油分	淡黄色透明液体	200～700	0.5～0.7	几乎可溶解大部分有机溶剂，具有光学活性，常发现有荧光，相对密度为 0.910～0.925
树脂	红褐色黏稠半固体	800～3 000	0.7～0.8	温度敏感性高，熔点低于 100 ℃，相对密度大于 1.000
沥青质	深褐色固体粉末微粒	1 000～5 000	0.8～1.0	加热不熔化，分解为硬焦炭，使沥青呈黑色

按四组分分析法所得各组分的性状见表 4-2。

沥青的化学组分与沥青的物理、力学性质有着密切的关系，主要表现为沥青组分及其含量的不同将引起沥青性质趋向性的变化。一般认为：油分使沥青具有流动性；树脂使沥青具有塑性，树脂中含有少量的酸性树脂(即地沥青酸和地沥青酸酐)，是一种表面活性物质，能增强沥青与矿质材料表面的吸附性；沥青质能提高沥青的黏结性和热稳定性。

表 4-2　石油沥青四组分分析法所得各组分的性状

<table>
<tr><th colspan="2">组分</th><th>外观特征</th><th>平均分子量 M_w</th><th>碳氢比 C/H</th><th>物化特征</th></tr>
<tr><td colspan="2">沥青质</td><td>深褐色固体粉末微粒</td><td>1 000～5 000</td><td><1.0</td><td>提高热稳定性和黏滞性</td></tr>
<tr><td>饱和分</td><td rowspan="2">相当于油分</td><td>无色黏稠液体</td><td rowspan="2">300～1 000</td><td rowspan="2"><1.0</td><td rowspan="2">赋予沥青流动性</td></tr>
<tr><td>芳香分</td><td>茶色黏稠液体</td></tr>
<tr><td colspan="2">胶质</td><td>红褐色至黑褐色黏稠半固体</td><td>500～1 000</td><td>≈1.0</td><td>赋予胶体稳定性，提高黏附性及可塑性</td></tr>
<tr><td colspan="2">蜡</td><td>白色结晶</td><td>300～1 000</td><td><1.0</td><td>破坏沥青结构的均匀性，降低塑性</td></tr>
</table>

特别提示

一般认为，油分使沥青具有流动性，树脂使沥青具有塑性，树脂中含有少量的酸性树脂，是一种表面活性物质，能增强沥青与集料的吸附性，沥青质可以提高沥青的黏结性和热稳定性。

蜡在常温下以白色晶体存在于沥青中，当温度达到 45 ℃就会由固态转变为液态。蜡组分的存在对沥青性能的影响，是沥青性能研究的一个重要课题。现有研究认为：沥青中蜡的存在，在高温时使沥青容易发软，导致沥青的高温稳定性降低，出现车辙；同样，低温时会使沥青变得脆硬，导致路面低温抗裂性降低，出现裂缝。此外，蜡会使沥青与石料黏附性降低，在水分作用下，会使路面骨料与沥青产生剥落现象，造成路面破坏；更严重的是，沥青含蜡会使沥青路面的抗滑性降低，影响路面行车的安全。

3. 石油沥青的胶体结构

由于沥青的组分并不能全面地反映沥青材料的性质，沥青的性质还与沥青的结构有着密切的联系。

1）胶体理论

沥青质分散在低分子量的油分中，形成一种复杂的胶体系统。沥青质是憎油性的，而且在油分中是不溶解的，这两种组分混合会形成不稳定的体系，沥青质极易絮凝。沥青之所以能成为稳定的胶体系统，现代胶体学说认为，沥青中的沥青质是分散的，饱和分和芳香分是分散介质。但沥青质不能直接分散在饱和分和芳香分中，因此胶质分作为一种“胶溶剂”，沥青吸附了胶质分形成胶团后分散于芳香分和饱和分中。所以沥青的胶体结构是以沥青质为胶核，胶质分被吸附在其表面，并逐渐向外扩散形成胶团，胶团再分散于芳香分和饱和分中。

2）胶体的结构类型

根据沥青中各组分的化学组成和相对含量的不同，可以形成不同的胶体结构。沥青的胶体结构可分为下列三种类型：

（1）溶胶型结构：沥青质含量较少，饱和分和芳香分、胶质分足够多时，则沥青质形成的胶团全部分散，胶团能在分散介质中运动自如，如图 4-2(a)所示。这种结构沥青黏滞性小，流动性大，塑性好，开裂后自行愈合能力强，温度稳定性较差，是液体沥青结构的特征。

（2）凝胶型结构：沥青质含量很高，并有相应数量的胶质分来形成胶团，胶团的浓度大大增加，它们之间的相互吸引力增强，使胶团靠得很近，相互移动较困难，如图 4-2(b)所示。这种胶体结构的沥青，称为凝胶型沥青。这类沥青的特点是弹性和黏性较高，温度敏感性较小，流动性、塑性较低。

（3）溶-凝胶型结构：沥青质含量适当，有较多数量的胶质分存在，这样形成的胶团数量增多，胶团的浓度增加，胶团距离相对靠近，它们之间有一定的吸引力，如图 4-2(c)所示。这种介于溶胶结构和凝胶结构二者之间的结构称为溶-凝胶型结构。这类沥青在高温时具有较低的感

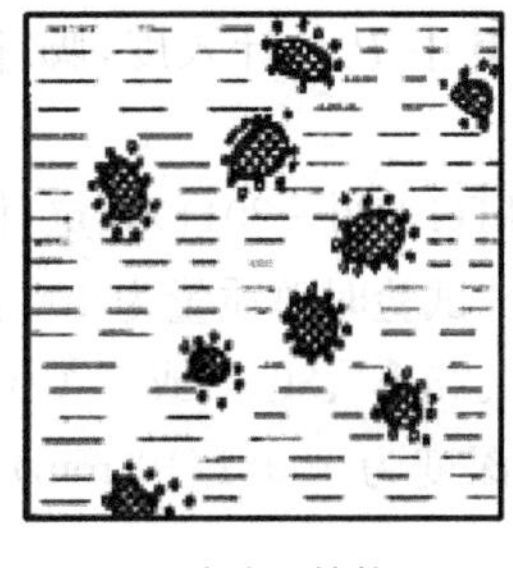

(a)溶胶型结构

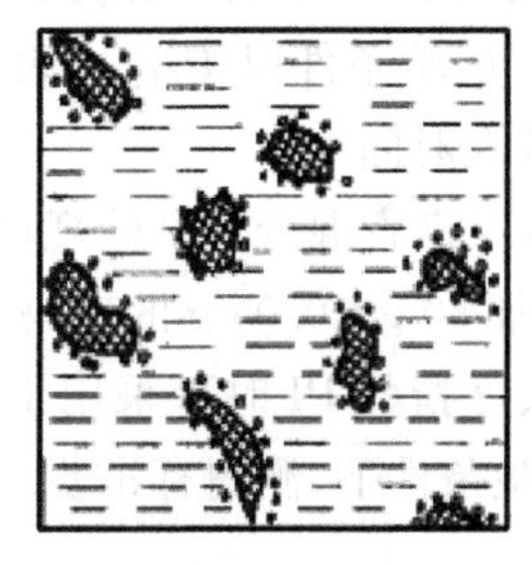

(b)溶-凝胶型结构

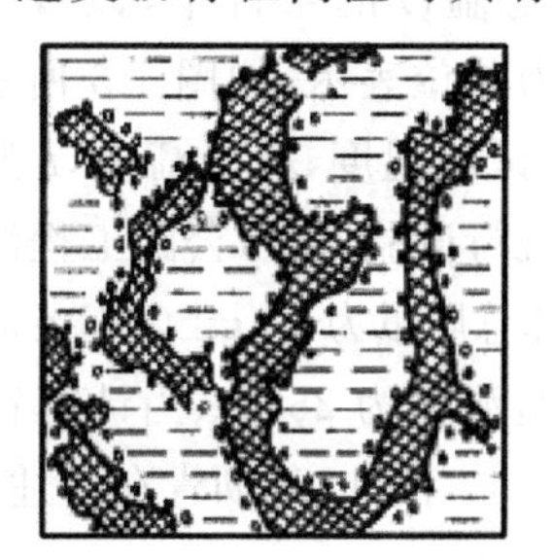

(c)凝胶型结构

图 4-2　沥青的胶体结构示意图

温性,低温时又具有较好的形变能力,是道路沥青中较为理想的结构。

3) 胶体结构类型的判定

沥青的胶体结构与其路用性能有着密切的关系。为了工程中使用方便,通常采用针入度指数法来评价胶体结构类型及其稳定性。该法是根据沥青的针入度指数(PI)值,按表 4-3 来划分其胶体结构类型。

表 4-3 沥青的针入度指数和胶体结构类型

沥青针入度指数	沥青胶体结构类型	沥青针入度指数	沥青胶体结构类型	沥青针入度指数	沥青胶体结构类型
<-2	溶胶型结构	$-2\sim+2$	溶-凝胶型结构	$>+2$	凝胶型结构

二、石油沥青的技术性质

在道路工程上使用的沥青必须具有良好的路用性能。沥青作为一种胶结材料,它应具备以下性质:

1. 黏滞性

沥青作为结合料而将各种矿质材料胶结为一个具有一定强度的整体,首先它应具备有一定的黏滞性。黏滞性又称黏性,是指沥青材料在外力作用下,沥青粒子产生相互位移时抵抗剪切变形的能力。沥青的黏滞性是与沥青路面的力学性质联系最密切的一种性质。在现代交通条件下,为防止高温时路面出现车辙及过多的变形,沥青黏度是一个很重要的参数,该参数也是目前我国进行沥青标号划分的依据。黏滞性随沥青的组分和温度而定:沥青质含量高,黏滞性大;温度升高,黏滞性降低。由于绝对黏度的测定方法比较复杂,因此,在实际应用上多测定沥青的相对黏度。

测定沥青相对黏度的主要方法是针入度仪法和标准黏度计法。

1) 针入度

针入度试验是国际上普遍采用测定黏稠石油沥青稠度的一种方法。沥青的针入度是沥青试样在规定温度的条件下,以规定荷载的标准针,在规定的时间内贯入沥青试样的深度,以1/10 mm为单位表示,如图 4-3 所示。试验条件以 $P_{(T,m,t)}$ 表示,其中 P 为针入度,脚标表示试验条件:T 为试验温度,m 为荷重,t 为贯入时间。

我国现行试验方法《公路工程沥青及沥青混合料试验规程》(JTG E20—2011)规定:标准针和针连杆组合件总质量为 50 g±0.05 g,另加 50 g±0.05 g 的砝码一个,试验时总质量为 100 g±0.05 g,常用的试验温度为 25 ℃(当计算针入度指数 PI 时可采用 15 ℃、25 ℃、30 ℃或 5 ℃),标准针贯入时间为 5 s。例如:某沥青在上述试验条件下,测得标准贯入的深度为 100(1/10 mm),则其针入度值可表示为:

$$P_{(25\ ℃,100\ g,5\ s)}=100(1/10\ mm)$$

技术提示

我国现行黏稠石油沥青技术标准中，针入度是划分沥青技术等级的主要指标。在相同试验条件下，针入度值越大，表明沥青愈软(稠度愈小)。实质上，针入度是测量沥青稠度的一种指标，通常稠度高的沥青其黏度亦高。

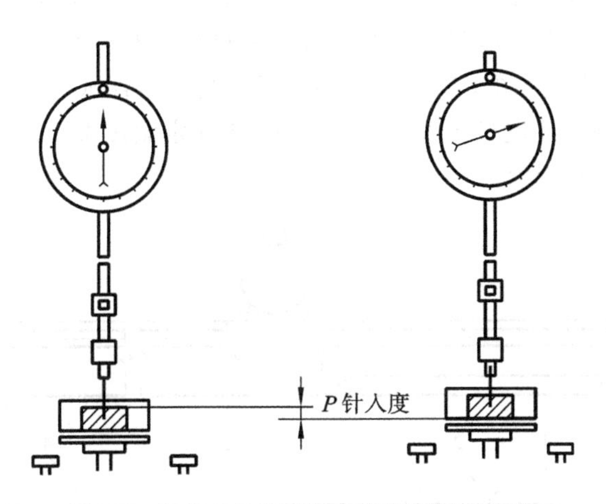

图 4-3　针入度法测定黏稠沥青稠度示意图

2)黏度

黏度又称黏滞度，是测定液体石油沥青、煤沥青和乳化沥青等黏性的常用技术指标。

黏度是指沥青试样在规定温度下，通过规定孔径，流出 50 mL 试样所需的时间，以 s 为单位。我国目前采用道路标准黏度计(见图 4-4)测定。

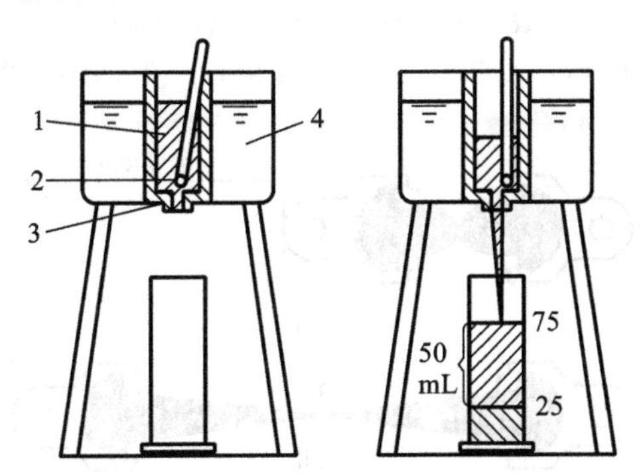

图 4-4　标准黏度计测定液体沥青示意图

1—沥青试样；2—活动球杆；3—流孔；4—水

根据《公路工程沥青及沥青混合料试验规程》(JTG E20—2011)规定：液体状态的沥青材料，在标准黏度计中，于规定的温度条件(20 ℃、25 ℃、30 ℃或 60 ℃)下，通过规定的流孔直径(3 mm、4 mm、5 mm 及 10 mm)流出 50 mL 体积沥青所需的时间，以 s 计。试验条件以 $C_{(T,d)}$ 表示。其中 C 为黏度，T 为试验温度，d 为流孔直径。

如某沥青在 60 ℃时，自 5 mm 孔径流出 50 mL 沥青所需时间为 100 s，则黏度表示为：$C_{(60,5)}=100$ s。试验温度和流孔直径根据液体状态沥青的黏度选择。在相同温度和相同流孔条件下，流出时间越长，表示沥青黏度越大。

我国液体沥青是采用标准黏度来划分技术等级的。

2. 塑性

塑性是指沥青在外力作用下发生变形而不被破坏，除去外力后，仍能保持所获得的变形的能力。沥青路面之所以有良好的柔性，在很大程度上取决于这种性质。

我国现行试验方法《公路工程沥青及沥青混合料试验规程》(JTG E20—2011)规定：沥青的塑性用延度表示，用延度仪(见图 4-5)测定。沥青延度是将沥青试样制成∞字形标准试模(中间最小截面为 1 cm^2)，在规定速度(5±0.25) cm/min 和规定温度 25 ℃或 15 ℃下拉断时延长的长度，以 cm 表示，如图 4-6 所示。

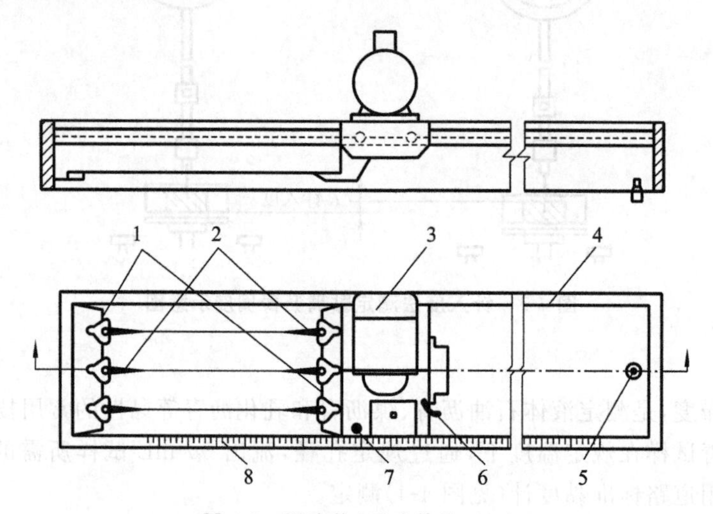

图 4-5　延度仪(尺寸单位：mm)

1—试模；2—试样；3—电机；4—水槽；5—泄水孔；6—开关柄；7—指针；8—标尺

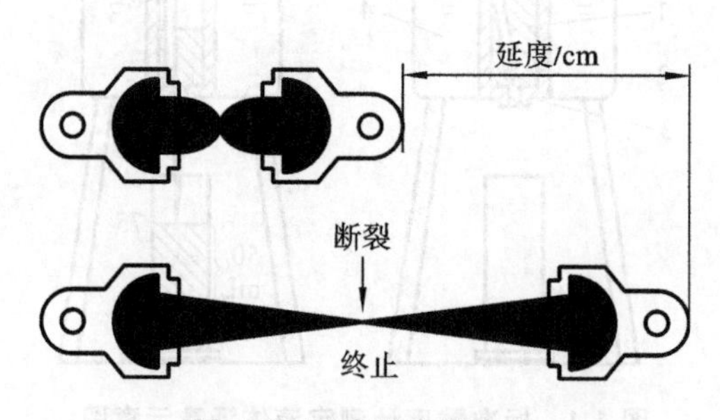

图 4-6　延度测定示意图

技术提示

沥青中树脂含量多，油分及沥青质含量适当，则塑性较大。当温度升高，塑性增大，沥青膜层愈厚则塑性愈高；反之，塑性愈差。在常温下，塑性好的沥青不易产生裂缝，并减少摩擦时的噪声，同时它对于沥青在温度降低时抵抗开裂的性能有着重要影响。沥青的延度越大，塑性越好，柔性和抗断裂性越好。

3. 温度稳定性

温度稳定性(感温性)是指沥青的黏滞性和塑性随温度升降而变化的性能。当温度升高时，沥青由固态或半固态逐渐软化成黏流状态，当温度降低时，由黏流态转变为半固态或固态，甚至变脆。温度稳定性高的沥青，使用时不易因夏季高温而软化，也不易因冬季低温而变脆。在工程上使用的沥青要求具有良好的温度稳定性。

1) 软化点

沥青材料是一种非晶质高分子材料，它由液态凝结为固态，或由固态熔化为液态时，没有敏锐的固化点或液化点，通常采用硬化点和滴落点来表示。沥青材料在硬化点至滴落点之间的温度阶段时，是一种黏滞流动的状态。在工程实用中为保证沥青不致由于温度升高而产生流动的状态，因此取液化点与固化点之间温度间隔的 87.21%为软化点。软化点用来表示沥青的高温敏感性。

我国现行规范《公路工程沥青及沥青混合料试验规程》(JTG E20—2011)规定：沥青软化点一般采用环球法软化点仪(见图 4-7)测定。该方法是将沥青材料加热注入规定尺寸的两个铜环(内径 19.8 mm，高约 4.4 mm)内，将铜环装于试验架的中层板上，在环内的沥青试样上各放置一个标准钢球(直径 9.5 mm、重 3.5 g)，然后将其架置于盛有规定容积液体(新煮的蒸馏水或甘油)的烧杯内，并在规定起始温度(5 ℃或 32 ℃)，以 5 ℃/min 的加热速度，一直加热到沥青软化。由于钢球质量使沥青试样下垂至试验架底板接触时的温度，即试样的软化点。

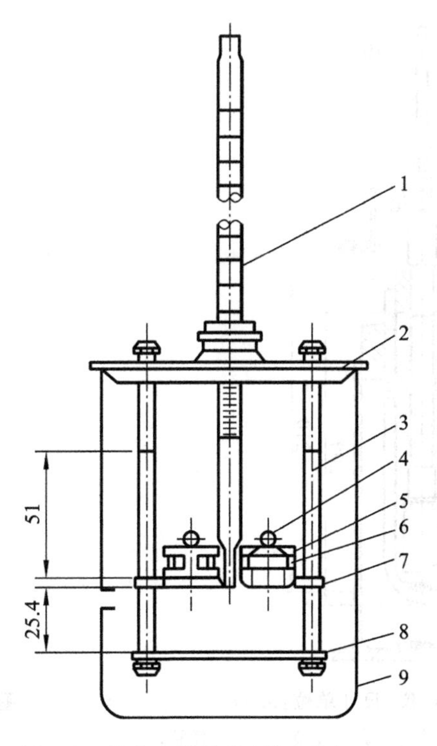

图 4-7 软化点试验仪(尺寸单位：mm)

1—温度计；2—上盖板；3—立杆；4—钢球；5—钢球定位环；6—金属环；7—中层板；8—下底板；9—烧杯

根据已有研究认为，任何一种沥青材料当其达到软化点温度时，其黏度相同，即皆为1 200 Pa·s，或相当于针入度值为800(0.1 mm)。软化点试验实际上是测量沥青在一定外力(钢球)作用下开始产生流动并达到一定变形时的温度，可以认为软化点是一种人为的“等黏温度”。

技术提示

由此可见，针入度是在规定温度下沥青的条件黏度，而软化点则是沥青达到规定条件黏度时的温度。软化点既是反映沥青材料感温性的一个指标，也是沥青黏度的一种量度。软化点愈高，表明沥青的耐热性愈好，即温度稳定性愈好。

针入度、延度、软化点是评价黏稠石油沥青路用性能最常用的经验指标，所以通称“三大指标”，是目前我国在路用领域中对沥青提出的最基础指标。

2) 脆点

脆点是指沥青材料由黏稠状态转变为固体状态达到条件脆裂时的温度。脆点用来表示沥青的低温抗裂性。

我国现行规范《公路工程沥青及沥青混合料试验规程》(JTG E20—2011)规定，采用弗拉斯法测定沥青脆点。脆点试验是将沥青试样均匀涂在金属片上，置于有冷却设备的脆点仪(见图4-8)内，摇动脆点仪的曲柄，使涂有沥青的金属片产生重复弯曲，随制冷剂温度降低，沥青薄膜温度也逐渐降低，当沥青薄膜在规定弯曲条件下产生断裂时的温度即脆点。弯曲器如图4-9所示。

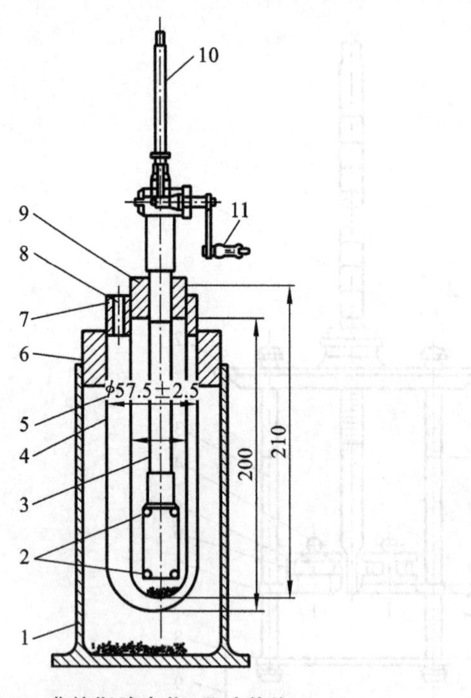

图 4-8　弗拉斯脆点仪(尺寸单位：mm)

1—外筒；2—平钳；3—硬塑料管；4—真空玻璃管；5—试样管；6，7，9—橡胶管；8—通冷却液管道；10—温度计；11—摇把

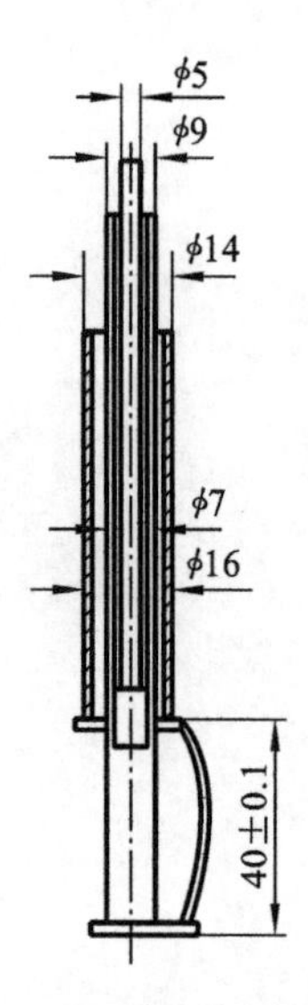

图 4-9　弯曲器(尺寸单位：mm)

在工程实际应用中，要求沥青具有较高的软化点和较低的脆点，否则容易发生沥青材料在夏季容易流淌或冬季容易变脆甚至开裂等现象。

特别提示

不同的沥青软化点不同，大致在 35～100 ℃。软化点越高，说明沥青的耐热性越好，但是软化点过高，又不易加工。软化点较低的沥青，夏季高温时容易产生变形，甚至出现流淌现象。所以，在实际应用中，总希望沥青具有高软化点和低脆点（当温度在非常低的范围内，整个沥青就好像玻璃一样脆硬，一般称为“玻璃态”，沥青由玻璃态向高弹态转变的温度即沥青的脆化点）。为了提高沥青的耐寒性和耐热性，常常对沥青进行改性，如在沥青中掺入橡胶、增塑剂和树脂等材料。

4. 加热稳定性

沥青在加热过程中，会发生轻质馏分挥发、氧化、裂化、聚合等一系列物理及化学变化，使沥青的化学组成及性质相应地发生变化，这种性质称为沥青热稳定性。

为了解沥青材料在路面施工及使用过程中的耐久性，规范《公路工程沥青及沥青混合料试验规程》（JTG E20—2011）规定：要对沥青材料进行加热质量损失和加热后残渣性质的试验，道路黏稠石油沥青采用蒸发损失试验、沥青薄膜加热试验，液体石油沥青采用沥青的蒸馏试验。

1）沥青的蒸发损失试验

将 50 g 沥青试样装入盛样皿（筒状，内径 55 mm，深 35 mm）中，置于烘箱内，在 163 ℃下保持受热时间 5 h，冷却后测定其质量损失，并测定残留物的针入度。

沥青经加热损失试验后，沥青中轻质馏分挥发，不稳定成分发生氧化、聚合等作用，导致残留物性能与原始材料性能有很大的差别。主要表现为针入度减小，软化点升高和延度降低。

在沥青的蒸发损失试验中，沥青试样的厚度约为 21 mm，受热时与空气接触面积较小，只有表面薄层的沥青发生氧化。而在实际使用沥青时，往往需要将沥青与矿料在较高的温度下拌和均匀，实际使用的沥青呈薄膜状分布，沥青与空气的接触面积较大，所以对重交通量用道路黏稠石油沥青采用沥青薄膜加热试验。

2）沥青薄膜加热试验

沥青薄膜加热试验是将 50 g 沥青试样装入盛样皿（内径 140 mm，深 9.5～10 mm）内，使沥青成为厚约 3.2 mm 的沥青薄膜。沥青薄膜在（163±1）℃的标准薄膜加热烘箱（见图 4-10）中加热 5 h 后取出冷却，测定其质量损失，并按规定的方法测定残留物的针入度、延度等技术指标。

3）旋转薄膜烘箱试验

旋转薄膜烘箱试验是将沥青试样在垂直方向旋转，沥青膜较薄，能连续鼓入热空气，以加速老化，使试验时间缩短为 75 min，而且试验结果精度较高。

4）液体石油沥青蒸馏试验

液体石油沥青蒸馏试验是将沥青在标准曲颈蒸馏器内加热测定。选择馏出阶段较接近，同时具有相同物理、化学性质的馏分含量，以占试样体积百分率表示。除非特殊要求，各馏分蒸馏的标准切换温度为 225 ℃、316 ℃、360 ℃。通过此试验可了解液体石油沥青含各温度范围内轻质挥发油的数量，并可根据对残留物的性质测定预估液体沥青在道路路面中的性质。

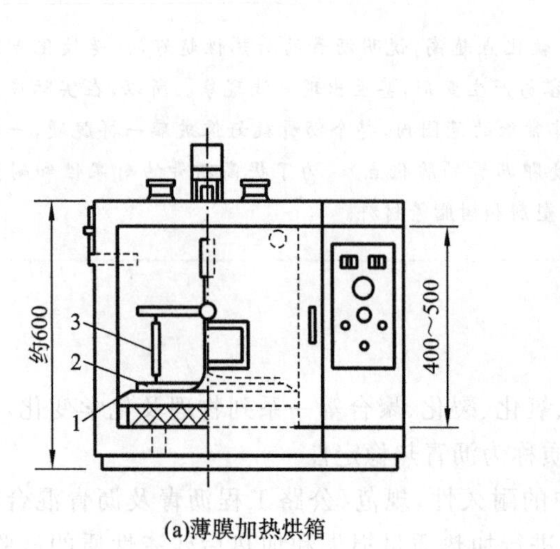

(a)薄膜加热烘箱

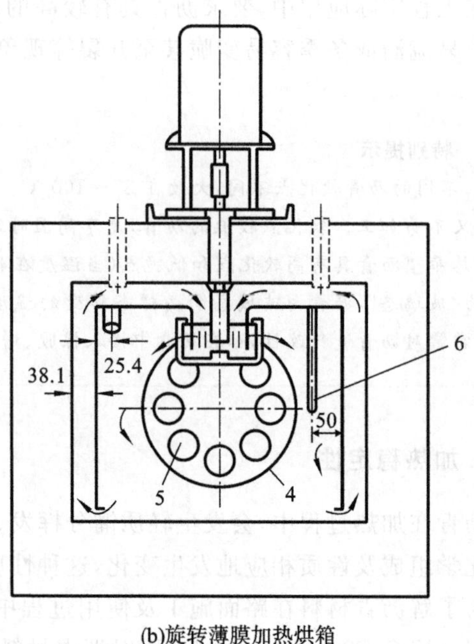

(b)旋转薄膜加热烘箱

图 4-10　沥青薄膜加热烘箱(尺寸单位:mm)

1—转盘;2—试样;3—温度计;4—垂直转盘;5—盛样瓶插孔;6—试验温度计

5. 安全性

沥青材料在使用时通常要加热,当加热到一定温度时,沥青材料中挥发的油分蒸气与周围空气组成的混合气体,遇火焰极易燃烧,以致引起火灾。为此必须测定沥青的闪点和燃点,以保证施工安全。

1) 闪点

沥青试样在规定的盛样器内,按规定的加热速度加热至一定温度时,用点火器的试焰沿试验杯口水平扫过,当试样液面上首次出现一闪即灭的蓝色火焰时,此时的温度即为闪点(闪火点)。

2) 燃点

按规定的加热速度继续加热,并按上述要求用点火器的试焰从杯口水平扫过,当试样表面接触火焰立即着火,并持续燃烧 5 s 以上时,此时的温度即燃点(着火点)。

闪点和燃点的温度值愈高,表示沥青的使用愈安全。闪点、燃点温度一般相差 10 ℃左右。

闪点和燃点是保证沥青加热质量和施工安全的一项重要指标。我国现行规范《公路工程沥青及沥青混合料试验规程》(JTG E20—2011)常用克利夫兰开口杯式闪点仪(见图 4-11)测定。

6. 溶解度

沥青的溶解度是指石油沥青在三氯乙烯中溶解的百分率(即有效物质含量)。那些不溶解的物质为有害物质(沥青碳、似碳物),会降低沥青的性能,应加以限制。

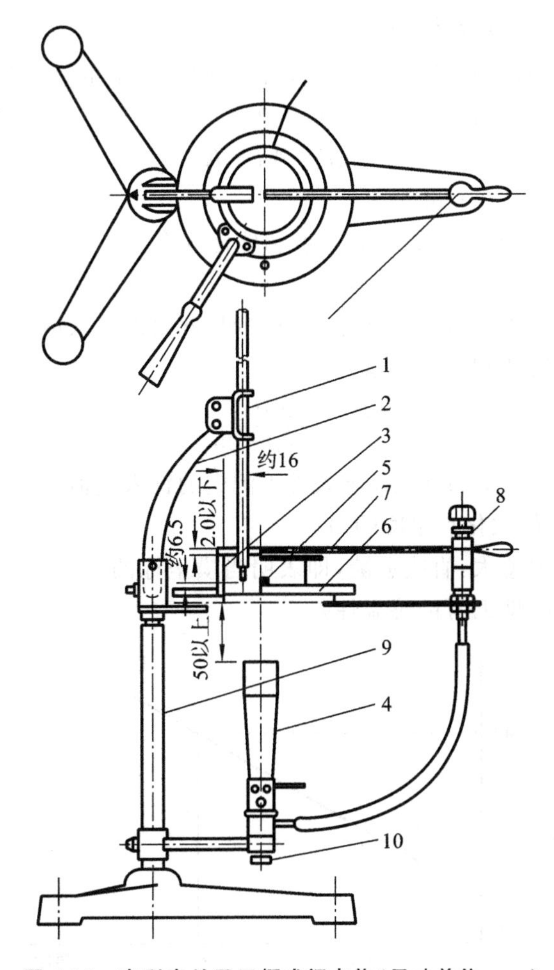

图 4-11 克利夫兰开口杯式闪点仪（尺寸单位：mm）

1—温度计；2—温度计支架；3—金属试验杯；4—加热器具；5—试验标准球；6—加热板；7—试验火焰喷嘴；8—试验火焰调节开关；9—加热板支架；10—加热器调节钮

7. 含水量

含水量是指沥青试样内含有水分的数量，以质量百分率表示。

沥青中如含有水分，施工中挥发太慢，影响施工速度，所以要求沥青中含水量不宜过多。在加热过程中，如水分过多，当沥青加热时会形成泡沫，泡沫的体积随温度的升高而增大，最终使沥青从熔锅中溢出，除损失沥青材料外，溢出的泡沫还可能引起火灾。所以，在熔化沥青时应加快搅拌速度，促进水分蒸发，控制加热温度。

沥青的含水量用沥青含水量测定仪测定。液体沥青可直接抽提，黏稠沥青需加挥发性溶剂（二甲苯等）以助水分蒸发。

8. 针入度指数

针入度指数（PI）是应用经验的针入度和软化点试验结果来表征沥青感温性的一种指标。同时，也可采用针入度指数值来判别沥青的胶体结构状态。

1）针入度-温度感应性系数 A

荷兰学者普费等人经过大量试验发现，沥青在不同温度下的针入度值，若以针入度的对数为纵坐标，以温度为横坐标，可得到图 4-12 所示的直线关系，可以用下式表示。

$$\lg P = AT + K \tag{4-1}$$

式中：P——沥青的针入度(0.1 mm)；

A——针入度-温度感应性系数，由针入度和软化点确定；

K——截距。

根据试验研究认为，各种沥青达到软化点(T_m)时，此时的针入度恒等于 800(1/10 mm)。因此针入度-温度感应性系数 A 可由下式表示：

$$A = \frac{\lg 800 - \lg P_{(25\ ℃,100\ g,5\ s)}}{T_m - 25} \tag{4-2}$$

式中：$P_{(25\ ℃,100\ g,5\ s)}$——在 25 ℃、100 g、5 s 条件下测定的针入度值(0.1 mm)；

T_m——环球法测定的软化点温度(℃)。

A 是直线的斜率，A 值愈大，直线愈陡，即表明当横坐标的温度 T 有微小变化时，纵坐标的针入度值就有明显的变化，即沥青的感温性差。

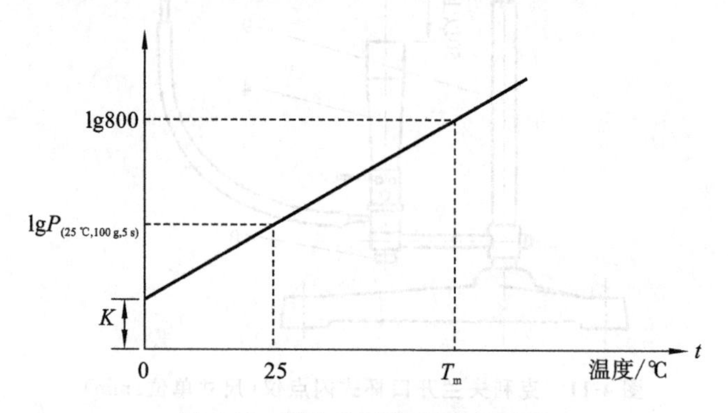

图 4-12 针入度对数-温度关系图

例 4-1 某沥青试样Ⅰ，测得其软化点的温度为 57 ℃，25 ℃时的针入度为 150(0.1 mm)；沥青试样Ⅱ的软化点温度为 47 ℃，25 ℃时的针入度为 89(0.1 mm)。试比较沥青试样Ⅰ与沥青试样Ⅱ的感温性。

解 $A_{Ⅰ} = \frac{\lg 800 - \lg P_{(25\ ℃,100\ g,5\ s)}}{T_m - 25} = \frac{\lg 800 - \lg 150}{57 - 25} = 0.022\ 7$

$A_{Ⅱ} = \frac{\lg 800 - \lg P_{(25\ ℃,100\ g,5\ s)}}{T_m - 25} = \frac{\lg 800 - \lg 89}{47 - 25} = 0.043\ 3$

$\because A_{Ⅱ} > A_{Ⅰ}$

∴试样Ⅰ的感温性好。

2）针入度指数的确定

(1) 公式：沥青针入度指数 PI 是针入度和软化点的函数。针入度-温度感应性系数(A)与针入度指数(PI)的关系如下式。

$$\mathrm{PI} = \frac{30}{1 + 50A} - 10 \tag{4-3}$$

(2) 针入度指数也可根据针入度指数诺模图求得。

(3) 针入度指数可将沥青划分为三种胶体结构类型，即针入度指数 PI＜－2 者为溶胶型结构，针入度指数 PI＞＋2 者为凝胶型结构，针入度指数 PI＝－2～＋2 者为溶-凝胶型结构。

例 4-2 某石油化工生产的丙-丁脱溶剂沥青，在标准条件下，经检测其针入度为 68(0.1 mm)，软化点为 48 ℃，试确定其针入度指数并判别其胶体结构类型。

解

$$PI=\frac{30}{1+50A}-10=\frac{30}{1+50\left(\frac{\lg 800-\lg 68}{48-25}\right)}-10=-0.98$$

∵ $-2<PI<2$

∴该沥青属于溶-凝胶结构。

9. 劲度模量

劲度模量是表示沥青黏性和弹性联合效应的指标。大多数沥青在变形时呈现黏-弹性。当变形量较小，荷载作用时间较短时，以弹性形变为主；反之，以黏性形变为主。

范·德·波尔在论述黏-弹性材料(沥青)的抗变形能力时，以荷载作用时间(t)和温度(T)作为应力(σ)与应变(ε)之比的函数，即在一定荷载作用时间和温度条件下，应力与应变的比值称为劲度模量(简称劲度)S_b，故劲度模量可表示为：

$$S_b=\left(\frac{\sigma}{\varepsilon}\right)_{t,T} \tag{4-4}$$

沥青的劲度(S_b)与温度(T)、荷载作用时间(t)和沥青流变类型(针入度指数 PI)等参数有关：

$$S_b=f(T,t,PI) \tag{4-5}$$

式中：T——欲求劲度时的路面温度与沥青软化点之差值(℃)；

t——荷载作用时间(s)；

PI——针入度指数。

沥青劲度模量最常用的求算方法是沥青劲度模量诺模图(见图 4-13)。用此诺模图时需要如下四个参数：

(1) 针入度为 800 时的温度 T_{800}，对于用作沥青混合料的沥青，此时大致取其等于软化点。

(2) 针入度指数 PI 通过计算或诺模图来确定。

(3) 温度差即路面实际温度与环球法软化点之间的温差。

(4) 加荷时间频率：对于路上的交通，有代表性的是 0.02 s(车速 50～60 km/h)。

根据上述参数求其劲度模量，可作为实际工程中的参考数值。

例 4-3 已知沥青软化点为 50 ℃，针入度指数为 1，路面温度 T 为－30 ℃，荷载作用频率为 20^{-1} s，求沥青的劲度模量。

解

①在 A 线上找到加载时间为 20^{-1} s 的点为 a。

②已知路面温度与软化点之间的温差为 0 ℃，在 B 线上找到 80 ℃的点为 b。

③在针入度指数的标尺上找到＋1，作一条水平线。

④连接 a、b 两点，并延长至与针入度指数为＋1 的水平线相交点的劲度曲线延伸至顶点，即

为劲度模量 $S_b=300$ MPa。

10. 黏附性

沥青克服外界不利影响因素(如环境对沥青的老化、水对沥青膜的剥离等)在集料表面的附着能力称为沥青的黏附性。黏附性直接影响沥青路面的使用质量和耐久性,是评价沥青技术性能的一项重要指标。

沥青黏附性的好坏首先与沥青自身的特点密切相关,随着沥青稠度的增加或沥青中一些类似沥青酸的活性物质的增加,其黏附性加大。同时,集料的亲水性程度也直接决定着沥青和集料之间黏附性的优劣,使用憎水碱性石料时的黏附性优于使用亲水酸性石料的黏附性。所以采用石灰岩集料拌制的沥青混合料,其黏附性明显好于花岗岩沥青混合料。

目前沥青与集料之间黏附性好坏的常规评价方法是水煮法或水浸法,是通过一定条件考察集料表面的沥青膜抵抗水的剥离能力来判定沥青黏附性的好坏。

11. 耐久性

路用沥青在储运、加热、拌和、摊铺、碾压、交通荷载和自然因素的作用下,会产生一系列的物理-化学变化,从而使沥青逐渐改变其原有性能而变硬、变脆,使沥青的路用性能明显变差,这种变化称为沥青的老化。

引起沥青老化的直接因素有如下几点。①热的影响:热能加速沥青内部组分的挥发变化,促进沥青的化学反应,最终导致沥青性能劣化。②氧的影响:空气中的氧被沥青吸收后产生氧化反应,改变沥青的组成比例从而引起老化。③光的影响:日光(特别是紫外光)照射沥青后,使沥青产生光化学反应,促进沥青的氧化过程加速。④水的影响:水在光、热和氧共同作用时,起到加速老化的催化作用。⑤渗流硬化:沥青中轻组分渗流到矿料的孔隙中导致沥青的硬化。从以上因素可以看出,沥青的老化过程是诸多因素综合作用的结果,这一结果最终导致沥青发硬、变脆,引起沥青路面开裂,产生道路危害。

目前评价沥青抗老化能力的试验方法大多是模拟沥青在拌和过程中加热条件下产生的老化效果。反映沥青老化的技术指标主要有加热质量损失和加热后残渣针入度比、残留延度等。

三、石油沥青的技术标准

1. 道路石油沥青的技术要求

《公路沥青路面施工技术规范》(JTG F40—2004)中,沥青等级划分以沥青路面的气候条件为依据,在同一个气候分区内,根据道路等级和交通特点再将沥青分为1~3个不同的针入度等级。道路石油沥青的技术要求如表4-4所示。不同等级道路石油沥青具有不同的适用范围(见表4-5)。

2. 道路液体石油沥青的技术要求

液体石油沥青按照凝结速度分为快凝、中凝、慢凝三个等级。除黏度的要求外,不同温度的蒸馏馏分含量及残留物性质、闪点和含水量等亦有相应的技术要求(见表4-6)。

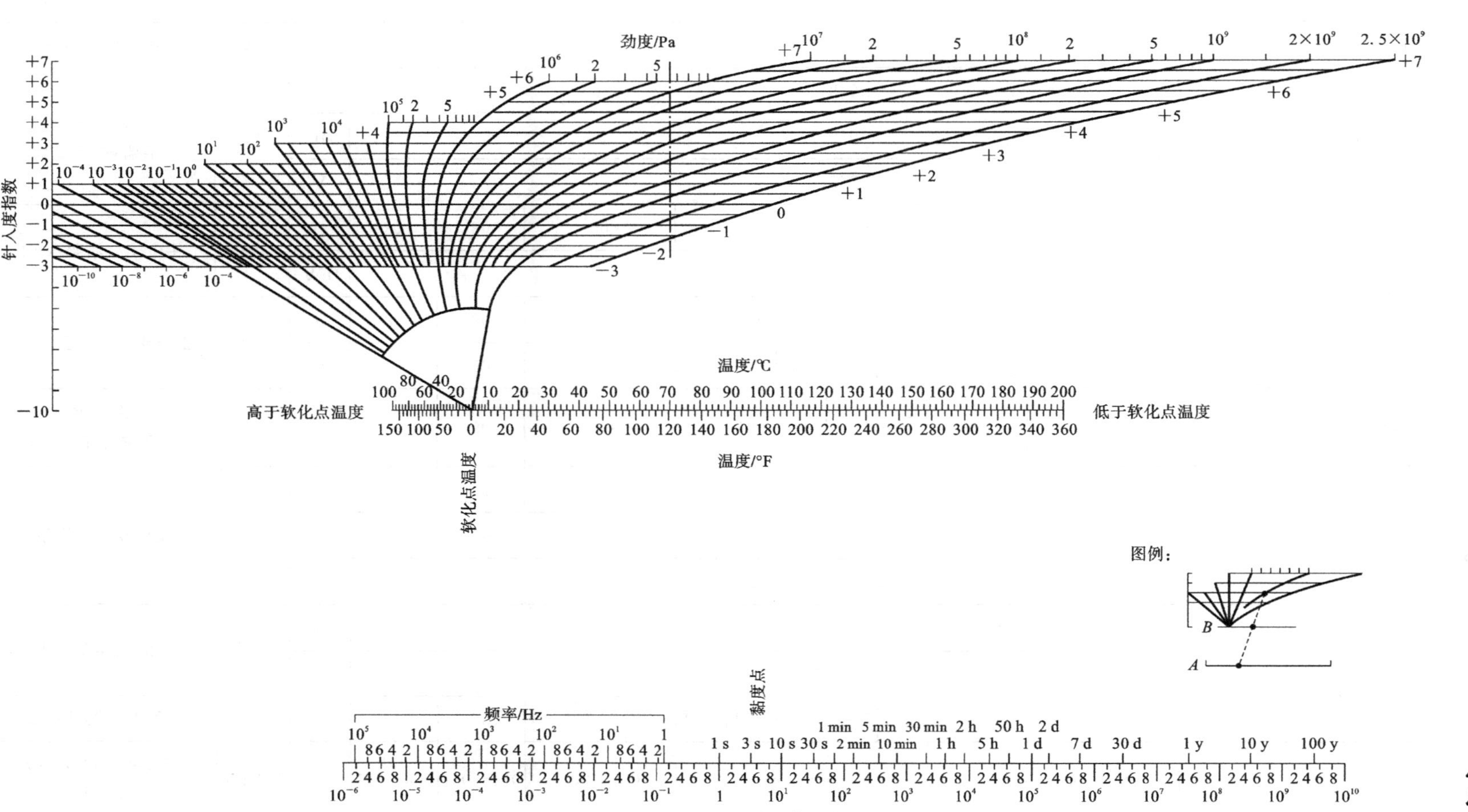

图 4-13 沥青劲度模量诺模图

表 4-4　道路石油沥青技术要求

指标	单位	等级	沥青标号																	试验方法[1]
			160号[4]	130号[4]	110号			90号					70号[3]					50号[3]	30号[4]	
针入度（25 ℃,100 g,5 s）	0.1 mm		140～200	120～140	100～120			80～100					60～80					40～60	20～40	T 0604
适用的气候分区[6]			注[4]	注[4]	2-1	2-2	3-2	1-1	1-2	1-3	2-2	2-3	1-3	1-4	2-2	2-3	2-4	1-4	注[4]	注[6]
针入度指数PI[2]		A	−1.5～+1.0																	T 0604
		B	−1.8～+1.0																	
软化点　不小于	℃	A	38	40	43			45			44		46		45			49	55	T 0606
		B	36	39	42			43			42		44		43			46	53	
		C	35	37	41			42					43					45	50	
60 ℃动力黏度[2]　不小于	Pa·s	A	—	60	120			160			140		180		160			200	260	T 0620
10 ℃延度[2]　不小于	cm	A	50	50	40			45	30	20	30	20	20	15	25	20	15	15	10	T 0605
		B	30	30	30			30	20	15	20	15	15	10	20	15	10	10	8	
15 ℃延度　不小于	cm	A、B	100															80	50	
		C	80	80	60			50					40					30	20	
蜡含量(蒸馏法)　不大于	%	A	2.2																	T 0615
		B	3.0																	
		C	4.5																	
闪点　不小于	℃		230					245					260							T 0611
溶解度　不小于	%	99.5																		T 0607

续表

指标	单位	等级	沥青标号							试验方法[1]
			160号[4]	130号[4]	110号	90号	70号[3]	50号[3]	30号[4]	
密度(15 ℃)	g/cm³		实测记录							T 0603
TFOT(或RTFOT)后[5]										T 0610或T 0609
质量变化　不大于	%		±0.8							
残留针入度比(25 ℃)不小于	%	A	48	54	55	57	61	63	65	T 0604
		B	45	50	52	54	58	60	62	
		C	40	45	48	50	54	58	60	
残留延度(10 ℃)不小于	cm	A	12	12	10	8	6	4	—	T 0605
		B	10	10	8	6	4	2	—	
残留延度(15 ℃)不小于	cm	C	40	35	30	20	15	10	—	T 0605

注:(1) 试验方法按照现行《公路工程沥青及沥青混合料试验规程》(JTG E20—2011)规定的方法执行。用于仲裁试验求取PI的5个温度的针入度相关系数不得小于0.997。

(2) 经建设单位同意,表中PI值、60 ℃动力黏度、10 ℃延度可作为选择性指标,也可不作为施工质量检验指标。

(3) 70号沥青可根据需要要求供应商提供针入度范围为60～70或70～80的沥青,50号沥青可要求提供针入度范围为40～50或50～60的沥青。

(4) 30号沥青仅适用于沥青稳定基层。130号和160号沥青除寒冷地区可直接在中低级公路上应用外,通常用作乳化沥青、稀释沥青、改性沥青的基质沥青。

(5) 老化试验以TFOT为准,也可以RTFOT代替。

(6) 见《公路沥青路面施工技术规范》(JJG F40—2004)附录A。

表4-5　道路石油沥青的适用范围

沥青等级	适用范围
A级沥青	各个等级的公路,适用于任何场合和层次
B级沥青	(1)高速公路、一级公路沥青下面层及以下的层次,二级及二级以下公路的各个层次;(2)用做改性沥青、乳化沥青、改性乳化沥青、稀释沥青的基质沥青
C级沥青	三级及三级以下公路的各个层次

表 4-6 道路用液体石油沥青技术要求

试验项目		快凝		中凝						慢凝						试验方法
		AL(R)-1	AL(R)-2	AL(M)-1	AL(M)-2	AL(M)-3	AL(M)-4	AL(M)-5	AL(M)-6	AL(S)-1	AL(S)-2	AL(S)-3	AL(S)-4	AL(S)-5	AL(S)-6	
黏度/s	$C_{25.5}$	<20	—	<20	—	—	—	—	—	<20	—	—	—	—	—	T 0621
	$C_{60.5}$	—	5~15	—	5~15	16~25	26~40	41~100	101~200	—	5~15	16~25	26~40	41~100	101~200	
蒸馏体积/(%)	225 ℃前	>20	>15	<10	<7	<3	<2	0	0	—	—	—	—	—	—	T 0632
	315 ℃前	>35	>30	<35	<25	<17	<14	<8	<5	—	—	—	—	—	—	
	360 ℃前	>45	>35	<50	<35	<30	<25	<20	<15	<40	<35	<25	<20	<15	<5	
蒸馏后残留物	针入度(25 ℃)/(1/10mm)	60~200	60~200	100~300	100~300	100~300	100~300	100~300	100~300	—	—	—	—	—	—	T 0604
	延度(25 ℃)/cm	>60	>60	>60	>60	>60	>60	>60	>60	—	—	—	—	—	—	T 0605
	浮漂度(5 ℃)/s	—	—	—	—	—	—	—	—	<20	>20	>30	>40	>45	>50	T 0631
闪点(TOC)/℃		>30	>30	>65	>65	>65	>65	>65	>65	>70	>70	>100	>100	>120	>120	T 0633
含水量/(%) 不大于		0.2	0.2	0.2	0.2	0.2	0.2	0.2	0.2	2.0	2.0	2.0	2.0	2.0	2.0	T 0612

任务 2 煤沥青

一、煤沥青的分类

煤沥青是将烟煤在隔绝空气的条件下进行干馏而得到的挥发物质，经冷凝而成的黑色黏性液体——煤焦油，再经分馏加工提出各种油质后的产品。

根据煤干馏温度的不同，可分为高温(700 ℃以上)煤焦油和低温(450 ℃～700 ℃)煤焦油。路用煤沥青主要是由炼焦或制造煤气得到的高温煤焦油加工而得。由高温焦油所获得的煤沥青数量多，质量好(低沸点油分含量少，温度稳定性和气候稳定性好)；而低温煤焦油则相反，获得的数量少，且往往质量较差(低沸点油分和不饱和分子物质含量多)。

煤沥青可分软煤沥青和硬煤沥青两种：软煤沥青是煤焦油蒸馏出轻油及部分中油后所得的产品；硬煤沥青是将其中重油、蒽油也分离出来所得的残留物，常温下一般呈固体。由于煤沥青游离碳含量极高，脆性大，不能直接用于修筑道路路面，只能作为掺配合成沥青的材料。

二、煤沥青的化学组分与结构

1. 煤沥青的化学组分

利用选择性溶解的组分分析方法，可将煤沥青划分为几个化学性质、路用性质相近的组分，包括油分、软树脂、硬树脂和游离碳等四个组分，油分又可分为中性油、酚、萘、蒽。煤沥青各组分的特性见表 4-7。

表 4-7　煤沥青各组分的特性

化学组分		组分特性	对煤沥青性能的影响
游离碳		不溶于苯，加热不熔，高温分解	提高黏度和温度稳定性，增加低温脆性
树脂	硬树脂	类似石油沥青中的沥青质	提高沥青温度稳定性
	软树脂	赤褐色黏-塑性物质，溶于氯仿	增加沥青延性
油分		液态碳氢化合物	—
萘		溶于油分中，低温结晶析出，常温下易挥发，有毒性	影响低温变形能力，加速沥青老化
蒽			
酚		溶于油分及水，易氧化，有毒性	加速沥青老化

2. 煤沥青的胶体结构

煤沥青的胶体结构和石油沥青类似，也是复杂的胶体分散系。游离碳和硬树脂组成的胶体微粒为分散相，油分为分散介质，而软树脂则吸附于固体分散胶粒周围，逐渐向外扩散，并溶解于油分中，使分散系形成稳定的胶体物质。

三、煤沥青的技术性质与技术标准

1. 煤沥青的技术性质

煤沥青与石油沥青相比，由于两者组分不同，因此煤沥青在技术性质上有下列差异：

1）温度稳定性差

由于可溶性树脂含量较多，受热易软化，故温度稳定性差，因此煤沥青的加热温度和时间都要严格控制，更不宜反复加热，否则易引起性质加剧变化。

2）气候稳定性差

由于煤沥青中含有较高含量的不饱和碳氢化合物，这些化合物在空气中的氧气、日光的温度和紫外线以及大气降水的长期综合作用下，易老化变脆。

3）塑性较差

因煤沥青中含有的较多的游离碳降低了塑性，在使用时易因受力变形而开裂。

4）与矿质集料表面黏附性能好

煤沥青组分中含酸、碱性物质较多，它们都是极性物质，因此赋予了煤沥青较高的等表面活性和较好的黏附力，对酸、碱性石料均能较好地黏附。

5）防腐性能好

由于煤沥青中含有酚、蒽、萘油等成分，所以防腐性能好，故宜用于地下防水层及防腐材料等。

6）有毒性和臭味

由于煤沥青中含有酚、蒽、萘油等有毒成分，虽然防腐性较好，但对人有害。

2. 煤沥青的技术指标

1）黏度

黏度是评价煤沥青质量最主要的指标，它表示煤沥青的黏结性。

当煤沥青组分中油分含量减少、硬树脂及游离碳含量增加时，则煤沥青的黏度增高。煤沥青的黏度测定方法与液体沥青相同，亦是用道路沥青标准黏度计测定。

2）蒸馏试验的馏分含量及残渣性质

为了预估煤沥青在路面使用过程中的性质变化，在测定其起始黏滞度的同时，还必须测定煤沥青在各温度阶段所含馏分及其蒸馏后残留物的性质。

煤沥青蒸馏试验是测定试样受热时，在规定温度范围内蒸出的馏分含量，以质量百分率表示。除非特殊需要，各馏分蒸馏的标准切换温度为 170 ℃、270 ℃、300 ℃。

煤沥青各馏分含量的规定，是为了控制其由于蒸发而老化的安全性，残渣性质试验是为了保证煤沥青残渣具有适宜的黏结性。

3）酚含量

煤沥青的酚含量是试样的中油馏分内与苛性钠溶液作用形成水溶性酚钠物质的含量，以体积百分率表示。

酚是水溶性物质，沥青中含量过多时，受雨水作用，将酚溶解冲走，加速沥青的老化，影响路面的耐久性；同时它有毒，污染环境。因此对煤沥青中的酚含量必须加以限制。

4）萘含量

煤沥青的萘含量是测定试样蒸馏馏分中含有的萘的数量。煤沥青中的萘在低温时易结晶析出，使煤沥青失去塑性，冬季路面易产生裂缝。同时，常温下萘是挥发性物质，含量过多时将会促使沥青老化，影响路面的耐久性，并且挥发出的气体有毒。因此对煤沥青中萘的含量应加以限制。

5）甲苯不溶物

煤沥青的甲苯不溶物含量，是试样在规定的甲苯溶剂中不溶物的含量，以质量百分率表示。这些不溶物主要为游离碳和含有氧、氮和硫等结构复杂的大分子有机物，以及少量的灰分。它们含量过多，会降低煤沥青的黏结性，因此必须加以限制。

6）含水量

煤沥青中含有水分，在施工加热时容易产生泡沫引起火灾。同时，煤沥青中含有的水分会影响其与集料的黏附，降低路面强度，因此对其含水量必须加以限制。

3. 煤沥青的技术标准

道路用煤沥青的标号应根据气候条件、施工温度、使用目的选用，其质量应符合表 4-8 中的规定。

表 4-8　道路用煤沥青技术要求

试验项目		T-1	T-2	T-3	T-4	T-5	T-6	T-7	T-8	T-9	试验方法
黏度/s	$C_{30,5}$	5～25	26～70								T 0621
	$C_{30,10}$			5～25	26～50	51～120	121～200				
	$C_{50,10}$							10～75	76～200		
	$C_{60,10}$									35～65	
蒸馏试验，馏出量/(%)	170 ℃前，≤	3	3	3	2	1.5	1.5	1.0	1.0	1.0	T 0641
	270 ℃前，≤	20	20	20	15	15	15	10	10	10	
	300 ℃	15～35	15～35	30	30	25	25	20	20	15	
300 ℃蒸馏残渣软化点（环球法）/℃		30～45	30～45	35～65	35～65	35～65	35～65	40～70	40～70	40～70	T 0606
水分/(%)，≤		1.0	1.0	1.0	1.0	1.0	0.5	0.5	0.5	0.5	T 0612

续表

试验项目	T-1	T-2	T-3	T-4	T-5	T-6	T-7	T-8	T-9	试验方法
甲苯不溶物/(%),≤	20	20	20	20	20	20	20	20	20	T 0646
萘含量/(%),≤	5	5	5	4	4	3.5	3	2	2	T 0645
焦油酸含量/(%),≤	4	4	3	3	2.5	2.5	1.5	1.5	1.5	T 0642

4. 煤沥青与石油沥青的区别

煤沥青与石油沥青都是一种复杂的高分子碳氢化合物，它们的外观相似，具有共同点，但由于组分不同，它们之间存在着很大区别。石油沥青与煤沥青的主要区别如表4-9所示。

表4-9　石油沥青和煤沥青的主要区别

性质	石油沥青	煤沥青
密度	接近1.0	1.25～1.28
燃烧	烟少，无色，有松香味，无毒	烟多，黄色，臭味大，有毒
气味	常温下无刺激性气味	常温下有刺激性臭味
颜色	呈辉亮褐色	浓黑色
溶解试验	可溶于汽油或煤油中，呈棕黑色	难溶于汽油或煤油中，呈黄绿色
锤击	韧性较好，不易碎	韧性差，较脆
大气稳定性	较高	较低
抗腐蚀性	差	强
防水性	较好	较差(含酚，能溶于水)

任务3　乳化沥青

一、概述

乳化沥青就是将沥青热熔后，通过乳化剂和机械的作用，使沥青以细小的微滴分散在一定量的水中而形成的沥青乳液。它在常温下呈液态，为冷施工创造了基本条件。

乳化沥青的优点主要有如下几点：

(1) 冷态施工具有节能、降耗、安全、环保的优势，并且较少受气候条件制约。

(2) 原料品种越来越多,选择范围越来越广,价格呈下降趋势,成本有望进一步降低,对工艺、设备的要求一般,易于生产。

(3) 应用范围广,几乎触及道路新建和维修、养护施工中的各种路面结构。

(4) 便于控制洒布质量,具有很好的灌入渗透能力和黏附能力,能有效地提高道路质量。

(5) 避免了多次重复加热,降低了对沥青质量的损失。

乳化沥青的缺点有如下几点:

(1) 稳定性差,贮存期一般不宜超过六个月,贮存期过长容易引起凝聚分层,贮存温度不宜在0 ℃以下。

(2) 乳化沥青修筑道路成型期较长,最初要控制车辆的行驶速度。

因此,乳化沥青适用于沥青表面处治路面、沥青贯入式路面、冷拌沥青混合料路面,修补裂缝,喷洒透层、黏层与封层等。

二、乳化沥青对组成材料

1. 沥青

沥青是乳化沥青的基本组分,沥青材料的性能直接决定乳化沥青成膜性能和路用性能的好坏。在选择作为乳化沥青用的沥青时,首先要考虑它的易乳化性。沥青的易乳化性与其化学结构有密切关系。一般说来,相同油源和工艺的沥青,针入度较大者易于形成乳液。乳化沥青中沥青含量为乳化沥青总质量的60%左右。

2. 乳化剂

乳化剂的性质在很大程度上决定了乳化沥青的性质。乳化剂使互不相溶的沥青和水结合在一起,形成均匀稳定的分散系。

乳化剂按其亲水基在水中是否电离而分为离子型和非离子型两大类。离子型乳化剂按其离子电性,又衍生为阴离子型、阳离子型、两性离子型和非离子型乳化剂等四类。

1) 阴离子型乳化剂

阴离子型乳化剂在水中溶解时,电离成离子或离子胶束,其与亲油基相连的亲水基团带有负电荷。亲水基团大都是羧酸盐(如—COONa)类、硫酸盐(如—OSO_3Na)类和磺酸盐(如—SO_3Na)类。

2) 阳离子型乳化剂

阳离子型乳化剂在水中溶解时电离成离子或离子胶束,与亲油基相连的亲水基团带正电荷。阳离子型沥青乳化剂按其化学结构分类,主要有季铵盐类、烷基胺类、酰胺类、咪唑啉类和木质素类等。

3) 两性离子型乳化剂

两性离子型乳化剂在水中溶解时,电离成离子或离子胶束,与亲油基相连的亲水基团既带有正电荷又带有负电荷。按其结构及性能,可分为氨基酸型、甜菜碱型和咪唑啉型三类。

4）非离子型乳化剂

非离子型乳化剂在水中不能离解成离子或离子胶束，而是依赖分子所含的羟基(—OH)和醚链(—O—)等作为亲水基团的乳化剂。

3. 稳定剂

为使乳液具有良好的贮存稳定性，以及在施工中喷洒或拌和机械作用下的稳定性，必要时可加入适量的稳定剂。稳定剂可分为如下两类：

(1) 有机稳定剂：常用的有聚乙烯醇、聚丙烯酰胺、羧甲基纤维素纳、糊精、MF 废液等。这类稳定剂可提高乳液的贮存稳定性和施工稳定性。

(2) 无机稳定剂：常用的有氯化钙、氯化镁、氯化铵和氯化铬等。这类稳定剂可提高乳液的贮存稳定性。

稳定剂对乳化剂协同作用必须通过试验来确定，并且稳定剂的用量不宜过多，一般为沥青乳液的 0.1%～0.15%为宜。稳定剂可在生产乳液时同时加入乳化剂溶液中，但有的稳定剂会影响乳化剂的乳化作用，需后加入乳液中。

4. 水

水是乳化沥青中第二大组分。生产乳化沥青所用的水应相当纯净，不宜太硬，否则对乳化沥青的性能有很大的影响。水的用量一般为 30%～70%。

三、乳化沥青技术标准

乳化沥青的质量应符合表 4-10 的规定。在高温条件下宜采用黏度较大的乳化沥青，寒冷条件下宜使用黏度较小的乳化沥青。

改善或提高沥青路面性能(与沥青发生反应或裹覆在集料表面上)的材料。

表 4-10 道路用乳化沥青技术要求

试验项目		单位	品种及代号										试验方法
			阳离子				阴离子				非离子		
			喷洒用			拌和用	喷洒用			拌和用	喷洒用	拌和用	
			PC-1	PC-2	PC-3	BC-1	PA-1	PA-2	PA-3	BA-1	PN-2	BN-1	
破乳速度			快裂	慢裂	快裂或中裂	慢裂或中裂	快裂	慢裂	快裂或中裂	慢裂或中裂	慢裂	慢裂	T 0658
粒子电荷			阳离子(+)				阴离子(−)				非离子		T 0653
筛(1.18 mm)上残留物，不大于		%	0.1				0.1				0.1		T 0652
黏度	恩格拉黏度计 E_{25}		2～10	1～6	1～6	2～30	2～10	1～6	1～6	2～30	1～6	2～30	T 0622
	道路标准黏度计 $C_{25,3}$	s	10～25	8～20	8～20	10～60	10～25	8～20	8～20	10～60	8～20	10～60	T 0621

续表

试验项目		单位	品种及代号										试验方法
			阳离子				阴离子				非离子		
			喷洒用			拌和用	喷洒用			拌和用	喷洒用	拌和用	
			PC-1	PC-2	PC-3	BC-1	PA-1	PA-2	PA-3	BA-1	PN-2	BN-1	
蒸发残留物	残留分含量,不小于	%	50	50	50	55	50	50	50	55	50	55	T 0651
	溶解度,不小于	%	97.5				97.5				97.5		T 0607
	针入度(25 ℃)	0.1 mm	50～200	50～300	45～150		50～200	50～300	45～150		50～300	60～300	T0604
	延度(15 ℃),不小于	cm	40				40				40		T 0605
与粗集料的黏附性,裹覆面积,不小于			2/3			—	2/3			—	2/3	—	T 0654
与粗、细粒式集料拌和试验			—			均匀	—			均匀	—		T 0659
水泥拌和试验的筛上剩余,不大于		%	—				—				—	3	T 0657
常温贮存稳定性: 1天,不大于 5天,不大于		%	1 5				1 5				1 5		T 0655

任务 4 改性沥青

随着我国公路建设的高速发展,对于高性能沥青的需求也日益增加。改性沥青作为一种新型路面黏结材料,以其良好的高温稳定性、低温抗裂性和出色的黏附性、耐疲劳性受到了人们高度重视。近年来,改性沥青在高等级公路、城市干道及机场跑道等重要交通路面上的应用极为广泛。

改性沥青是指掺加橡胶、树脂、高分子聚合物、天然沥青、磨细的橡胶粉,或者其他材料等外掺剂(改性剂)制成的,从而使沥青或沥青混合料的性能得以改善的一种沥青结合料。

改性剂是指在沥青中加入天然的或人工的有机或无机材料,可熔融、分散在沥青中。在基质沥青中加入各种改性剂的目的是提高沥青的性能。一般认为,沥青是一种胶团弥散或可溶解于较低分子量的油类介质内,加入改性剂,由于它的高分子量、结构、链的作用,改变了沥青的成分及结构,使沥青的流变学性能发生了变化,从而改善沥青的使用性能,诸如温度敏感性、弹性、抗老化性、抗疲劳性等。

一、改性沥青的分类及特性

从狭义来说，现在所指道路改性沥青一般是指聚合物改性沥青。如下为几种常用的聚合物改性沥青的技术特征。

1. 热塑性橡胶类改性沥青

热塑性橡胶类改性沥青的改性剂主要是苯乙烯，如苯乙烯-丁二烯-苯乙烯(SBS)、苯乙烯-异戊二烯-苯乙烯(SIS)、苯乙烯-聚乙烯/丁基-聚乙烯(SE/BS)等嵌段共聚物。其中热塑性丁苯橡胶(即SBS)广泛用于沥青改性，其主要特点有：

(1) 温度高于160 ℃后，改性沥青的黏度与原沥青基本相近，可与普通沥青一样拌和使用；

(2) 温度低于90 ℃后，改性沥青的黏度是原沥青的数倍，高温稳定性好，因而改性沥青混合料路面的抗车辙能力大大提高；

(3) 改性沥青的低温延度、脆点较原沥青均有明显改善，因而改性沥青混合料的低温抗裂能力及疲劳寿命均明显提高。

2. 橡胶类改性沥青

橡胶类改性沥青用得最多的是丁苯橡胶(SBR)和氯丁橡胶(CR)。SBR是较早开发的沥青改性剂。总体来说，SBR改性沥青的热稳定性、延性以及黏附性均较原沥青有所改善，并且热老化性能也有所提高。此外，还可用SBR胶乳与沥青乳液制成水乳型建筑用防水涂料和改性乳化沥青用于道路路面工程。

3. 热塑性树脂类改性沥青

热塑性树脂是聚烯烃类高分子聚合物，多数是线状结晶物，加热时变软，冷却后变硬，因而能使沥青结合料的常温黏度增大，从而使高温稳定性增加，有利于提高沥青的强度和劲度，但其与各种沥青调和时有一定的选择，热贮存时分层较快，分散了的聚合物在熔点以下容易成团。常采用的热塑性树脂品种有低密度聚乙烯(LDPE)、乙烯-乙酸乙烯酯共聚物(EVA)等。

4. 热固性树脂改性沥青

热固性树脂有聚氨酯(PU)、环氧树脂(EP)、不饱和聚酯树脂(UP)等类，其中环氧树脂已应用于改性沥青。环氧树脂改性沥青的延伸性不好，但其强度很高，具有优越的抗永久变形能力，并具有特别高的耐燃料油和润滑油的能力，适用于公共汽车停靠站、加油站等。

二、我国改性沥青的技术标准

《公路沥青路面施工技术规范》(JTG F40—2004)中各类聚合物改性沥青的质量应符合表4-11的技术要求。当使用表列以外的聚合物及复合改性沥青时，可通过试验研究制定相应的技术要求。

表 4-11　**聚合物改性沥青技术要求**

指　　标	单位	SBS类（Ⅰ类）				SBR类（Ⅱ类）			EVA、PE类（Ⅲ类）				试验方法
		Ⅰ-A	Ⅰ-B	Ⅰ-C	Ⅰ-D	Ⅱ-A	Ⅱ-B	Ⅱ-C	Ⅲ-A	Ⅲ-B	Ⅲ-C	Ⅲ-D	
针入度（25 ℃，100 g，5 s）	0.1 mm	>100	80～100	60～80	40～60	>100	80～100	60～80	>80	60～80	40～60	30～40	T 0604
针入度指数PI，不小于		−1.2	−0.8	−0.4	0	−1.0	−0.8	−0.6	−1.0	−0.8	−0.6	−0.4	T 0604
延度（5 ℃，5 cm/min），不小于	cm	50	40	30	20	60	50	40	—				T 0605
软化点，不小于	℃	45	50	55	60	45	48	50	48	52	56	60	T 0606
运动黏度[1]（135 ℃），不小于	Pa·s	3											T 0625 T 0619
闪点，不小于	℃	230				230			230				T 0611
溶解度，不小于	%	99				99			—				T 0607
弹性恢复（25 ℃），不小于	%	55	60	65	75	—			—				T 0662
黏韧性，不小于	N·m	—				5			—				T 0624
韧性，不小于	N·m	—				2.5			—				T 0624
贮存稳定性[2]离析，48 h软化点差，不小于	℃	2.5				—			无改性剂明显析出、凝聚				T 0661
TFOT后残留物													
质量变化，不小于	%	±1.0											T 0610 T 0609
针入度比（25 ℃），不小于	%	50	55	60	65	50	55	60	50	55	58	60	T 0604

续表

指标	单位	SBS类(Ⅰ类)				SBR类(Ⅱ类)			EVA、PE类(Ⅲ类)				试验方法
		Ⅰ-A	Ⅰ-B	Ⅰ-C	Ⅰ-D	Ⅱ-A	Ⅱ-B	Ⅱ-C	Ⅲ-A	Ⅲ-B	Ⅲ-C	Ⅲ-D	
延度(5 ℃),不小于	cm	30	25	20	15	30	20	10	—				T 0605

注:[1]表中135 ℃运动黏度可采用《公路工程沥青及沥青混合料试验规程》(JTG E20—2011)中的“沥青布氏旋转黏度试验方法(布洛克菲尔德黏度计法)”进行测定。若在不改变改性沥青的物理-力学性质并符合安全条件的温度下易于泵送和拌和,或经证明适当提高泵送和拌和温度时能保证改性沥青的质量,容易施工,可不要求测定。

[2]贮存稳定性指标适用于工厂生产的成品改性沥青。现场制作的改性沥青对贮存稳定性指标可不作要求,但必须在制作后,保持不间断地搅拌或泵送循环,保证使用前没有明显的离析。

三、改性沥青的应用和发展

目前,改性沥青可用做排水或吸音磨耗层及下面的防水层;在老路面上做应力吸收膜中间层,以减少反射裂缝;在重载交通道路的老路面上加铺薄和超薄沥青面层,以提高耐久性;在老路面上或新建一般公路上做表面处治,以恢复路面使用性能或减少养护工作量等。使用改性沥青时,应当特别注意路基、路面的施工质量,以避免产生路基沉降和其他早期破坏。否则,使用改性沥青就达不到应有的效果。

SBS改性沥青无论在高温、低温、弹性等方面都优于其他改性剂,所以我国改性沥青的发展方向应该以SBS改性沥青作为主要方向。尤其是现在,SBS的价格比以前有了大幅度的降低,仅成本这一项,它就可以和PE、EVA竞争。明确这一点对于我国发展改性沥青十分重要。

总结评价

沥青是一种常见的防水、防潮、耐腐蚀的有机胶凝材料。石油沥青是原油经过一系列复杂的物理-化学变化得到的残渣,根据提炼程度的不同,在常温下呈现液态、固态和半固态。石油沥青色黑且具有光泽,具有较高的感温性,是道路桥梁建设过程中一种常见的路面材料,其质量的好坏直接影响路面的使用寿命,因此要结合工程实际合理地选择沥青品种。

对高速公路、一级公路,夏季温度高,高温持续时间长,重载交通,山区及丘陵区上坡路段,服务区、停车场等行车速度慢的路段,尤其是汽车荷载剪应力大的层次,宜采用稠度大、60 ℃黏度大的沥青,也可提高高温气候分区的温度水平选用沥青等级;对冬季寒冷的地区或交通量小的公路、旅游公路宜选用稠度小、低温延度大的沥青;对温度日温差、年温差大的地区宜选用针入度指数大的沥青。当高温要求与低温要求发生矛盾时应优先考虑高温性能的要求。

1. 我国现行的石油沥青化学组分分析方法可将石油沥青分离为哪几个组分?国产石油沥青在化学组分上有什么特点?

2. 按流变学观点，石油沥青可划分为哪几种胶体结构？各种胶体结构的石油沥青有何特点？

3. 石油沥青的“三大指标”可表征沥青的哪些特征？

4. 什么是沥青的老化？影响沥青老化的因素有哪些？

5. 沥青在 10 ℃和 25 ℃下测定的针入度分别为 24(0.1 mm)和 79(0.1 mm)，求沥青的针入度-温度敏感性系数 A，由此计算沥青的针入度指数 PI，并判断沥青的胶体结构类型。

6. 煤沥青与石油沥青相比，其技术性能有何差异？

7. 简述乳化沥青的形成和分裂机理。

8. 什么是改性沥青？常用的聚合物改性沥青有哪几种？其技术特性各是什么？

学习模块5

沥青混合料的检测与应用

学习目标

教学目标

通过本模块的学习，使学生具备对几种常见沥青混合料的使用与检测能力。了解沥青混合料的分类及各自的特点；掌握沥青混合料的组成结构和强度形成理论，熟记沥青混合料的技术性质和技术标准；掌握沥青混合料组成材料的技术标准及要求；能独立完成沥青混合料的配合比设计；了解其他类型的沥青混合料特点及工程应用。

教学要求

<table>
<tr><th>知识目标</th><th>能力目标</th><th>技能目标</th></tr>
<tr><td>沥青混合料的组成和结构</td><td>(1) 了解沥青混合料的不同分类方法。
(2) 熟悉沥青混合料结构强度形成理论。
(3) 熟记沥青混合料结构的类型及各自的特点</td><td rowspan="3">(1) 熟练掌握沥青混合料的拌和、马歇尔试件成型、稳定度(MS)、流值(FL)、最大理论相对密度等试验操作过程。
(2) 熟练掌握沥青混合料车辙试验操作过程。
(3) 能熟练掌握最佳沥青用量的算法。
(4) 能够对数据进行处理，并做出相应的判定</td></tr>
<tr><td>沥青混合料的技术性质</td><td>(1) 熟练掌握沥青混合料的路用性能和技术标准。
(2) 熟记沥青混合料各组成材料的技术要求。
(3) 能独立完成沥青混合料的配合比设计</td></tr>
<tr><td>其他新型路面材料</td><td>了解其他类型的沥青混合料特点及工程应用</td></tr>
</table>

任务1 沥青混合料的基础知识

沥青混合料是指沥青与矿料拌和而成的包括沥青混凝土混合料和沥青碎石混合料的总称。它是一种黏弹塑性材料，具有一定的力学性能，铺筑路面平整无接缝，减振吸声；路面有一定的粗糙度，色黑不耀眼，行车舒适、安全。此外，它还具有施工方便、能及时开发交通、便于分期修建和再生利用的优点。所以，沥青混合料是现代高等级道路的主要路面材料。

工程案例

贵州省某高速公路全线采用双向四车道高速公路标准建设，设计速度采用 80 km/h，整体式路基宽度 24.5 m，分离式路基宽 2×12.25 m，桥梁设计荷载为公路Ⅰ级，30 cm 水泥稳定碎石基层，20 cm 水泥碎石基层，路面采用三层式结构，8 cm(AC-25)密级配沥青混凝土下面层＋6 cm(AC-20)密级配沥青混凝土中面层＋4 cm SMA 密级配改性沥青混凝土上面层。图 5-1 所示为该高速公路施工示意图。

图 5-1 高速公路施工示意图

任务：请根据上述资料和实验室现有沥青及砂石材料，按照规范要求制备出相应的沥青混合料，检测其高温稳定性、低温抗裂性和水稳定性等主要技术性质，并对该工程使用的材料做出相应的评价。

任务分解

第一步：认识沥青混合料的类型。

根据工程所处的环境和结构类型，结合沥青路面使用性能的气候分区选择合适的沥青混合料结构类型。

第二步：学习沥青混合料的技术性质及标准，按照规范要求熟练掌握相关的试验，并能独立评价其性能。

沥青混合料应具备一定的高温稳定性、低温抗裂性、耐久性、抗滑性和施工和易性等主要技术性质，以适应车辆荷载及环境因素的作用。其中，耐久性指标对工程环境具有十分重要的意义。

第三步：掌握沥青混合料组成材料的技术要求。

沥青材料应根据道路等级、交通等级、气候条件、施工方法等因素选择标号及等级。粗集料应符合级配、压碎值、针片状含量、磨耗值、与沥青的黏附性等技术指标的要求。细集料应洁净、干燥，并符合级配和砂当量等技术指标的要求。填料应采用憎水性的岩石磨制而成的矿粉，细度及各项指标应符合规范要求。沥青混合料所用集料尽可能采用碱性石料。

第四步：分析比对沥青玛蹄脂碎石混凝土（SMA）和密级配沥青混凝土，对两种沥青混凝土进行有效的鉴定。

SMA 是一种由沥青、纤维稳定剂、矿粉和少量的细集料组成的沥青玛蹄脂填充间断级配的粗集料骨架间隙而形成的沥青混合料。它是足够的沥青结合料和具有相当劲度的沥青玛蹄脂胶浆填充在粗集料形成的石-石嵌挤结构的空隙中。因此，SMA 具有抗高温、低温稳定性，良好的水稳定性，良好的耐久性和表面功能（抗滑、车辙小、平整度高、噪音小、能见度好）。SMA 路面耐久性好，故养护工作少，使用寿命长，综合经济效益和环境效益好。

一、沥青混合料的分类

1. 按结合料分类

1）石油沥青混合料

石油沥青混合料是以石油沥青为结合料的沥青混合料（包括黏稠石油沥青、乳化石油沥青及液体石油沥青）。

2）煤沥青混合料

煤沥青混合料是以煤沥青为结合料的沥青混合料。

2. 按施工温度分类

按沥青混合料拌制和摊铺温度分为如下两类。

1）热拌热铺沥青混合料

热拌热铺沥青混合料简称热拌沥青混合料，是沥青与矿料在热态拌和、热态铺筑的混合料。

2）常温沥青混合料

常温沥青混合料是以乳化沥青或稀释沥青与矿料在常温状态下拌制、铺筑的混合料。

3. 按矿质集料级配类型分类

1）连续级配沥青混合料

沥青混合料中的矿料是按级配原则，从大到小各级粒径都有，按比例相互搭配组成的混合料，称为连续级配沥青混合料。

2）间断级配沥青混合料

连续级配沥青混合料矿料中缺少一级或若干级粒径的沥青混合料，称为间断级配沥青混合料。

4. 按混合料密实度分类

1）密级配沥青混凝土混合料

密级配沥青混凝土混合料是按密实级配原则设计的连续型密级配沥青混合料。因其粒径递减系数较小，压实后剩余空隙率小于10%。密级配沥青混凝土混合料按其剩余空隙率又可分为如下两种类型：Ⅰ型密实式沥青混凝土混合料，其剩余空隙率为3%～6%；Ⅱ型半密实式沥青混凝土混合料，其剩余空隙率为4%～10%。

2）开级配沥青混合料

开级配沥青混合料是按级配原则设计的连续型级配混合料。其粒径递减系数较大，压实后剩余空隙率大于15%。亦有将剩余空隙率介于密级配和开级配之间（即剩余空隙率为混合料10%～15%）的混合料称为半开级配沥青混合料，也称为沥青碎石混合料。

5. 按最大粒径分类

沥青混凝土混合料的集料的最大粒径可分为如下四类。

1）粗粒式沥青混合料

粗粒式沥青混合料是集料最大粒径等于26.5 mm或31.5 mm（圆孔筛30～40 mm）的沥青混合料。

2）中粒式沥青混合料

中粒式沥青混合料是集料最大粒径为16 mm或19 mm（圆孔筛20或25 mm）的沥青混合料。

3）细粒式沥青混合料

细粒式沥青混合料是集料最大粒径为9.5 mm或13.2 mm（圆孔筛10或15 mm）的沥青混合料。

4）砂粒式沥青混合料

砂粒式沥青混合料是集料最大粒径等于或小于4.75 mm（圆孔筛5 mm）的沥青混合料，也称为沥青石屑或沥青砂。

沥青碎石混合料除上述四类外，还有特粗式沥青碎石混合料，其集料最大粒径集中在35.5 mm（圆孔筛50 mm）以上。经人工组配的矿质混合料与黏稠沥青在专门设备中加热拌和而成，用保温运输工具运送至施工现场，并在热态下进行摊铺和压实的混合料，通称“热拌热铺沥青混合料”，简称“热拌沥青混合料”。

二、沥青混合料的组成结构

1. 沥青混合料的结构组成形式

沥青混合料根据其粗、细集料比例的不同，其结构组成有三种形式：悬浮密实结构、骨架空隙结构和骨架密实结构。

1）悬浮密实结构

采用连续密级配的沥青混合料，由于细集料的数量较多，矿质材料由大到小形成连续型密实混合料，粗集料被细集料挤开，因此，粗集料以悬浮状态位于细集料之间，如图 5-2(a)所示。这种结构的沥青混合料的密实度较高，但各级集料均被次级集料所隔开，不能直接形成骨架，而是悬浮于次级集料和沥青胶浆之间。这种结构的特点是黏聚力较高，内摩阻力较小，混合料耐久性好，但稳定性较差。对于双层或三层结构的沥青路面，其中至少必须有一层Ⅰ型密级配沥青配合料。对干燥地区的高等级公路，也可采用这种结构的沥青混合料做表层。

2）骨架空隙结构

连续开级配的沥青混合料，由于细集料的数量较少，粗集料之间不仅紧密相连，而且有较多的空隙，如图 5-2(b)所示。这种结构的沥青混合料的内摩阻力起重要作用，黏聚力较小，因此，沥青混合料受沥青材料的变化影响较小，稳定性较好，但耐久性较差。当沥青路面采用这种形式的沥青混合料时，沥青面层下必须做下封层。

3）骨架密实结构

间断密级配的沥青混合料，是上述两种结构形式的有机组合，如图 5-2(c)所示。它既有一定数量的粗集料形成骨架结构，又有足够的细集料填充到粗集料之间的空隙中。因此，这种结构的沥青混合料其特点是黏聚力与内摩阻力均较高，密实度、强度和稳定性都比较好，耐久性好，但施工和易性差。目前，这种结构形式的沥青混合料路面还用得比较少，尚处于研究阶段。

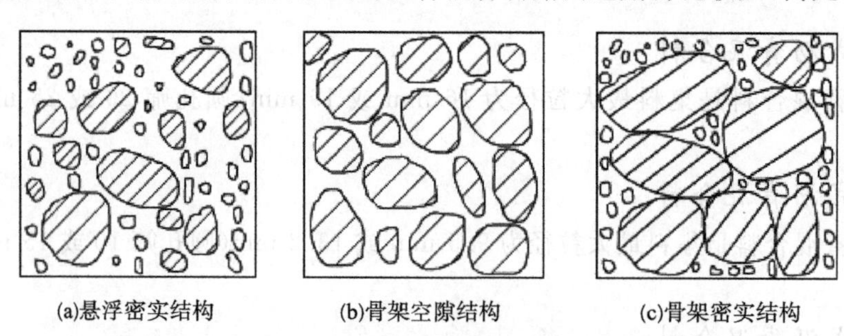

图 5-2　沥青混合料的典型组成结构

特别提示

综上所述，一般情况下，我们认为：

(1)悬浮密实结构是连续型矿料级配。粗集料悬浮于较小颗粒中未形成骨架，改种类型的沥青混合料黏结力高，稳定性较差，抗疲劳和低温性能强。

(2)骨架空隙结构是连续型级配。粗集料多，细集料少，未能填满空隙，从而形成骨架-空隙结构。该种沥青混合料黏结力弱，高温稳定性好，抗水损害、疲劳、低温性能差。

(3)骨架密实结构是间断级配。粗集料形成骨架，细集料进行填充。该种沥青混合料内摩阻力、黏结力以及高温稳定性好，抗水损害、疲劳、低温性能均较好。

2. 沥青混合料的强度形成原理

沥青混合料在路面结构中产生破坏的情况，主要是在高温时由于抗剪强度不足或塑性变形过剩而产生推挤等现象，以及低温时抗拉强度不足或变形能力较差而产生裂缝现象。目前，沥青混合料强度和稳定性理论主要是要求沥青混合料在高温时必须具有一定的抗剪强度和抵抗变形的能力。

为了防止沥青路面产生高温剪切破坏，我国城市道路沥青路面设计方法中，对沥青路面抗剪强度验算，要求在沥青路面面层破裂面上可能产生的应力 τ_α 不大于沥青混合料的许用剪应力 τ_R，即 $\tau_\alpha \leqslant \tau_R$。而沥青混合料的许用剪应力 τ_R 取决于沥青混合料的抗剪强度 τ，即

$$\tau_R = \frac{\tau}{k_2} \tag{5-1}$$

式中：k_2——系数，即沥青混合料许用应力与实际强度的比值。

沥青混合料的抗剪强度 τ，可通过三轴试验方法应用摩尔-库仑包络线方程按下式求得：

$$\tau = c + \sigma\tan\varphi \tag{5-2}$$

式中：τ——沥青混合料的抗剪强度（MPa）；

c——沥青混合料的黏聚力（MPa）；

σ——正应力（MPa）；

φ——沥青混合料的内摩擦角（rad）。

由式(5-2)可知，沥青混合料的抗剪强度主要取决于黏聚力 c 和内摩擦角 φ 这两个参数：

$$\tau = f(c, \varphi) \tag{5-3}$$

图 5-3 所示为沥青混合料三轴试验确定 c、φ 值的摩尔-库仑图。

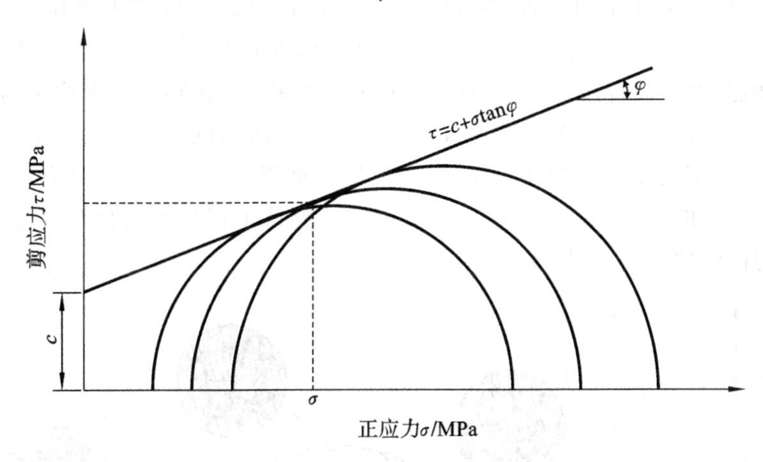

图 5-3　沥青混合料三轴试验确定 c、φ 值的摩尔-库仑图

特别提示

沥青混合料的嵌挤力和内摩阻力的大小主要取决于矿质集料的尺寸均匀度、颗粒形状及表面粗糙度。用较大尺寸的均匀的矿质集料较用较小尺寸而不均匀的矿料所组成的混合料具有较大的嵌挤力和内摩阻力，有棱角且表面粗糙的集料较圆球形而表面光滑的集料所组成的混合料具有较大的嵌挤力和内摩阻力。

沥青混合料的黏聚力主要取决于两个因素：一是沥青与矿粉之间的相互作用力，二是沥青材料本身的黏结力。

3. 影响沥青混合料抗剪强度的因素

沥青混凝土路面的抗剪强度，是指其对于外荷载产生的剪应力的极限抵抗能力，主要取决于黏聚力和内摩擦角两个参数，其值越大，抗剪强度越大，沥青混合料的性能越稳定。沥青混合料抗剪强度主要受以下几个方面因素的影响：

1）矿料的形状和级配

矿质骨料的尺寸大，形状近似正方体，有一定的棱角，表面粗糙，则内摩擦角较大。连续型开级配的矿质混合料，粗集料的数量比较多，形成一定的骨架结构，内摩擦角也就较大。粒料的级配、形状、大小和表面特征等对沥青混合料内摩擦角均会产生影响。在保证颗粒棱角形状、表面粗糙度、良好的级配以及适当的空隙率的前提下，颗粒的粒径愈大，内摩擦角愈大。因此，增大集料的粒径是提高内摩擦角和抗剪强度的有效途径。

2）沥青的性质及用量

沥青混合料经受剪切作用时，既有矿料颗粒间相互位移和错位阻力，又有颗粒表面裹覆的沥青膜间的黏滞阻力。因而，沥青混合料的抗剪强度不仅和粒料的级配有关，而且和沥青的黏聚力及用量有关。沥青的黏聚力既把矿料胶结成为一个整体，又有利于发挥矿料的嵌挤作用，使沥青混合料具备一定的抗剪强度。沥青的黏度是影响黏聚力的重要因素。在沥青用量很少时，沥青不足以形成结构沥青的薄膜来黏结矿料颗粒。随着沥青用量的增加，结构沥青逐渐形成，沥青更为完满地包裹在矿料表面，使沥青与矿料间的黏附力随着沥青用量的增加而增加。当沥青用量足以形成薄膜并充分黏附矿粉颗粒表面时，沥青胶浆具有最优的黏聚力。随后，如沥青用量继续增加，由于沥青用量过多，逐渐将矿料颗粒推开，在颗粒间形成未与矿粉交互作用的“自由沥青”，则沥青胶浆的黏聚力随着自由沥青的增加而降低。当沥青用量增加至某一用量后，沥青混合料的黏聚力主要取决于自由沥青，所以抗剪强度几乎不变。随着沥青用量的增加，沥青不仅起着黏结剂的作用，而且起着润滑剂的作用，降低了粗集料的相互密排作用，因而降低了沥青混合料的内摩擦角。（见图 5-4）

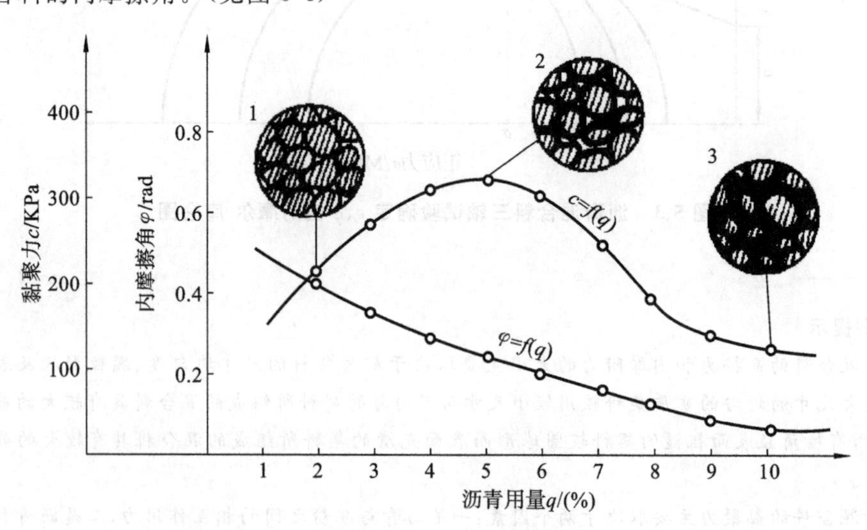

图 5-4 不同沥青用量时的沥青混合料结构和 c、φ 值变化示意图

采用的沥青黏度越大，则混合料的抗剪强度越高。改性沥青可以使矿料界面上的极性吸附和化学吸附的量增大，同时，改性剂微粒通过自身的界面层与沥青吸附膜的扩散层的交叠，增大了结构沥青的交叠面积，减少了自由沥青的比例，所以使用改性沥青可提高界面的黏聚力。

沥青用量不仅影响沥青混合料的黏聚力，同时也影响沥青混合料的内摩擦角。通常，当沥青薄膜达最佳厚度(即主要以结构沥青黏结)时，具有最大的黏聚力；随着沥青用量的增加，沥青混合料的内摩擦角逐渐降低。

3）矿料表面性质的影响

在沥青混合料中，对于沥青与矿料交互作用的物理-化学过程，多年来许多研究者曾做了大量工作，但仍然认为它还是一个有待深入研究的重要课题。列宾捷尔等研究认为：沥青与矿粉交互作用后，沥青在矿粉表面产生化学组分的重新排列，在矿粉表面形成一层厚度为 δ_0 的扩散溶剂化膜，在此膜之内的沥青为结构沥青(图 5-5(a))，其黏度较高，具有较强的黏聚力；此膜以外的沥青为自由沥青，黏聚力较低。如果矿粉颗粒之间接触是由结构沥青所联结(图5-5(b))，这样促成沥青具有更高的黏度和更大的扩散溶化膜的接触面积，因而可以获得更大的黏聚力，其黏聚力为 $\lg\eta_a$，反之，如果颗粒之间接触是由自由沥青所联结(图 5-5(c))，则具有较小的黏聚力，即 $\lg\eta_b$。

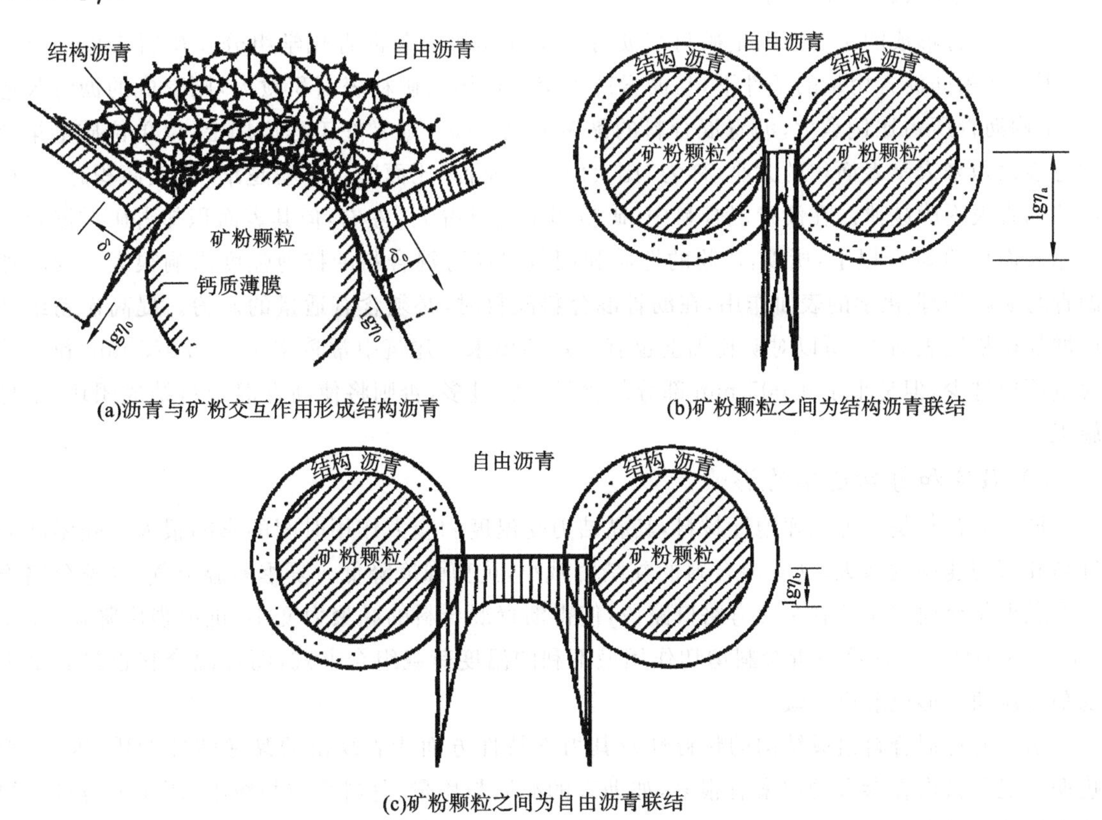

(a)沥青与矿粉交互作用形成结构沥青

(b)矿粉颗粒之间为结构沥青联结

(c)矿粉颗粒之间为自由沥青联结

图 5-5　沥青与矿粉交互作用的结构示意图

沥青与矿料表面的相互作用对沥青混合料的黏聚力和内摩阻角有重要的影响，矿料与沥青的成分不同会产生不同的效果，石油沥青与碱性石料（如石灰石）将产生较多的结构沥青，有较好的黏附性，而与酸性石料则产生较少的结构沥青，其黏附性较差，见图 5-6。

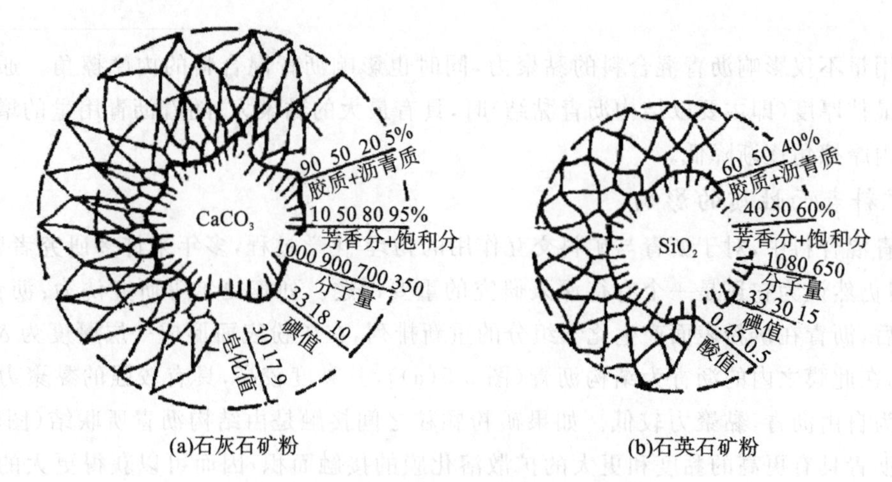

图 5-6　不同矿粉的吸附溶化膜结构图示

4）矿料比面积的影响

结构沥青形成的主要原因是矿料与沥青的交互作用引起沥青化学组分在矿料表面的重分布，所以在相同沥青用量的条件下，与沥青产生交互作用的矿料表面积愈大，则形成的沥青膜愈薄，结构沥青所占比例愈大，沥青混合料的黏聚力也愈高。通常在工程应用上，以单位质量集料的总表面积来表示表面积的大小，称为“比表面积”（简称“比面”）。矿粉越细，比表面积越大，形成的沥青吸附膜越薄。在沥青混合料中，矿粉用量虽只占 7%左右，但其表面积却占矿质混合料的总表面积的 80%以上，所以，矿粉的性质和用量对沥青混合料的抗剪强度影响很大。为增加沥青与矿料物理-化学的表面作用，在沥青混合料配料时，必须含有适量的矿粉。提高矿粉细度可增加矿粉比表面积，所以对矿粉细度也有一定的要求。建筑中常希望小于 0.075 mm 粒径的含量不要过少，但是小于 0.005 mm 部分的含量不宜过多，否则将使沥青混合料结成团块，不易施工。

5）温度和剪切速率的影响

沥青混合料是一种黏弹塑性材料，其黏结力受温度和应力作用时间的影响很大。随温度的升高和剪切速率的增大，沥青混合料的黏结力减小，抗剪强度降低。夏季高温天气，高速公路连续重载渠化交通或易急刹车转弯路口路段，使得沥青混合料的黏聚力变小，抗剪强度降低（见图 5-7）。这种情况是对沥青混合料剪切作用最不利的温度荷载组合方式，沥青混合料也最容易出现塑性流动变形或形成车辙。

由于沥青混合料组成结构的颗粒性及其力学特性方面所表现出的黏弹塑性性质，因此，影响沥青混合料内在参数的因素有很多，如沥青的品质与用量、骨料性质与级配、压实度、温度、加载速度等。对沥青混合料的构成及强度机理分析，有助于进行沥青路面的材料组成设计和路面结构设计。

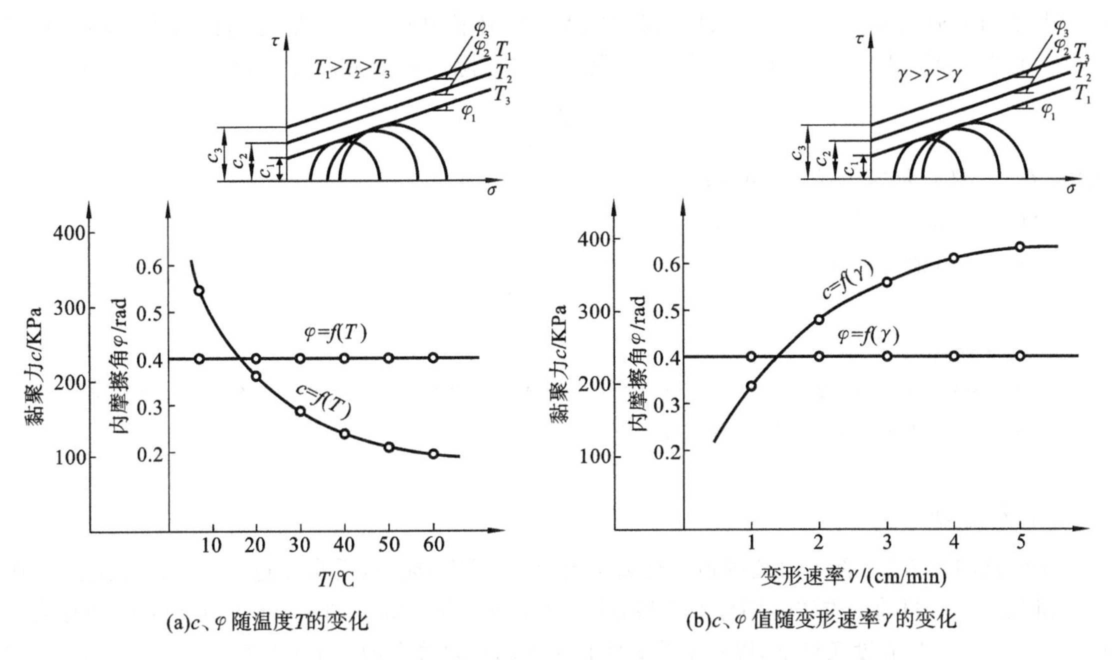

(a)c、φ随温度T的变化　　(b)c、φ值随变形速率γ的变化

图 5-7　温度和变形速率对沥青混合料黏聚力与内摩擦角的影响

特别提示

沥青混合料的结构取决于下列因素：矿物骨架结构、沥青胶结料种类与数量、矿料与沥青相互作用的特点、沥青混合料的密实度及其毛细孔隙结构的特点。

沥青混合料是由矿质骨架和沥青结合料所构成的具有空间网状结构的一种多项分散体系。沥青混合料的力学强度，主要是由矿料颗粒之间的摩擦与嵌挤作用，以及沥青与矿料之间的黏结力构成。

三、沥青混合料的技术性质

对于道路沥青混合料，为保证耐久、行车安全和舒适，需满足如下技术要求。

1. 高温稳定性

沥青混合料的高温稳定性，是指沥青混合料在夏季高温（通常为 60 ℃）条件下，经车辆荷载长期重复作用后，不产生车辙和波浪等危害的性能。

我国现行国标规定，采用马歇尔稳定度试验（包括稳定度、流值、马歇尔模数）来评价沥青混合料高温稳定性；对高速公路、一级公路、城市快速路、主干路用沥青混合料，还应通过车辙试验检验其抗车辙能力。

1）马歇尔稳定度

马歇尔稳定度的试验方法由 B. 马歇尔（Marshall）提出。经过许多研究者的改进，目前普遍测定马歇尔稳定度（MS）、流值（FL）和马歇尔模数（T）三项指标。稳定度是指标准尺寸试件在规定温度和加荷速度下，在马歇尔试验仪中最大的破坏荷载(kN)；流值是达到最大破坏荷重时试件的垂直变形(以0.1 mm计)；马歇尔模数为稳定度除以流值的商。三者之间的关系如下式：

$$T=\frac{MS\times 10}{FL} \tag{5-4}$$

式中：T——马歇尔模数(kN/mm)；

MS——马歇尔稳定度(kN)；

FL——流值(0.1 mm)。

技术提示

马歇尔稳定度越大、流值越小，说明高温稳定性越高。而有关学者则认为马歇尔模数与车辙深度有一定的相关性，马歇尔模数愈大，车辙深度愈小。

2）车辙试验

车辙试验的方法，首先由英国道路交通研究所(TRRL)提出，后来经过了许多国家道路工作者的研究改进。目前的方法是用标准成型方法，首先制成300 mm×300 mm×50 mm的沥青混合料试件，在60 ℃的温度条件下，以一定荷载的轮子在同一轨迹上做一定时间的反复行走，形成一定的车辙深度，然后计算试件变形1 mm所需试验车轮的行走次数，即动稳定度。其计算公式如下：

$$DS=\frac{(t_2-t_1)N}{d_2-d_1}c_1c_2 \tag{5-5}$$

式中：DS——沥青混合料的动稳定度(次/mm)；

d_1、d_2——分别为时间 t_1、t_2 的变形量(mm)；

N——每分钟行走次数(次/min)；

c_1、c_2——分别为试验机或试样的修正系数。

我国现行国标规定，用于上面层、中面层的沥青混凝土混合料60 ℃时动稳定度，高速公路和一级公路宜不小于800次/mm，对一级公路、城市主干道宜不小于600次/mm。

技术提示

根据沥青材料的温度、时间的换算法则，长时间承受荷载与高温条件是等效的，而且是累计的。动稳定度越大，沥青混合料高温稳定性越好。

2. 低温抗裂性

从低温抗裂性能的要求出发，沥青混合料在低温时应具有良好的应力松弛性能，有较低的劲度和较大的变形适应能力，在降温收缩过程中不产生大的应力积聚，在行车荷载和其他因素的反复作用下不致产生疲劳开裂。

使用稠度较低(针入度较大)及温度敏感性较小的沥青可提高沥青混合料的低温抗裂性能。沥青材料的老化会使沥青变脆，低温极限破坏应变变小，开裂性能恶化。为了提高沥青混合料的低温抗裂性能，应选用抗老化能力较强的沥青。往沥青中掺加橡胶类聚合物，对提高沥青混合料的低温抗裂性能具有较为明显的效果。

特别提示

沥青混合料路面的低温收缩开裂主要有两种形式：一种是由于气温骤降造成材料低温收缩；另一种是低温收缩疲劳裂缝。

3. 耐久性

沥青混合料的耐久性是抗疲劳性能、水稳定性、抗老化性能的综合反映，它与沥青混合料的空隙率关系特别密切。空隙率小的沥青混合料，其抗疲劳性能、水稳定性、抗老化性能都比较好。空隙率小则沥青混合料受阳光、空气等环境因素影响小，老化轻；空隙率小则水分不容易渗入，进入混合料中的水分少，且以薄膜水的形式存在，使混合料抗水损害能力强。沥青混合料的抗疲劳性能与沥青混合料中的沥青含量、沥青体积百分率关系密切。沥青用量不足，沥青膜变薄，沥青混合料的延伸能力降低，脆性增加，且沥青混合料的空隙率增大，沥青混合料在反复荷载作用下容易造成破坏。目前评价沥青混合料耐久性的方法有马歇尔稳定度试验、浸水劈裂试验、冻融劈裂试验、浸水车辙试验等。

我国现行规范采用空隙率、饱和度（即沥青填隙率）和残留稳定度等指标来表征沥青混合料的耐久性。

4. 水稳定性

控制沥青混合料的空隙率是防止路面水损害的重要一环。据研究，沥青路面中的空隙率在8%以下（如设计空隙率4%，压实度96%）时，沥青层中的水以薄膜水的状态存在，在荷载作用下不会产生动水压力，不容易造成水损害。而空隙率大于15%的排水性大空隙混合料，水能够在混合料内部空隙中自由流动，混合料很难固结水分，再加上这种混合料一般都采用改性沥青，也不容易造成水损害破坏。当空隙率介于两者之间，即路面实际空隙率为8%～15%时，水容易进入混合料内部，却不会自由流动，而是以毛细水的状态存在，在荷载作用下，产生较大的毛细管压力，成为动力水，很容易造成沥青混合料的水损害。

5. 抗滑性

沥青路面应具有足够的抗滑能力，以保证在路面潮湿时，车辆能够高速安全行驶，而且在外界因素的作用下其抗滑能力不致很快降低。沥青路面的粗糙度与矿料的微表面性质、混合料的级配组成，以及沥青用量等因素有关。为保证沥青路面的粗糙度不致很快降低，最主要是选择硬质有棱角的石料。同时抗滑性对沥青用量相当敏感，当沥青用量超过最佳沥青用量0.5%时，就会导致抗滑系数明显降低。

随着现代高速公路的发展，对沥青混合料路面的抗滑性提出更高的要求。我国现行标准对抗滑层集料提出了磨光值、道瑞磨耗值和冲击值等三项指标。

6. 施工和易性

要保证室内配料在现场施工条件下顺利的实现，沥青混合料除了应具备前述的技术要求外，还应具备适宜的施工和易性。影响沥青混合料施工和易性的因素有很多，诸如当地气温、施工条件及混合料性质等。

就沥青混合料性质而言，影响沥青混合料施工和易性的主要因素是矿料级配。粗细集料的颗粒大小相距过大，缺乏中间粒径，混合料容易离析；细料太少，沥青层不易均匀地分布在粗颗粒表面；细料过多，则拌和困难。

生产上对沥青混合料的工艺性能大都凭眼力鉴定。有的研究者曾以流变学理论为基础提出过一些测定沥青混合料施工和易性的方法，但仍多为试验研究阶段，并未被生产上普遍采纳。

特别提示

从混合料材料性质来看，影响沥青混合料施工和易性的因素是混合料的级配和沥青用量。如粗细集料的颗粒大小相距过大，缺乏中间尺寸，混合料容易分层层积（粗粒集中表面，细粒集中底部）；如细集料太少，沥青层就不容易均匀地分布在粗颗粒表面；如细集料过多，则使拌和困难。当沥青用量过少，或矿粉用量过多时，混合料容易产生疏松，不易压实；反之，如沥青用量过多，或矿粉质量不好，则容易使混合料黏结成团块，不易摊铺。

四、沥青混合料的组成材料

1. 沥青混合料的技术标准

我国现行国标《沥青路面施工与验收规范》（GB 50092—1996）主要是规定马歇尔试验的各项技术指标（见表 5-1）。

表 5-1　热拌沥青混合料马歇尔试验技术标准

项　目	沥青混合料类型	高速、一级公路、城市快速路、主干路	其他等级公路、城市道路	人　行　道
击实次数/数	沥青混凝土	两面各 75	两面各 50	两面各 35
	沥青碎石、抗滑表层	两面各 50	两面各 50	两面各 35
稳定度 MS/kN	Ⅰ型沥青混凝土	>7.5	>5.0	>3.0
	Ⅱ型沥青混凝土、抗滑表层	>5.0	>4.0	—
流值 FL/(0.1 mm)	Ⅰ型沥青混凝土	20～40	20～45	20～50
	Ⅱ型沥青混凝土、抗滑表层	20～40	20～45	
空隙率 VV/(%)	Ⅰ型沥青混凝土	3～6	3～6	2～5
	Ⅱ型沥青混凝土、抗滑表层	4～10	4～10	—
	沥青碎石	>10	>10	
沥青饱和度 VFA/(%)	Ⅰ型沥青混凝土	70～85	70～85	75～90
	Ⅱ型沥青混凝土、抗滑表层	60～75	60～75	—
	沥青碎石	40～60	40～60	—

续表

项　　目	沥青混合料类型	高速、一级公路，城市快速路、主干路	其他等级公路、城市道路	人　行　道
残留稳定度 MS_0/(%)	Ⅰ型沥青混凝土 Ⅱ型沥青混凝土、抗滑表层	>75 >70	>75 >70	>75 —

注：(1)细粒式沥青混凝土的稳定度可降低 1～1.5 kN；

(2)细粒式及砂粒式沥青混凝土的空隙率可放宽至 2%～6%；

(3)沥青混凝土混合料的矿料间隙率(VMA)宜符合下表要求：

集料最大粒径/mm	35.5	31.5	26.5	19.5	16.0	13.2	9.5	4.75
VMA,不小于/(%)	12	12.5	13	14	14.5	15	16	18

2. 沥青混合料的组成材料

沥青混合料的组成材料包括沥青和矿料。矿料包括粗集料、细集料和填料。

1）沥青

沥青是沥青混合料的主要组成材料之一。沥青在混合料压实的过程中犹如润滑剂，将各种矿料组成的稳定骨架胶结在一起，经压实后形成的沥青混凝土具有一定的强度和所需的多种优良品质。沥青的质量对沥青混合料的品质有很大影响，沥青面层的低温裂缝和温度疲劳裂缝，以及在高温条件下的车辙深度、推挤、拥包等永久性变形都与沥青有很大的关系。热拌沥青混合料用沥青标号的选择见表 5-2。

表 5-2　热拌沥青混合料用沥青标号的选择

气候分区	最低月平均气温/℃	沥青标号	
		沥青碎石	沥青混凝土
寒区	低于−10	AH-90 AH-110 AH-130 A-100 A-140	AH-90 AH-110 AH-130 A-100 A-140
温区	0～10	AH-90 AH-110 A-100 A-140	AH-70 AH-90 AH-60 AH-100
热区	高于 10	AH-50 AH-70 AH-90 A-100 A-60	AH-50 AH-70 A-60 A-100

从使沥青路面具有优良的使用性能和较长的使用寿命的角度来讲，各个等级的公路都应使用性能优越的重交通道路石油沥青，其质量要求如表 5-3 所示。

表 5-3　重交通道路用石油沥青质量要求

试 验 项 目	AH-130	AH-110	AH-90	AH-70	AH-50
针入度(25 ℃,100 g,5 s)/(0.1 mm)	120～140	100～120	80～100	60～80	40～60
延度(5 cm/min,15 ℃)/cm,不小于	100	100	100	100	80
软化点(环球法)/℃	40～50	41～51	42～52	44～54	45～55
闪点(coc)/℃,不小于	230				
含蜡量(蒸馏法)/(%),不小于	3				

续表

试验项目		AH-130	AH-110	AH-90	AH-70	AH-50
密度(15 ℃)/(g/cm³)		实测记录				
溶解度(三氯乙烯)/(%),不小于		99.0				
薄膜加热试验,163 ℃ 5 h	质量损失率/(%),不大于	1.3	1.2	1.0	0.8	0.6
	针入度比/(%),不小于	45	48	50	55	58
	延度(25 ℃)/cm,不小于	75	75	75	50	40
	延度(15 ℃)/cm,不小于	实测记录				

注:(1) 有条件时,应测定沥青 60 ℃温度的动力黏度(Pa·s)及 135 ℃的运动黏度(mm²/s),并在检验报告中注明;

(2) 对高速公路、一级公路、城市快速路和主干路的沥青路面,如有需要,用户可对薄膜加热试验后的 15 ℃延度、黏度等指标向供方提出要求。

沥青混合料应符合规范的要求。在沥青混合料中,沥青标号的选择应根据当地气候条件、交通性质、路面类型、施工条件等按表 5-3 选用。当沥青标号不符合使用要求时,可采用不同标号的沥青掺配,掺配后技术指标应符合要求。

2) 粗集料

热拌沥青混合料用的粗集料包括碎石、破碎砾石、钢渣、矿渣等。高速公路和一级公路不得使用筛选砾石和矿渣。粗集料应洁净、干燥,表面粗糙,质量应符合表 5-4 的规定。粗集料的粒径规格如表 5-5 所列。高速公路和一级公路对粗集料的磨光值和集料与沥青的黏附性有所要求,以确保路面不出现磨光和剥落。若黏附性不符合要求时,可对集料掺入消石灰、水泥或石灰水处理或掺加耐水、耐热和长期性能好的抗剥落剂。

3) 细集料

沥青路面的细集料包括天然砂、机制砂和石屑。它应洁净干燥、无杂质,有适当颗粒级配,并且与沥青具有良好的黏结力。对于高等级公路的面层或抗滑表层,石屑的用量不宜超过砂的用量。采用花岗岩、石英岩等酸性石料轧制的砂或石屑,因与沥青的黏结性较差,不宜用于高等级公路。细集料的质量要求如表 5-6 所示。天然砂和石屑的规格要求分别如表 5-7 和表 5-8 所示。

表 5-4 沥青混合料用粗集料的质量技术要求

指标	单位	高速公路及一级公路		其他等级公路	试验方法
		表面层	其他层次		
石料压碎值,不大于	%	26	28	30	T 0316
洛杉矶磨耗损失,不大于	%	28	30	35	T 0317
表观相对密度,不小于	—	2.60	2.5	2.45	T 0304
吸水率,不大于	%	2.0	3.0	3.0	T 0304
坚固性,不大于	%	12	12	—	T 0314

续表

指　　标	单位	高速公路及一级公路		其他等级公路	试验方法
		表面层	其他层次		
针片状颗粒(混合料)含量,不大于	%	15	18	20	T 0312
其中粒径大于 9.5 mm 的,不大于	%	12	15	—	
其中粒径小于 9.5 mm 的,不大于	%	18	20	—	
水洗法<0.075 mm 的颗粒含量,不大于	%	1	1	1	T 0310
软石含量,不大于	%	3	5	5	T 0320

表 5-5　沥青用粗集料规格　(%)

规格名称	公称粒径/mm	通过下列筛孔(mm)的质量百分率												
		106	75	63	53	35.5	31.5	26.5	19.0	13.2	9.5	4.75	2.36	0.6
S1	40～75	100	90～100	—	—	0～15	—	0～5						
S2	40～60		100	90～100	—	0～15	—	0～5						
S3	30～60		100	90～100	—	—	0～15	—	0～5					
S4	20～50			100	90～100	—	—	0～15	—	0～5				
S5	20～40				100	90～100	—	—	0～15	—	0～5			
S6	15～30					100	90～100	—	—	0～15	—	0～5		
S7	10～30					100	90～100	—	—	—	0～15	0～5		
S8	15～25						100	90～100	—	0～15	—	0～5		
S9	10～20							100	90～100	—	0～15	0～5		
S10	10～15								100	90～100	0～15	0～5		
S11	5～15								100	90～100	40～70	0～15	0～5	
S12	5～10									100	90～100	0～15	0～5	
S13	3～10									100	90～100	40～70	0～20	0～5
S14	3～5										100	90～100	0～15	0～3

表 5-6　沥青混合料用细集料的质量技术要求

指　　标	高速公路、一级公路城市快速路、主干路	其他公路与城市道路
视密度/(g/cm^3),不小于	2.5	2.45
坚固性(>0.3 mm)/(%),大于	20	—
砂当量/(%),不小于	60	50
水洗法(<0.075 mm)/(%),不大于	3	5

表 5-7　沥青面层的天然砂规格

分　类		粗　砂	中　砂	细　砂
	筛孔尺寸/mm			
通过各筛孔的质量百分率/(%)	9.5	100	100	100
	4.75	90～100	90～100	90～100
	2.36	60～95	75～100	85～100
	1.18	35～65	50～90	75～100
	0.6	15～29	30～59	60～84
	0.3	5～20	8～30	15～45
	0.15	0～10	0～10	0～10
	0.075	0～5	0～5	0～5
细度模数		3.7～3.1	3.0～2.3	2.2～1.6

表 5-8　沥青面层的石屑规格

规格	公称粒径(mm)	通过百分率(方孔筛,mm)/(%)					
		9.5	4.75	2.36	0.6	0.3	0.075
S15	0～5	100	85～100	40～70	—	—	0～15
S16	0～3		100	85～100	20～50	—	0～15

任务 2　沥青混合料的配合比设计

沥青混合料的配合比设计就是确定混合料各组成部分的最佳比例，其主要是矿质混合料级配设计和最佳沥青用量确定，包括目标配合比设计、生产配合比设计和试拌试铺配合比调整三个阶段。

沥青混合料的设计方法主要有马歇尔设计法、体积设计法、Superpave 法等，其中马歇尔设计法是我国目前规范指定的设计法，而 Superpave 法和维姆法是目前在国外比较先进的设计方法。

热拌沥青混合料配合比设计包括实验室配合比(目标配合比)设计、生产配合比设计和试铺配合比调整等三个阶段。

工程案例

试设计山东省某高速公路沥青混合料的配合组成。

一、设计资料

(1) 该设计层为高速公路三层式结构的上面层，拟设计沥青混合料类型为 AC-13C 型。

(2) 气候条件：最高月平均气温 38 ℃，最低月平均气温−7 ℃，年降雨量为 100 mm。

(3) 材料性能：

①沥青材料——可供 70＃、90＃的道路石油沥青，其技术性能均符合要求。

②矿质材料。粗集料为当地石灰岩轧制碎石，其主要技术性能测试如下：

检测项目	检测结果	检测项目	检测结果
压碎值/(%)	14.9	粗集料与沥青的黏附性	5
磨耗值/(%)	8.77	含泥量/(%)	0.5
坚固性/(%)	8.41	集料磨光值 PSV/(%)	45.2
吸水率/(%)	1.21	软石含量/(%)	2.63
表观相对密度	>2.83	针片状颗粒含量/(%)	12.38

细集料为石灰石轧制的石屑，其主要技术性能测试如下：

检测项目	表观相对密度	坚固性/(%)	砂当量/(%)	含泥量/(%)
检测结果	>2.738	8.85	65	1.8

矿粉由石灰石磨细石粉，粒度范围等均符合要求。

根据现场取样，对粗集料、细集料和矿粉进行筛分试验，结果如下：

材料名称	筛孔尺寸/mm									
	16	13.2	9.5	4.75	2.36	1.18	0.6	0.3	0.015	0.075
	通过百分率/(%)									
碎石 1	100.0	80.1	13.4	0.0	0.0	0.0	0.0	0.0	0.0	0.0
碎石 2	100.0	100.0	99.7	15.8	0.9	0.0	0.0	0.0	0.0	0.0
石屑	100	100	100	100	79.6	55.6	36.6	19.1	11.0	5.6
矿粉	100	100	100	100	100	100	100	100	97	88

二、设计要求

(1) 根据原材料试验结果，判别组成材料是否满足质量要求。

(2) 矿质混合料配合比设计。

①根据道路等级、路面类型和结构层位确定沥青混凝土的矿质混合料的级配范围，用图解法确定符合级配范围的各种矿质材料的配合比。

②根据公路等级进行配合比调整。

(3) 确定沥青混合料的最佳沥青用量。

①根据当地的气候条件进行气候分区，确定沥青标号。

②根据规范推荐的相应矿质混合料类型对应的沥青用量范围，通过马歇尔试验，确定最佳沥青用量。马歇尔试验结果如下：

马歇尔试验物理-力学指标测定结果表

组号	沥青用量/(%)	技术性质					
		毛体积密度 ρ_s/(g/cm³)	空隙率 VV/(%)	矿料间隙率 VMA/(%)	沥青饱和度 VFA/(%)	稳定度 MS/kN	流值 FL /(0.1 mm)
1	4.0	2.409	5.9	16.10	50.89	10.8	20.2
2	4.5	2.421	6.8	16.00	55.92	12.3	22.6
3	5.0	2.452	4.9	15.4	68.47	12.5	24.3
4	5.5	2.467	3.6	15.30	76.26	11.3	28.90
5	6.0	2.480	2.80	15.5	81.93	10.20	31.60

根据高速公路对沥青混合料使用性能的要求,结合本高速公路的特点,需进行哪些方面的性能检测?试简述其检测方法。

三、对设计文件的要求

(1) 学生应统一设计用纸及统一的封面,并装订成册(第一页为空白纸,以做教师计分、评语用)。

(2) 图纸要求用铅笔在米格纸上绘制,并粘贴在设计纸相应的位置上。

(3) 计算过程详细、清楚,书写工整。

(4) 应独立思考,按规定时间上交。

任务分解

第一步:矿质混合料组成设计。

根据工程道路等级、路面类型和结构层位确定沥青混合料的级配范围。根据资料提供的筛分结果,试用图解法确定各种矿料的配合比。

第二步:沥青最佳用量的确定。

根据选定的矿质混合料的类型相应的沥青用量范围,通过马歇尔试验,确定最佳沥青用量,并进行水稳定性检测和车辙试验检测。

第三步:沥青混合料配合比检验。

对于高速公路和一级公路的密级配沥青混合料,需要在配合比设计的基础上进行各种路用性能(高温稳定性、低温抗裂性、水稳定性和渗水系数)的检测。如不符合规范要求,则需重新调整级配、沥青用量或者更换材料重新设计。

一、实验室配合比设计

热拌沥青混合料的实验室配合比(目标配合比)设计宜按图 5-8 所示步骤进行。

1. 矿质混合料级配设计

矿质混合料级配设计的目的是选配一个具有足够密实度并且具有较大内摩阻力的矿质混

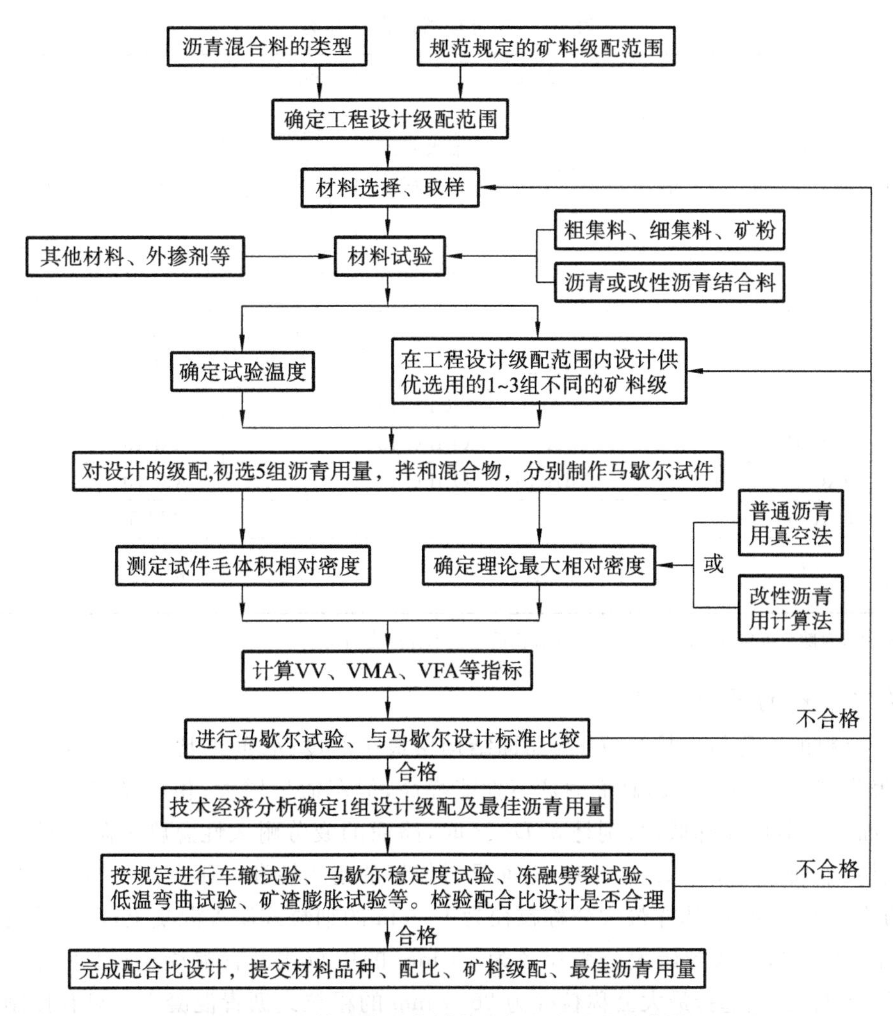

图 5-8　热拌沥青混合料的目标配合比设计步骤

合料。可以根据已有的级配理论计算出所需要的矿质混合料的级配范围,但为了应用已有的研究成果和实践经验,通常是采用推荐的矿质混合料级配范围,依以下步骤来确定：

1）确定沥青混合料类型

沥青混合料类型根据道路等级、路面类型和所处的结构层位,按表 5-9 选定。其中,密级配沥青混合料(DAC)适用于各级公路沥青面层的任何层次。一般特粗式沥青混合料适用于基层,粗粒式沥青混合料适用于下面层或基层,中粒式沥青混合料适用于中面层和表面层,细粒式沥青混合料适用于表面层和薄层罩面。砂粒式沥青混合料适用于非机动车道路、旅游道路或行人道路、沥青玛蹄脂碎石混合料(SMA)适用于铺筑新建公路的表面层、中面层或旧路面加铺磨耗层使用 。设计空隙率为 6%～12%的半开级配沥青碎石混合料(AM)仅适用于三级及三级以下公路、乡村公路,此时表面应设置致密的上封层;设计空隙率 3%～8%的密级配沥青稳定碎石混合料(ATB)和设计空隙率大于 18%的排水式沥青稳定碎石混合料(ATPB)适用于基层;设计空隙率大于 18%的开级配抗滑磨耗层沥青混合料(OGFC)适用于高速行车、多雨潮湿、不易被尘土污染、非冰冻地区铺筑排水式沥青路面磨耗层。

表 5-9　热拌沥青混合料种类

混合料类型	密级配		间断级配	开级配		半开级配	公称最大粒径/mm	最大粒径/mm
	沥青混凝土	沥青稳定碎石	沥青玛蹄脂碎石混合料	排水式沥青磨耗层	排水式沥青稳定碎石	沥青稳定碎石		
特粗式	—	ATB-40	—	—	ATPB-40	—	35.5	53.0
	—	ATB-30	—	—	ATPB-30	—	31.5	35.5
粗粒式	DAC-25	ATB-25	—	—	ATPB-25	26.5	31.5	
中粒式	DAC-20	—	SMA-20	—	—	AM-20	19.0	26.5
	DAC-16	—	SMA-16	OGFC-16	—	AM-16	16.0	19.0
细粒式	DAC-13	—	SMA-13	OGFC-13	—	AM-13	13.2	16.0
	DAC-10	—	SMA-10	OGFC-10	—	AM-10	9.5	13.2
砂粒式	DAC-5	—	—	—	—	AM-5	4.75	9.5
设计空隙率/(%)	3～5	3～8	3～4	＞18	＞18	6～12		

注：根据需要，空隙率可按各类沥青混合料的配合比设计技术标准适当调整。

2）确定矿料的最大粒径

沥青混合料的公称最大粒径(D)与路面结构层最小厚度(h)间的比例将影响路面的使用性能。研究表明：随着 h/D 增大，路面耐疲劳性能提高，但车辙量增大；相反，h/D 减少，车辙量也减少，但路面耐疲劳性能降低，特别是 $h/D<2$ 时，路面的疲劳耐久性急剧下降。对上面层 $h/D=3$，中面层及下面层 $h/D=2.5\sim3$ 时，路面具有较好的耐久性和可压实性。如对于结构层厚度为 4 cm 的路面上面层，应选择最大公称粒径为 13 mm 的细粒式沥青混凝土；对于结构层厚度为 6 cm 的路面中面层，应选择最大公称粒径为 19 mm 的中粒式沥青混凝土；对于结构层厚度为 7 cm的路面下面层，应选择最大公称粒径为 26.5 mm 的粗粒式沥青混凝土。只有控制了路面结构层最小厚度与矿料公称最大粒径之比，混合料才能拌和均匀，压实时易于达到要求的密实度和平整度，保证施工质量。各结构层适用的结构类型、公称最大粒径和最小压实层厚度见表 5-10。

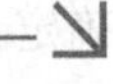

特别提示

粗集料最大粒径是指集料 100% 都能通过的最小的标准筛筛孔尺寸，而公称最大粒径则是指集料可能全部通过或允许有少量不通过(一般允许筛余不超过 10%)的最小标准筛筛孔尺寸，通常比最大粒径小一个粒级。

表 5-10　沥青混合料最小压实层厚度

公路等级			高速公路、一级公路		二级及二级以下公路		行人道路
表面层	公称最大粒径/mm	4.75	×	×	×	×	10
		9.5	25	25	25	25	20
		13.2	40	35	35	35	25
		16	45	40	45	40	×

续表

<table>
<tr><td colspan="3">公路等级</td><td colspan="2">高速公路、一级公路</td><td colspan="6">二级及二级以下公路</td><td colspan="2">行人道路</td></tr>
<tr><td rowspan="3">中面层</td><td colspan="2">结构层类型</td><td>DAC</td><td>SMA</td><td colspan="3">DAC</td><td colspan="3">SMA</td><td colspan="2">DAC</td></tr>
<tr><td rowspan="2">公称最大粒径/mm</td><td>16</td><td>45</td><td>40</td><td colspan="3">×</td><td colspan="3">×</td><td colspan="2">×</td></tr>
<tr><td>19</td><td>65</td><td>50</td><td colspan="3">×</td><td colspan="3">×</td><td colspan="2">×</td></tr>
<tr><td rowspan="7">下面层（基层）</td><td colspan="2">结构层类型</td><td>DAC</td><td>ATB</td><td colspan="2">DAC</td><td colspan="2">AM</td><td colspan="2">ATB</td><td>DAC</td><td>AM</td></tr>
<tr><td rowspan="6">公称最大粒径/mm</td><td>13.2</td><td>×</td><td>×</td><td colspan="2">35</td><td colspan="2">35</td><td colspan="2">×</td><td>35</td><td>35</td></tr>
<tr><td>16</td><td>×</td><td>×</td><td colspan="2">45</td><td colspan="2">40</td><td colspan="2">×</td><td>40</td><td>40</td></tr>
<tr><td>19</td><td>60</td><td>×</td><td colspan="2">60</td><td colspan="2">50</td><td colspan="2">×</td><td>55</td><td>×</td></tr>
<tr><td>26.5</td><td>80</td><td>80</td><td colspan="2">×</td><td colspan="2">60</td><td colspan="2">80</td><td>×</td><td>×</td></tr>
<tr><td>31.5</td><td>×</td><td>90</td><td colspan="2">×</td><td colspan="2">×</td><td colspan="2">90</td><td>×</td><td>×</td></tr>
<tr><td>35.5</td><td>×</td><td>100</td><td colspan="2">×</td><td colspan="2">×</td><td colspan="2">100</td><td>×</td><td>×</td></tr>
</table>

注：×表示不宜选用。

3）确定矿质混合料的级配范围

根据已确定的沥青混合料类型、矿料的最大粒径，可按表5-11推荐的矿质混合料级配范围确定所需的级配范围。

4）矿质混合料配合比计算

（1）测定组成材料的原始数据。根据现场取样，对粗集料、细集料和矿粉进行筛分试验。按筛分结果分别绘出各组成材料的筛分曲线，同时测出各组成材料的相对密度，供计算物理常数备用。

（2）计算组成材料的配合比。根据各组成材料的筛分试验资料，采用图解法或电算法，计算符合要求级配范围时各组成材料的用量比例。

（3）调整配合比。计算得的合成级配应根据如下要求做必要的调整。

①通常情况下，合成级配曲线宜尽量接近推荐级配范围中限，尤其应使0.075 mm、2.36 mm及4.75 mm筛孔的通过量尽量接近级配范围中限。

②根据公路等级和施工设备的控制水平、混合料类型确定设计级配范围上限和下限的差值，设计级配范围上下限差值必须小于规范级配范围的差值，通常情况下对4.75 mm和2.36 mm通过率的范围差值宜小于12%。

③确定设计级配范围时应特别重视工程实际情况，做到具体问题具体分析，选择符合工程需要的级配范围。

对于夏季温度较高、高温持续时间长，但冬季不太寒冷的地区，或者重载路段，应重点考虑抗车辙能力的需要，减小4.75 mm及2.36 mm的通过率，选用较高的设计空隙率。当采用密级配沥青混合料时，宜选用粗型密级配沥青混合料（CDAC）。

对于冬季温度较低，且低温持续时间长的北方地区，或者非重载路段，应在保证抗车辙能力的前提下，充分考虑提高低温抗裂性能，适当增大4.75 mm及2.36 mm的通过率，选用较小的设计空隙率。当采用密级配沥青混合料时，宜选用细粗型密级配沥青混合料（FDAC）。

对于我国许多地区，夏季温度炎热、高温持续时间长，冬季又十分寒冷，年温差特别大，且属于重载路段的工程，高温要求和低温要求发生严重矛盾时，应以提高高温抗车辙能力为主，兼顾提高低温抗裂性能的需要，在减小4.75 mm及2.36 mm的通过率的同时，适当增加0.075 mm通过率，使规范级配范围成型，并取中等或偏高水平的设计空隙率。

表 5-11　沥青混合料矿料级配及沥青用量范围

级配类型			通过下列筛孔(方孔筛,mm)的质量百分率/(%)															沥青用量/(%)
			53.0	35.5	31.5	26.5	19.0	16.0	13.2	9.5	4.75	2.36	1.18	0.6	0.3	0.15	0.075	
沥青混凝土	粗粒	AC-30Ⅰ		100	90～100	79～92	66～82	59～77	52～72	43～63	32～52	25～42	18～32	13～25	8～18	5～13	3～7	4.0～6.0
		AC-30Ⅱ		100	90～100	65～85	52～70	45～65	38～58	30～50	18～38	12～28	8～20	4～14	3～11	2～7	1～5	3.0～5.0
		AC-25Ⅰ			100	95～100	75～90	62～80	53～73	43～63	32～52	25～42	18～32	13～25	8～18	5～13	3～7	4.0～6.0
		AC-25Ⅱ			100	90～100	65～85	52～70	42～62	32～52	20～40	13～30	9～23	6～16	4～12	3～8	2～5	3.0～5.0
	中粒	AC-20Ⅰ				100	95～100	75～90	62～80	52～72	38～58	28～46	20～34	15～27	10～20	6～14	4～8	4.0～6.0
		AC-20Ⅱ				100	90～100	68～85	52～70	40～60	26～45	16～33	11～25	7～18	4～13	3～9	2～5	3.5～5.5
		AC-16Ⅰ					100	95～100	75～90	58～78	42～63	32～50	22～37	16～28	11～21	7～15	4～8	4.0～6.0
		AC-16Ⅱ					100	90～100	65～85	50～70	30～50	18～35	12～26	7～19	4～14	3～9	2～5	3.5～5.5
	细粒	AC-13Ⅰ						100	95～100	70～88	48～68	36～53	24～41	18～30	12～22	8～16	4～8	4.5～6.5
		AC-13Ⅱ						100	90～100	60～80	34～52	22～38	14～28	8～20	5～14	3～10	2～6	4.0～6.0
		AC-10Ⅰ							100	95～100	55～75	38～58	26～43	17～33	10～24	6～16	4～9	5.0～5.0
		AC-10Ⅱ							100	90～100	40～60	24～42	15～30	9～22	6～15	4～10	2～6	4.5～6.5
		AC-5Ⅰ								100	95～100	55～75	35～55	20～40	12～28	7～18	5～10	6.0～8.0
沥青碎石	特粗	AM-40	100	90～100	50～80	40～65	30～54	25～30	20～45	13～18	5～25	2～15	0～10	0～8	0～6	0～5	0～4	2.5～4.0
	粗粒	AM-30		100	90～100	50～80	38～65	32～57	25～50	17～42	8～30	2～20	0～15	0～10	0～8	0～5	0～4	2.5～4.0
		AM-25			100	90～100	50～80	43～73	38～65	25～55	10～32	2～20	0～14	0～10	0～8	0～6	0～5	3.0～4.5
	中粒	AM-20				100	90～100	60～85	50～75	40～65	15～40	5～22	2～16	1～12	0～10	0～8	0～5	3.0～4.5
		AM-16					100	90～100	60～85	45～68	18～42	6～25	3～18	1～14	0～10	0～8	0～5	3.0～4.5
	细粒	AM-13						100	90～100	50～80	20～45	8～28	4～20	2～16	0～10	0～8	0～6	3.0～4.5
		AM-10							100	85～100	35～65	10～35	5～22	2～16	0～12	0～9	0～6	3.0～4.5
抗滑表层		AK-13A						100	90～100	60～80	30～53	20～40	15～30	10～23	7～18	5～12	4～8	3.5～5.5
		AK-13B						100	85～100	50～70	18～40	10～30	8～22	5～15	3～12	3～9	2～6	3.5～5.5
		AK-16					100	90～100	60～82	45～70	25～45	15～35	10～25	8～18	6～13	4～10	3～7	3.5～5.5

在潮湿区、湿润区等雨水、冰雪融化对路面有严重威胁的地区，在考虑抗车辙能力的同时还应重视密水性的需要，防止水损害破坏，宜适当减小设计空隙率，但应保持良好的雨天抗滑性能。对于干旱地区的混合料，受水的影响很小，对密水性及抗滑性能的要求可放宽。

对于等级较高的公路，沥青层厚度较厚时，可采用较粗的级配范围；反之，对等级较低的公路，沥青层厚度较薄时，宜采用较细的级配范围。

对于重点考虑高温抗车辙能力、设计空隙率较大的混合料，细集料宜采用机制砂，或较多的石屑；对更需要低温抗裂性能、较小设计空隙率的混合料，宜采用较多的天然砂作细集料。

确定沥青混合料设计级配范围时应考虑不同层位的功能需要。表面层应综合考虑满足高温抗车辙能力、低温抗裂性能、抗滑的需要。对沥青层较厚的三层式面层，中面层应重点考虑高温抗车辙能力，底面层重点考虑抗疲劳开裂性能、密水性等。当沥青层较薄时，表面层以下各层都应在满足密水性能的同时，提高高温抗车辙能力，并满足抗疲劳开裂性能。

对高速公路，一级公路，城市快速路、主干路等交通量大、轴载重的道路，宜偏向级配范围的下限（粗集料）；对一般道路、中小交通量和人行道路等宜偏向级配范围的上限（细集料）。

合成的级配曲线应接近连续或合理的间断级配，不得有过多的犬牙交错。当经过再三调整，仍有两个以上的筛孔超过级配范围时，必须对原材料进行调整或更换原材料重新设计。

2. 确定混合料的最佳沥青用量

可以通过各种理论计算方法求出沥青混合料的最佳沥青用量。但由于实际材料性质的差异，按理论公式计算得到的最佳沥青用量仍然要通过试验修正。目前常用马歇尔法确定沥青用量。《公路沥青路面施工技术规范》规定的方法是在马歇尔法和美国沥青学会方法的基础上，结合我国多年研究成果和生产实践总结发展起来的更为完善的方法。该法确定沥青的最佳用量是按如下步骤进行：

1）制备试样

按确定的矿质混合料配合比确定各矿料的用量。根据以往工程的实践经验，估计适宜的沥青用量（或油石比）。以估计沥青用量为中值，以0.5%间隔上下变化的沥青用量制备马歇尔试件，试件数不少于5组。

2）测定物理、力学指标

在规定试验温度和试验时间内用马歇尔仪测试试样的稳定度和流值，同时计算毛体积密度、理论密度、空隙率、饱和度和矿料间隙率。

（1）毛体积密度。沥青混合料的压实试件的密度，可以采用水中重法（测定试件的毛体积密度）、表干法、体积法或封蜡法（测定毛体积密度）等方法测定。表干法适用于测定吸水率不大于2%的沥青混合料试件，包括Ⅰ型或较密实的Ⅱ型沥青混凝土、抗滑表层混合料、沥青玛蹄脂碎石混合料（SMA）试件的毛体积相对密度或毛体积密度。蜡封法适用于测定吸水率大于2%的沥青混凝土或沥青碎石混合料试件的毛体积相对密度或毛体积密度。水中重法适用于测定几乎不吸水的密实的Ⅰ型沥青混合料试件的表观相对密度或表观密度。以表干法为例，按式(5-6)计算毛体积相对密度，按式(5-7)计算毛体积密度。

$$\gamma_f=\frac{m_a}{m_f-m_w} \tag{5-6}$$

$$\rho_f = \frac{m_a}{m_f - m_w} \cdot \rho_w \tag{5-7}$$

式中：γ_f——用表干法测定的试件毛体积相对密度，无量纲；

ρ_f——用表干法测定的试件毛体积密度(g/cm^3)；

m_a——干燥试件的空气中质量(g)；

m_w——试件的水中质量(g)；

m_f——试件的表干质量(g)；

ρ_w——常温水的密度，约等于 1 g/cm^3。

(2) 理论最大相对密度或理论最大密度。沥青混合料试件的理论密度，是指压实(空隙率为零)沥青混合料试件(包括矿料内部孔隙)全部为矿料和沥青所组成的最大密度。理论密度可按下式计算。

按油石比(即沥青与矿料的质量比)计算时：

$$\gamma_t = \frac{100 + P_a}{\frac{P_1}{\gamma_1} + \frac{P_2}{\gamma_2} + \cdots + \frac{P_n}{\gamma_n} + \frac{P_a}{\gamma_a}} \tag{5-8}$$

按沥青含量(沥青质量占混合料总质量的百分率)计算时：

$$\gamma_t = \frac{100 + P_a}{\frac{P'_1}{\gamma_1} + \frac{P'_2}{\gamma_2} + \cdots + \frac{P'_n}{\gamma_n} + \frac{P_b}{\gamma_b}} \tag{5-9}$$

试件的理论最大密度按下式计算：

$$\rho_t = \gamma_t \times \rho_w \tag{5-10}$$

式中：γ_t——理论最大相对密度，无量纲；

$P_1, \cdots, P_n$——各种矿料占矿料总质量的百分率(%)；

$P'_1, \cdots, P'_n$——各种矿料占沥青混合料总质量的百分率(%)；

$\gamma_1, \cdots, \gamma_n$——各种矿料对水的相对密度($g/cm^3$)；

P_a——油石比(沥青与矿料的质量比)(%)；

P_b——沥青含量(沥青质量占沥青混合料总质量的百分率)(%)；

γ_t——沥青的相对密度(g/cm^3)。

(3) 空隙率。压实沥青混合料试件的空隙率根据其视密度和理论密度按下式计算：

$$VV = \left(1 - \frac{\gamma_f}{\gamma_t}\right) \times 100\% \tag{5-11}$$

式中：VV——试件空隙率(%)；

其余符号意义同前。

(4) 沥青体积百分率。压实沥青混合料试件中，沥青的体积与试件总体积的百分率称为沥青体积百分率，按下式计算：

$$VA = \frac{P_b \times \gamma_f}{\gamma_a} \tag{5-12}$$

或

$$VA = \frac{100 \times P_a \times \gamma_f}{(100 + \gamma_a) \times \gamma_a} \tag{5-13}$$

式中：VA——沥青混合料试件的沥青体积百分率(%)；

其余符号意义同前。

(5) 矿料间隙率。压实沥青混合料试件内矿料部分以外体积占试件总体积的百分率，称为矿料间隙率(voids in the mineral aggregate，简称 VMA)，亦即试件空隙率与沥青体积百分率之和，按下式计算：

$$VMA = VA + VV \tag{5-14}$$

式中：VMA——矿料间隙(%)；

VA、VV——意义同前。

(6) 沥青饱和度。压实沥青混合料中，沥青部分体积占矿料骨架以外的空隙部分体积的百分率，称为沥青填隙率(void filled with asphalt，简称 VFA)，亦称沥青饱和度。按下式计算：

$$VFA = \frac{VA}{VA + VV} \times 100\% \tag{5-15}$$

式中：VFA——沥青混合料中的沥青饱和度(%)；

VA、VV——意义同前。

3) 马歇尔试验结果分析

(1) 以沥青用量为横坐标，密度、空隙率、饱和度、稳定度、流值为纵坐标，将试验结果绘制成沥青用量与各物理、力学指标关系图，如图 5-9 所示。

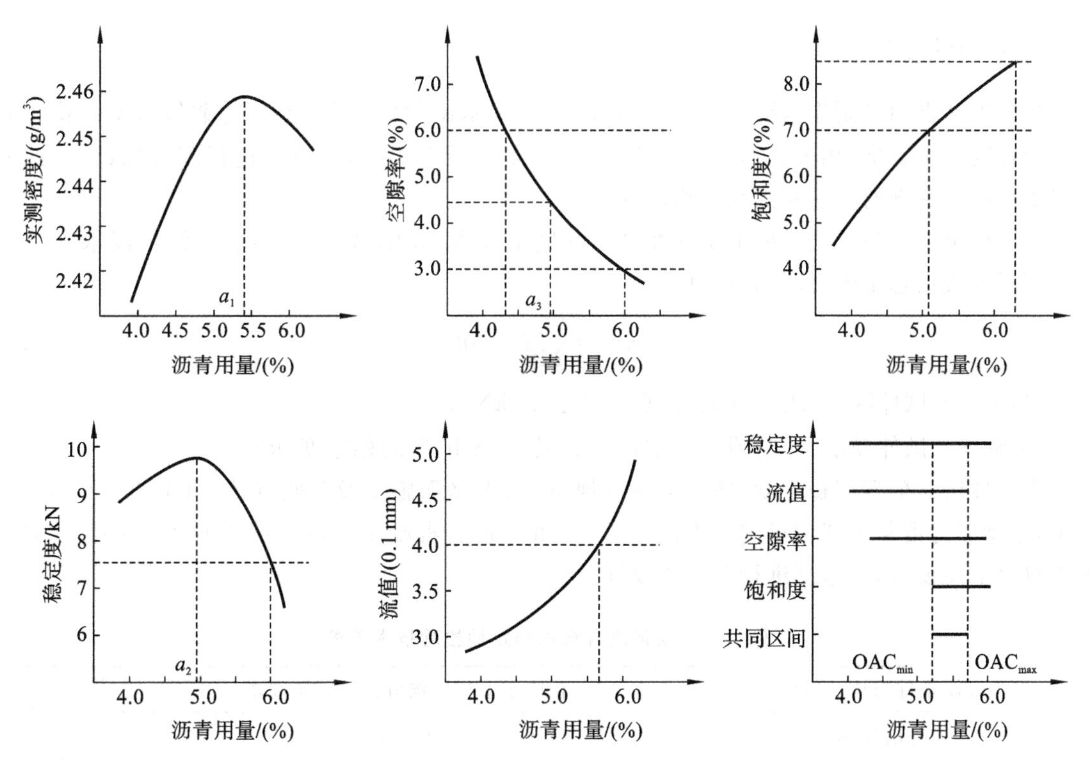

图 5-9 沥青用量与各项指标关系图

(2)从图 5-9 中求取相应于密度最大值的沥青用量 a_1，相应于稳定度最大值的沥青用量 a_2，及相应于规定空隙率范围中值的沥青用量 a_3，求取三者的平均值作为最佳沥青用量的初始值 OAC_1

$$OAC_1 = (a_1 + a_2 + a_3)/3 \tag{5-16}$$

(3) 求取各项指标均符合沥青混合料技术标准的沥青用量范围(见表5-11)OAC_{min}～OAC_{max},其中值为OAC_2。

$$OAC_2=(OAC_{min}+OAC_{max})/2 \tag{5-17}$$

(4) 按最佳沥青用量初始值OAC_1在图中求取相应的各项指标值,检查其是否符合规定的马歇尔设计配合比技术要求,同时检验VMA是否符合要求。如能符合时,由OAC_1和OAC_2以及实践经验综合确定沥青最佳用量OAC。如不能符合,应调整级配,重新进行配合比设计,直至各项指标均能符合要求为止。但由OAC_2单独确定作为最佳沥青用量OAC,且混合料空隙率接近要求范围的中值或目标空隙率时,也可使用。

(5) 根据气候条件和交通特性调整最佳沥青用量。

对热区道路以及车辆渠化交通的高速公路、一级公路、山区公路的长大坡度路段,预计有可能造成较大车辙的情况时,可以在设计空隙率符合要求的范围内将OAC减小0.1%～0.5%作为设计沥青用量,以适当提高设计空隙率。但施工时应加强碾压,提高压实度标准。

对寒区道路以及一般道路,最佳沥青用量可以在OAC基础上增加0.1%～0.3%,但不宜大于OAC_2的0.3%。以适当减小设计空隙率,但不得降低压实要求。

沥青混合料的粉胶比宜在1.0～1.2,不得超过1.6。

3. 水稳性检验

按最佳沥青用量制作马歇尔试件,进行浸水马歇尔试验(或真空饱水马歇尔试验),检验其残留稳定度是否合格(相关技术要求见表5-12)。如不符合要求,应重新进行配合比设计,或者采用掺加抗剥落剂的方法来提高水稳定性。

残留稳定度试验方法是标准试件在规定温度下浸水48 h(或经真空饱水后,再浸水48 h),测定其浸水残留稳定度,按下式计算:

$$MS_0=\frac{MS_1}{MS}\times 100 \tag{5-18}$$

式中:MS_0——试件浸水(或真空饱水)残留稳定度(kN);

MS_1——试件浸水48 h(或经真空饱水后浸水48 h)后的稳定度(kN)。

水稳性试验的残留稳定度,按我国现行规范《沥青路面施工及验收规范》(GB50092—1996)规定,Ⅰ型沥青混凝土残留稳定度不低于75%,Ⅱ型沥青混凝土残留稳定度不低于70%。如校核不符合上述要求,应重新进行配合比设计。

表5-12　沥青混合料水稳定性检验技术要求

气候条件与技术指标		相应于下列气候分区的技术要求(%)				试验方法
年降雨量/mm		>1 000	500～1 000	250～500	<250	
气候分区		潮湿区	湿润区	半干区	干旱区	
普通沥青混合料	浸水马歇尔试验残留稳定度/(%),不小于	80		75		T 0709
	冻融劈裂试验残留强度比/(%),不小于	75		70		T 0729

续表

气候条件与技术指标		相应于下列气候分区的技术要求(%)				试验方法
年降雨量/mm 气候分区		>1 000 潮湿区	500～1 000 湿润区	250～500 半干区	<250 干旱区	
改性沥青混合料	浸水马歇尔试验 残留稳定度/(%),不小于	85		75		T 0709
	冻融劈裂试验 残留强度比/(%),不小于	80		75		T 0729

4. 抗车辙能力检验

按最佳沥青用量制作车辙试验试件,在60 ℃条件下用车辙试验机检验其动稳定度。稳定度技术要求见表5-13,如不符合上述要求,应对矿料级配或沥青用量进行调整,重新进行配合比设计。

按最佳沥青用量制作车辙试验试件是按试验规程方法,在60 ℃条件下用车辙试验机对设计的沥青用量检验其动稳定度。

当沥青最佳用量OAC与两个初始值OAC_1和OAC_2相差甚大时,宜将OAC与OAC_1或OAC_2分别制作试件进行车辙试验。根据试验结果对OAC做适当调整,如不符合要求,应重新进行配合比设计。

抗车辙能力校核检验,按我国现行规范(GB50092—1996)规定,用于上面层、中面层的沥青混合料,在60 ℃时车辙试验的动稳定度,对高速公路、城市快速路宜不小于800次/mm;对一级公路及次城市干路宜不小于600次/mm。如不符合上述要求,应对矿料级配或沥青用量进行调整,重新进行配合比设计。

表5-13　沥青混合料车辙试验动稳定度技术要求

气候条件与技术指标		相应于下列气候分区所要求的动稳定度/(次/mm)									试验方法
七月平均最高气温/℃ 气候分区		>30 1. 夏炎热区				20～30 2. 夏热区				<20 3. 夏凉区	
		1-1	1-2	1-3	1-4	2-1	2-2	2-3	2-4	3-2	
普通沥青混合料	非改性,不小于	800	1 000			—	800			—	T 0719
	改性,不小于	1 500	2 000			1 000	1 500			800	
SMA混合料	非改性,不小于	2 000				1 500				1 200	
	改性,不小于	3 000				2 500				2 000	

注:(1) 如果八月平均最高气温高于七月时,应使用八月平均最高气温。

(2) 在特殊情况下,如钢桥面铺装、重载车和超载车多,或纵坡较大的长距离上坡路段,设计部门或工程建设单位可以提高动稳定度的要求。

(3) 为满足炎热地区及重载车要求,确定的设计沥青用量小于试验的最佳沥青用量时,可适当增加碾压轮的线荷载进行试验,但必须保证施工时加强碾压达到提高的压实度要求。

5. 低温抗裂性能检验

对于改性沥青混合料,应按最佳沥青用量OAC用轮辗机线型试件,在-10 ℃条件下用

50 mm/min的加载速率进行低温弯曲试验，检验其破坏应变是否符合规范要求（见表5-14）。当不符合要求时，应对矿料级配或沥青用量进行调整，必要时更换改性沥青品种重新进行配合比设计。但对SMA混合料、开级配沥青混合料，可不进行低温弯曲试验。

表5-14 沥青混合料低温弯曲试验破坏应变技术要求表

<table>
<tr><td colspan="2">气候条件与技术指标</td><td colspan="9">相应于下列气候分区所要求的破坏应变/με</td><td rowspan="4">试验方法</td></tr>
<tr><td colspan="2" rowspan="3">年极端最低气温/℃
气候分区</td><td colspan="2"><−35.0</td><td colspan="3">−21.5～−35.0</td><td colspan="2">−9.0～−21.5</td><td colspan="2">>−9.0</td></tr>
<tr><td colspan="2">1.冬严寒区</td><td colspan="3">2.冬寒区</td><td colspan="2">3.冬冷区</td><td colspan="2">4.冬温区</td></tr>
<tr><td>1-1</td><td>2-1</td><td>1-2</td><td>2-2</td><td>3-2</td><td>1-3</td><td>2-3</td><td>1-4</td><td>2-4</td></tr>
<tr><td rowspan="2">普通沥青混合料</td><td>非改性，不小于</td><td colspan="2">2 500</td><td colspan="3">2 000</td><td colspan="4">1 600</td><td rowspan="2">T 0728</td></tr>
<tr><td>改性，不小于</td><td colspan="2">3 000</td><td colspan="3">2 800</td><td colspan="4">2 500</td></tr>
</table>

6. 钢渣活性检验

对粗集料或细集料使用钢渣的沥青混合料进行马歇尔试验时，应增加3个试件，将试件在60 ℃水浴中浸泡48 h，然后取出冷却至室温，观察有无裂缝或鼓包，测量试件体积，其增大量不得超过1%。达不到要求的钢渣不得使用。

经过以上配合比设计试验及配合比设计检验，各项指标均符合要求的沥青混合料可作为设计的标准混合料。当设计指标达不到要求，应调整级配重新设计。当配合比检验指标不能达到要求时，应重新进行配合比设计，必要时更换集料或采用改性沥青等措施。

二、生产配合比设计

目标配合比确定后，应利用实际施工的拌和机进行试拌以确定生产配合比。试验前，应先根据级配类型选择振动筛筛号，使几个热料仓的材料相差不多，并与冷料仓筛号大致对应。最大筛孔应保证使超粒径料排出，使最大粒径筛孔通过量符合设计范围要求。试验时，按目标配合比设计的冷料比例上料、烘干、筛分，然后在热料仓取样筛分，与目标配合比设计一样进行矿料级配计算，得出不同料仓及矿粉用量比例，按此比例进行马歇尔试验。油石比可取目标配合比得出的最佳油石比及其±0.3%三档试验，并得到最佳油石比，供试拌试铺用。

三、试拌试铺配合比调整

试拌试铺配合比调整阶段也即生产配合比验证阶段。施工单位进行试拌试铺时，应报告监理部门和业主，工程指挥部会同设计、监理、施工人员一起进行鉴别。拌和机按照生产配合比结果进行试拌，在场人员根据试拌出的混合料对其级配和油石比发表意见。如有不同意见，应当适当调整，再进行观察，力求意见一致。然后用此混合料在试铺段上试铺，进一步观察摊铺、碾压过程和成型混合料的表面状况，判断混合料的级配和油石比。如不满意也应适当调整，重新试拌试铺，直至满意为止。同时，实验室密切配合现场施工，在拌和厂或摊铺现场采集沥青混合料试样，进行马歇尔试验、车辙试验、浸水马歇尔试验及抽提试验等，再次检验混合料的实际级配和油石比，以及混合料的高温稳定性和水稳定性。同时按照规范规定的试铺段铺筑要求进行其他试验。当全部满足要求时，便可进入正常生产阶段。

根据标准配合比及质量管理要求中各筛孔的允许波动范围，制订工程施工用的级配控制范围，用以检验和控制沥青混合料的施工质量。

经设计确定的标准配合比在施工过程中不得随意变更。生产过程中，应加强日常跟踪检测，严格控制进场材料的质量。如遇进场材料变化，并经检测沥青混合料的矿料级配，马歇尔技术指标不符合要求时，应及时调整配合比，使沥青混合料的质量符合要求并保持相对稳定，必要时重新进行配合比设计。

例 5-1 某高速公路沥青路面上面层沥青混合料配合比设计。

1. 设计资料

该高速公路沥青路面结构为三层式结构，上面层结构设计厚度 4 cm。气候条件：7 月份平均最高气温为 32 ℃，年极端最低气温为 −6.5 ℃，年降雨量为 1 500 mm。沥青材料：沥青密度 1.025 g/cm³，经检验各项技术性能均符合要求。矿质材料：集料采用石灰石轧制，抗压强度 120 MPa，洛杉矶磨耗率 12%，黏附性等级 5 级，表观密度 2.70 g/cm³。矿粉采用石灰石磨细石粉，粒度范围符合技术要求，无团粒结块，表观密度 2.68 g/cm³。

2. 设计要求

(1) 确定沥青混合料类型，并进行矿质混合料配合比设计；
(2) 确定最佳沥青用量；
(3) 根据高速公路用沥青混合料要求，检验沥青混合料的水稳定性和抗车辙能力。

解 1) 矿质混合料配合比设计

①确定沥青混合料类型以及矿质混合料的级配范围。

根据设计资料，所铺筑道路为高速公路，沥青路面为上面层，结构层厚度为 4 cm。选择 AC-13I型沥青混合料，相应的设计级配范围查表 5-11 确定，设计级配范围和中值见表 5-15。

表 5-15 矿质集料级配与设计级配范围阶段 (%)

材料名称	下列筛孔(mm)的通过百分率									
	16.0	13.2	9.5	4.75	2.36	1.18	0.6	0.3	0.15	0.075
集料 A	100	93	17	0	—	—	—	—	—	—
集料 B	100	100	100	84	41	8	4	0	—	—
集料 C	100	100	100	100	92	82	42	21	11	4
集料 D	100	100	100	100	100	100	100	100	96	87
AC-13 的级配范围	100	95～100	70～88	46～68	36～53	34～43	18～30	12～22	8～16	4～8
级配范围中值	100	98	79	57	43	33	24	17	12	6

②采用图解法进行矿质混合料配合比设计。

步骤1:绘制图解法用图。

根据表5-15中AC-13I沥青混合料的级配中值数值,确定各筛孔尺寸在横坐标上的位置。然后将各档集料与矿粉的级配曲线绘制在图中。

步骤2:确定各种集料用量。

在集料A与集料B级配曲线中可以分别求出集料A的用量 $X=31\%$,集料B的用量 $Y=30\%$,集料C的用量 $Z=31\%$,矿粉D的用量 $W=8\%$。

步骤3:配合比校核与调整。

按照集料A∶集料B∶集料C∶矿粉D=31%∶30%∶31%∶8%的比例,计算矿质混合料的合成级配,结果见表5-16。由表5-16可以看出,合成级配在筛孔0.075 mm的通过百分率为8.2%,超出了设计级配范围(4%~8%)的要求,需要对集料比例进行调整。通过试算,采用减少集料B、增加集料C并减少矿粉D用量的方法来调整配合比。

表5-16 矿质混合料合成级配校核计算用表 (%)

材料名称		下列筛孔(mm)的通过百分率									
		14.0	13.2	9.5	4.75	2.36	1.18	0.6	0.3	0.15	0.075
各种矿料在混合料中的级配	A集料 31%(31%)	31.0	28.8	5.3	0						
		31.0	28.8	5.3	0						
	B集料 30%(26%)	30.0	30.0	30.0	25.2	42	24	12	0		
		26.0	26.0	26.0	21.8	36	21	10	0		
	C集料 31%(37%)	31.0	31.0	31.0	31.0	28.5	25.4	13.0	65	34	12
		35.0	35.0	35.0	35.0	34.0	30.3	15.5	78	41	15
	D集料 8%(6%)	8	8	8	8	8	8	8	8	5.9	7
		6	6	6	6	6	6	6	6	5.8	5.2
合成级配 100%(100%)		100	95.8	74.3	64.2	41.7	35.8	22.2	14.5	11.3	8.2
		100	95.8	74.3	64.2	43.6	38.4	22.6	13.8	9.9	6.7
级配范围		100	95~100	70~88	48~68	36~53	24~41	18~30	12~22	8~16	4~8

经调整后的配合比为集料A∶集料B∶集料C∶矿粉D=31%∶26%∶37%∶6%。调整后,矿质混合料的合成级配见表5-16中括号内的数值,可以看出,合成级配曲线完全在设计要求的级配范围之内,并且接近中值。因此,本例题配合比设计结果为碎石用量 $X=31\%$,石屑用量 $Y=26\%$,砂的用量 $Z=37\%$,矿粉用量 $W=6\%$。

2) 沥青混合料马歇尔试验

①试件成型。

根据经验AC-13I型沥青混合料的沥青用量范围为4.5%~6.5%。采用0.5%间隔变化,分别选择沥青用量4.5%、5.0%、5.5%、6.0%、6.5%拌制五组沥青混合料,每面各击实75次成型五组试件。

②试件物理-力学指标的测定。

根据沥青混合料的材料组成，计算各个沥青用量下试件的理论最大密度。采用表干法测定试件在空气中的质量和表干质量，计算试件的毛体积密度、矿料间隙率、沥青饱和度等体积参数指标。

在 60 ℃温度下，测定各组试件的马歇尔稳定度和流质。

表 5-16 中最后一行的数据是沥青混合料各项指标的技术要求，供对照评定。

③绘制沥青混合料物理-力学指标与沥青用量的关系图。

根据前述所得数据，绘制沥青用量与毛体积密度、空隙率、沥青饱和度、马歇尔稳定度和流值等指标的关系曲线图。

3）最佳沥青用量确定

①确定最佳沥青初始用量 OAC_1。

由关系曲线得，与马歇尔稳定最大值对应的沥青用量 a_1＝5.4％，对应于密度最大值的沥青用量 a_2＝6.0％，对应于规定空隙率范围中值的沥青用量 a_3＝5.1％，将 a_1、a_2、a_3 代入式(5-16)，得到最佳沥青初始值：

$$OAC_1=(5.4\%+6.0\%+5.1\%)/3=5.5\%$$

②确定最佳沥青初始用量 OAC_2。

确定各项指标均符合沥青混合料技术标准要求的沥青用量范围，由关系曲线图可得 OAC_{min}＝4.9％，OAC_{max}＝5.7％，代入式(5-17)得：

$$OAC_2=(4.9\%+5.7\%)/2=5.3\%$$

沥青最佳用量初始值 OAC_1＝5.5％∈（OAC_{min}，OAC_{max}）＝(4.9，5.7)，即当沥青用量为 5.5％时，沥青混合料试件的各项指标均能符合技术要求。

③综合确定最佳沥青用量 OAC。

一般条件下，以 OAC_1 和 OAC_2 的平均值作为最佳沥青用量，即 OAC＝5.4％。

当地 7 月平均最高气温 32 ℃，年极端最低气温－6.5 ℃，查表确定该沥青路面的气候分区属于夏炎热冬温区(1－4)，考虑在高速公路上渠化交通对沥青路面的作用，预计可能出现车辙，故在中限值 OAC_2 与下限值 OAC_{min} 之间再确定一个沥青最佳用量 OAC'＝5.1％。

4）沥青混合料的水稳定性检验

采用沥青用量 5.1％和 5.4％分别制备沥青混合料试件，按照规定方法进行浸水马歇尔试验和冻融劈裂试验，试验结果见表 5-17。从表 5-17 试验结果可知，在 OAC'＝5.1％和 OAC＝5.4％两个沥青用量下，沥青混合料的浸水残留稳定度大于 80％，冻融劈裂强度比大于 75％，满足对沥青混合料水定性技术要求。

表 5-17　沥青混合料水稳定性试验结果

沥青用量/(％)	浸水残留稳定度 MS_0/(％)	冻融劈裂强度比 TSR/(％)
OAC＝5.4	89	82
OAC＝5.1	82	75
1-4 区要求值	≥80	≥75

5）沥青混合料抗车辙能力检验

采用沥青用量5.1%和5.4%分别制备车辙试件，按照规定方法进行车辙试验，试验结果见表5-18。在两种沥青用量下，试件的动稳定度均大于1 000次/mm，符合高等级道路对沥青混合料抗车辙性能的技术要求。

表5-18 沥青混合料车辙试验结果

沥青用量/(%)	OAC=5.4	OAC=5.1	1-4区要求值
动稳定度DS/(次/mm)	1 130	1 380	≥1 000

由以上试验结果可见，当沥青用量为5.1%时，水稳定性能够符合要求，且沥青混合料的动稳定度较高，因此可以选择沥青用量5.1%作为最佳沥青用量。

任务3 其他沥青混合料

一、沥青玛蹄脂碎石混合料

SMA(stone mastic asphalt)混合材料是由沥青玛蹄脂填充沥青组成的混合料，又称沥青玛蹄脂混合料，是具有高比例的粗集料和高矿粉含量的间断级配混合料。矿质集料中4.75～16 mm的粗集料高达70%～80%，矿粉用量为8%～13%，一般0.075 mm的通过率高达10%，细集料很少。由于粗骨料之间的接触形成了具有抵抗永久变形能力的骨架结构，高比例的、单一粒径的粗集料使颗粒之间具有很好的嵌锁。SMA混合材料自20世纪60年代起源于德国，90年代初引入美国，1993年在我国首都机场高速公路首次应用。我国根据其构成原理，在《公路沥青路面设计规范》中将其命名为沥青玛蹄脂碎石混合料。

SMA混合料的组成特点是三多一少，即粗集料多，矿粉多，沥青多，细集料少，并掺有纤维增强剂。其具有以下特点：

1. 高稳定性

SMA是由粗集料以及轧制石料的间断级配混合料形成，是目前通用的两种结构形式的有机组合，属于骨架密实结构，具有粗集料多、矿粉多、沥青结合料多、细集料少、掺加纤维增强剂及材料要求高的特点，石料与石料之间存在良好的嵌挤作用，具有高稳定性，可以抵抗永久变形。所以，SMA既保持了大孔隙排水性路面表面功能好的优点，又克服了耐久性差的缺点，兼具嵌挤和密实型混合料的长处，同时具有较高的黏结力和内摩阻力。

2. 高抗磨和抗滑性能

由于SMA全部采用轧制的具有粗糙表面的高磨光值和低压碎值的高质量碎石，并具有粗糙的表面,同时由于间断级配混合料形成构造深度大的沥青面层,因此具有良好的抗滑和耐磨性能,还能减少溅水,降低噪声。

3. 良好的耐久性

由高用量沥青胶结料、矿质填料和稳定添加剂组成的胶结料玛碲脂,将粗集料颗粒黏结在一起形成厚的沥青膜,而且黏稠的、没有空隙的玛碲脂部分填充矿料骨架空隙,并将之紧密地胶结在一起,使 SMA 具有抵抗早期开裂、松散及水损害的能力。

4. 良好的施工性能

由于 SMA 采用了稳定添加剂,保证了间断级配混合料在生产、运输和摊铺过程中保持均匀而不离析。稳定添加剂可以防止集料结构的位移,因而也增进了表面层的稳定性。

二、多孔抗滑排水式沥青混合料

排水沥青混合料是一种新型的沥青路面结构,具有排水、防滑和降低交通噪声等功能。排水沥青混合料的组成结构为骨架空隙结构。其集料采用间断级配(或称开级配),粗集料含量大且粒径单一,细集料含量少,结构空隙率很大,为 20%左右,设计沥青用量为 3%～5%。排水沥青混合料具有空隙率大、粗集料含量高的特点。它能通过较大的空隙迅速排除路表降水,减小路表水膜厚度,使行车时车轮与路面有足够的接触面积,避免高速行车时产生水滑或水漂现象,保证驾驶安全。车轮在常规的沥青路面上高速转动与路面水相撞击形成水花飞溅而产生水雾,在强光照射下形成眩光,干扰驾驶员视觉,造成安全事故,而排水沥青路面会大大减少因飞溅产生的水雾,从而提高行车安全。

排水沥青路面起源于欧洲,1960 年德国首次兴建此种路面,被称为 porous asphalt,即大空隙或排水型路面;在英国也称为 pervious macadam,即大空隙沥青碎石。美国和日本称之为 open graded asphalt frichtion course,简称 OGFC,即开级配沥青排水层。自 20 世纪 80 年代末起,排水沥青路面在欧洲、北美、日本和澳大利亚得到广泛的应用。

透水式多孔性沥青路面虽然在许多国家已研究和应用了多年,但至今尚没有十分完善的混合料配合比设计方法。由于各国道路条件和环境条件不同,所以在配制多孔性沥青混合料时,各国的具体方法都有很大的差别。同时由于多孔性沥青路面与普通沥青路面相比较,在技术上有其难点和复杂性,因此在关键技术上不同国家不尽相同。纵观世界各国对透水式多孔性沥青路面的研究和实际应用的经验,修好这种路面的技术关键在于以下三个方面:

1. 保证混合料的高孔隙性

路面的孔隙越大,排水性也越好,抗滑、降噪的效果也越好,因此,保证其高孔隙性是必要的。根据理论研究和实际使用经验,这种路面的空隙率必须大于 15%,而为了防止孔隙被尘埃所堵塞,混合料的初始孔隙率应达到 20%,甚至更大。

2. 保证混合料足够的抗松散能力

为透水而要求路面空隙率大,这与普通沥青路面要求防止渗水以求得耐久的使用寿命正好相反。路面透水和水长期滞留在路面内部，对路面的侵蚀是十分严重的，这就容易造成路面剥落，进而使路面松散，因此，多孔性沥青混合料必须具备足够的水稳定性，这在混合料设计时应予以足够的重视。

3. 保证混合料具有一定的力学强度

多孔性沥青混合料主要是由粗集料组成，细集料少，粗颗粒之间是点接触，不能形成紧密的嵌锁，混合料的强度大为降低。空隙率越大，强度越低。因此，多孔性路面只有具备一定的强度才能承受高速行车的作用。

三、多碎石沥青混凝土

多碎石沥青混凝土是指 4.75 mm 以上碎石含量占主要部分的密级配沥青混凝土。

我国传统采用的密级配沥青混凝土根据其空隙率的大小分为Ⅰ型和Ⅱ型两种类型。Ⅱ型沥青混凝土中 4.75 mm 以上碎石含量多，因此它具有较好的抗变形能力和较好的表面构造深度；Ⅰ型沥青混凝土中细颗粒含量多，具有较小的空隙率。沙庆林院士在 1988 年根据Ⅰ型和Ⅱ型沥青混凝土各自的特点首次提出了多碎石沥青混凝土的理论，旨在通过多碎石结构来达到既保持传统的Ⅰ型密级配沥青混凝土空隙率小、透水性小的优点，又能提供要求的表面构造深度，同时又具有较好的抗变形能力。

实践证明，多碎石沥青混凝土的使用性能达到了预定目的，自 1988 年铺筑试验段以来，已在我国 1 000 多公里的高速公路上得到应用。多碎石沥青混凝土是粗集料间断级配的沥青混凝土，抗滑性能好，空隙率小，抗变形能力好，且不增加造价。

但多碎石沥青混凝土在应用过程中也会出现一些问题：一是虽然在实验室试验所得的空隙率符合规范，但现场空隙率却过大而造成路面早期水损坏，这是由于施工时压实度不足和忽视温度对混合料密度的影响而造成的；二是在有的多碎石沥青混凝土路面上早期出现局部坑洞、辙槽、泛油、横向裂缝等，这些与沥青混凝土的不均匀性有关。

四、大粒径沥青混凝土

大粒径沥青混合料（large-stone asphalt mixes，简称 LSAM），指含有矿料的最大粒径在 25～53 mm之间的热拌热铺沥青混合料。

LSAM 通常铺筑在表面层的下面，其上的细集料表面层，在保证必需的铺筑厚度和压实性的前提下，应当尽可能减薄其厚度，以便最大程度地发挥 LSAM 的抗车辙能力。

目前，国外研究成果和实践表明，大粒径沥青混凝土具有以下优点：

（1）级配良好的 LSAM 可以抵抗较大的塑性和剪切变形，承受重载交通的作用，具有较好的抗车辙能力，提高了沥青路面的高温稳定性。特别对于低速、重车路段，需要的持荷时间较长时，设计良好的 LSAM 与传统沥青混凝土相比，显示出十分明显的抗永久变形能力。

（2）大粒径集料的增多和矿粉用量的减少，使得在不减少沥青膜厚度的前提下，减少了沥青的总用量，从而降低了工程造价。

(3) 可一次性摊铺较大的厚度,缩短工期。

(4) 沥青层内部储温能力高,热量不易散失,利于寒冷季节施工,延长施工期。

五、再生沥青混合料

沥青路面的再生利用,就是将需要翻修的路面,经过翻挖、回收、破碎、筛分后,根据工程实际情况和要求,与再生剂、新集料、新沥青材料按适当的比例混合,经过拌和、摊铺、碾压后形成具有一定路用性能的再生面层或基层的一整套技术和工艺。

长期以来,我国沥青路面的设计和施工标准较低,路面养护和翻修工作量倍增,工程材料的需求量巨大。早在20世纪70年代,一些基层养路部门就已经自发地开始进行废旧渣油路面材料再生利用的尝试。1982年,交通部科技局正式将沥青路面再生利用作为重点科技项目下达,由同济大学负责该课题研究的协调工作,开展了比较系统的试验研究,使研究的深度和广度增大。通过室内外大量的试验分析,研究人员对沥青再生的本质有了深刻的认识,探明了沥青再生的科学途径,并在此基础上建立起沥青路面的再生设计方法。据不完全统计,至1986年,我国铺筑再生沥青路面已经累计超过600 km。到20世纪90年代,我国进入了大规模的高速公路建设时期,沥青路面再生技术的研究和推广暂时被搁置下来。到2000年,我国已建成高速公路累计超过10 000 km,一些先期建成的高速公路路面将陆续进入翻修阶段,沥青路面材料的再生技术必将会被重新重视起来。

铺筑再生沥青路面,由于大大减少了筑路材料的用量,因而节省了工程费用,经济效益十分明显。尤其在缺乏砂石材料的地区,由于砂石材料都是从外地转运过来,成本较高,采用沥青路面再生技术,所节约的工程投资是十分可观的。即使在盛产砂石材料的地区,也能够节约大量的材料费用。根据美国联邦公路管理局的调查,旧沥青路面再生利用,可节约材料费53.4%,路面降低造价25%左右,沥青节约50%。1980年,美国使用了约5 000万吨旧路面材料,节约投资达3.95亿美元。我国在20世纪80年代的经验表明,由于铺筑再生沥青路面,其材料费平均节省45%~50%,除去翻挖路面、破碎、过筛、添加再生剂等需要增加费用外,与铺筑新沥青路面相比较,亦可降低工程造价约20%~25%,大体上与国外许多国家的经验相当。

单元小结

沥青混合料是目前我国高等级公路的主要筑路材料,由于它能很好地满足现代交通对路面的性能要求,因而被广泛应用于高速公路,一级公路,城市快车道、主干道和其他公路。

典型的沥青路面具有如下优点。①沥青混合料是一种黏弹性材料,具有良好的力学性质,铺筑的路面平整无接缝,振动小,噪声低,行车舒适。②路面平整且有一定的粗糙度,耐磨性好,无强烈反光,有利于行车安全。③施工方便,不需养护,能及时开放交通。④维修简单,旧沥青混合料可再生利用。

典型的沥青路面具有如下缺点。①老化:在长期的大气因素作用下,因沥青塑性降低,脆性增强,黏聚力减小,导致路面表层产生松散,引起路面破坏。②温度稳定性差:夏季高温沥青易软化,路面易产生车辙、波浪等现象;冬季低温时易脆裂,在车辆重复荷载作用下易产生开裂。

1. 沥青混合料按组成结构可为哪三类？各种类型的沥青混合料各有什么特点？
2. 影响沥青混合料强度的因素有哪些？
3. 沥青混合料应具备的主要技术性质是什么？如何评价它们？
4. 马歇尔指标有哪些？如何控制沥青混合料的技术性质？
5. 最佳沥青用量是如何确定的？
6. 简述沥青混凝土混合料配合比设计步骤。
7. 何谓亲水性？矿粉的亲水系数怎样表示？矿粉的亲水系数对沥青混合料的性质有何影响？
8. 沥青混合料的抗剪强度取决于哪两个值？这两个值与哪些因素有关？
9. 确定最佳沥青用量时应绘制哪些关系曲线？并说明每条曲线的变化规律。
10. 什么是沥青马蹄脂碎石混合料？其组成材料有何特点？技术性质有何特征？

学习模块 6 钢材的检测与应用

学习目标

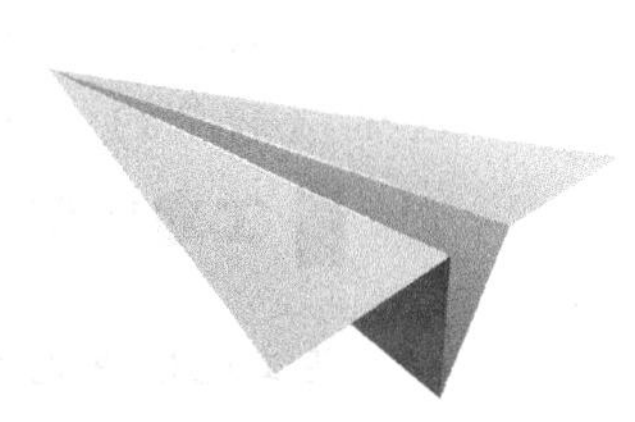

教学目标

通过本模块的学习，使学生能够根据工程需要合理选用钢材的种类，能够熟练对钢材的技术性质指标进行试验检测，并对其质量进行正确的评定。

教学要求

知识目标	能力目标	技能目标
建筑钢材的技术性质	(1) 能熟悉钢材的分类和钢铁中化学元素对钢材性能的影响。 (2) 掌握钢材的主要技术性质	(1) 熟练掌握钢筋拉伸试验操作过程。 (2) 熟练掌握钢筋冷弯试验操作过程。 (3) 能够对数据进行处理，并做出相应的判定
建筑钢材在路桥工程中的应用与技术要求	(1) 能理解桥梁建筑用钢应满足的主要性能要求。 (2) 能依据技术要求对钢材进行合理的选用	

任务 1 建筑钢材的基础知识

建筑钢材是指用于建筑工程中的各种钢材，如钢结构中用的各种型钢、钢板和用于钢筋混凝土结构的钢筋、钢丝等。

钢材是在严格的技术控制下生产的材料。它的品质均匀，强度高，有一定的塑性和韧性，具有承受冲击和振动荷载的能力，可以焊接或铆接，便于装配。因此用型钢作建筑结构，安全性大，自重较轻，适用于大跨度桥梁。由于钢结构耗钢量大，现代建筑广泛采用钢筋混凝土结构。这样，不仅节约了钢材，而且还克服了钢材易腐蚀和维修费用大的缺点。

工程案例

某工地根据施工需要采购了一批钢材用于桥梁结构中，如图 6-1 所示。请根据相关标准和规范进行验收和检测。

图 6-1 采购的钢材

任务 1：通过学习钢材的基本知识，在教师的指导下，结合具体工程图片，谈论钢材的分类。

任务 2：通过学习钢材的主要技术性质，在教师的指导下，熟练进行钢材主要技术性质的试验检测操作，掌握试验方法，正确处理试验数据，并对其质量进行正确的评定。

一、钢材的分类

钢的品种繁多，为了便于供应、管理及合理选用，常将钢按如下角度进行分类：

1. 按化学成分分类

1）碳素钢

碳素钢亦称碳钢，是含碳量小于2%（质量分数）的铁碳合金。按含碳量可将碳素钢分为：低碳钢（含碳量＜0.25%）、中碳钢（含碳量为0.25%～0.60%）和高碳钢（含碳量＞0.60%）。

2）合金钢

为改善钢的性能，在钢中特意加入某些合金元素，在满足塑性、韧性及工艺性能（主要指可焊性）要求的条件下，使钢具有更高的强度，并具有耐腐蚀性、耐磨损等优良性能，此类钢材即合金钢。合金钢按合金元素含量分为三类：低合金钢（合金元素总含量＜5%）、中合金钢（合金元素总含量为5%～10%）和高合金钢（合金元素总含量＞10%）。

建筑用钢主要是普通碳素钢和普通低合金钢两大类。

2. 按有害杂质含量分类

按有害杂质含量的不同分类，主要是按硫（S）和磷（P）的含量分类，可分为以下几种：

普通钢（P≤0.045%，S≤0.050%）

优质钢（P、S均≤0.035%）

高级优质钢（P≤0.025%，S≤0.025%）

特级优质钢（P≤0.025%，S≤0.015%）

3. 按冶炼时脱氧程度分类

在冶炼过程中，部分铁被氧化为氧化铁，这将严重影响钢材的质量。因此，在浇铸钢锭之前，首先要进行脱氧，常用的脱氧剂有硅铁、锰铁、铝等，其中以铝为最佳。根据脱氧程度的不同，钢可以分为以下几种：

1）沸腾钢（代号为F）

沸腾钢为脱氧不完全的钢，钢液中含氧量较高，有较多的氧化亚铁，它与碳发生化学反应，产生大量的一氧化碳气体，在钢液凝固时气泡从钢液中逸出，钢液呈剧烈沸腾状。沸腾钢内部杂质和杂物多，组织不够致密，气泡含量较多，化学成分和力学性能不够均匀且可焊性差，但其生产成本较低，可用于一般的建筑结构。

2）镇静钢（代号为Z）

镇静钢脱氧充分，钢水浇入锭模后平静地凝固，基本无气泡产生，组织致密，化学成分均匀，力学性能好，品质好，但成本较高。镇静钢可用于承受冲击荷载的重要结构。

3）半镇静钢（代号为b）

半镇静钢的材质和脱氧程度介于沸腾钢与镇静钢之间，是建筑工程中应用最广泛的一种钢材。

4）特殊镇静钢（代号为TZ）

特殊镇静钢亦称特殊钢，是一种比镇静钢脱氧还要充分彻底的钢，所以其质量最好，适用于特别重要的结构工程。

4. 按用途的不同分类

1）结构钢

结构钢用于建筑结构、机械制造等，一般为低、中碳钢。

2）工具钢

工具钢用于各种工具，一般为高碳钢。

3）特殊钢

特殊钢是具有各种特殊物理-化学性能的钢，如不锈钢。

特别提示

由于桥梁结构需要承受车辆荷载的作用，同时需要承受各种大气环境因素的考验，对于桥梁用钢材要求具有高的强度，良好的塑性、韧性和可焊性。因此，桥梁建筑用钢材、钢筋混凝土用钢筋，就其用途分类来说，属于结构钢；就其质量分类来说，属于普通钢；按含碳量的分类来说，属于低碳钢。所以桥梁结构用钢和钢筋混凝土用钢筋是属于碳素结构钢或低合金结构钢。

二、钢材的技术性质

1. 力学性能

钢材在建筑结构中主要是承受拉力、压力、弯曲、冲击等外力作用。施工中还经常对钢材进行冷弯或焊接等。因此，钢材的力学性能和工艺性能既是设计和施工人员选用钢材的主要依据，也是生产钢材、控制材质的重要参数。

1）拉伸性能

(1) 低碳钢的拉伸过程。

低碳钢的含碳量低，强度较低，塑性较好，其应力应变图（σ-ε 图）如图 6-2 所示。从图中可以看出，低碳钢拉伸过程经历弹性阶段（OA）、屈服阶段（AB）、强化阶段（BC）和颈缩阶段（CD）四个阶段。

①弹性阶段（OA）。

图 6-2 中 OA 段应力与应变成正比，卸去荷载，试件将恢复到原来的长度，钢材主要表现为弹性。在弹性变形阶段内，钢材在受力时能抵抗弹性变形的能力，称为刚性。反映钢材刚性的指标是弹性模量即 $E=\frac{\sigma}{\varepsilon}=\tan\alpha$，单位为 MPa。$A$ 点的应力为应力和应变能保持正比的最大应力，称为比例极限，用 σ_p 表示，单位为 MPa。

②屈服阶段（AB）。

钢材在荷载作用下，开始丧失对变形的抵抗能力，并产生明显的塑性变形。在屈服阶段，锯齿形的最高点所对应的应力称为上屈服点（σ_{SU}），最低点所对应的应力称为下屈服点（σ_{SL}）。由于屈服下限较为稳定，故以此作为钢材的屈服点，其所对应的应力-屈服强度，用 σ_s 表示，单位为

MPa。钢材受力达到屈服点以后，变形即迅速发展，尽管尚未破坏，但已不能满足使用要求。故设计中一般以屈服强度作为钢结构容许应力的取值依据。

③强化阶段（BC）。

应变随应力的增加而继续增加，钢材又恢复了抵抗塑性变形的能力，曲线上升到最高点 C。C 点的应力称为强度极限或抗拉强度，用 σ_b 表示，单位为 MPa。

特别提示

屈服强度与抗拉强度的比值 σ_s/σ_b 称为屈强比。屈强比 σ_s/σ_b 在工程中很有意义，此值越小，表明结构的可靠性越高，即防止结构破坏的潜力越大；但此值太小时，钢材强度的有效利用率低。合理的屈强比一般在 0.60～0.75。

④颈缩阶段（CD）。

钢材的变形速度明显加快，而承载能力明显下降。此时在试件的某一部位，截面急剧缩小，出现颈缩现象，钢材将在此处断裂。

（2）高碳钢的拉伸特点。

高碳钢（硬钢）的拉伸过程无明显的屈服阶段，如图 6-3 所示。通常以条件屈服点 $\sigma_{0.2}$ 代替其屈服点。条件屈服点是使硬钢产生 0.2%塑性变形（残余变形）时的应力。

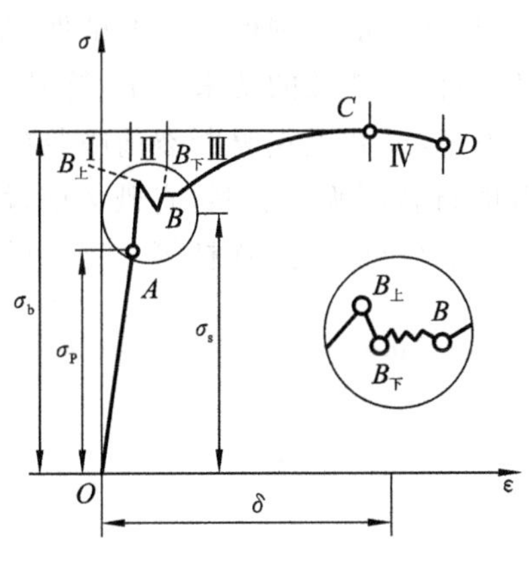

图 6-2 低碳钢拉伸 σ-ε 图

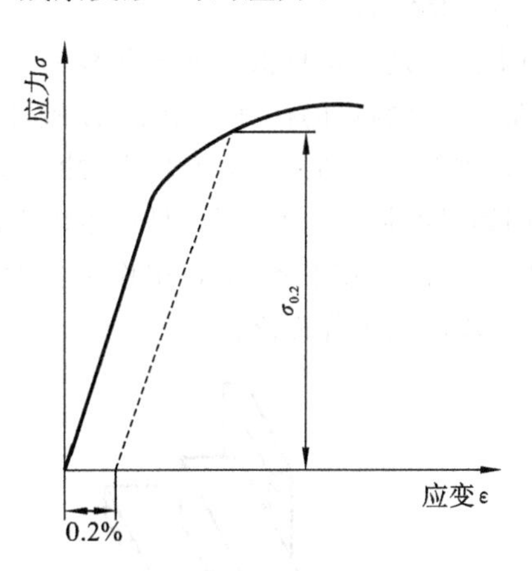

图 6-3 硬钢拉伸及条件屈服点

2）塑性

钢材的塑性指标有两个：伸长率和断面收缩率。

（1）伸长率。

伸长率是钢材发生断裂时标距长度的增长量与原标距长度的百分比，计算式如下：

$$\delta=\frac{l_1-l_0}{l_0}\times 100\% \tag{6-1}$$

式中：l_1——试件断裂后标距的长度（mm）；

l_0——试件的原标距（$l_0=5d_0$ 或 $l_0=10d_0$）（mm）；

δ——伸长率（当 $l_0=5d_0$ 时，为 δ_5；当 $l_0=10d_0$ 时，为 δ_{10}）。

特别提示

伸长率是衡量钢材塑性的重要指标,δ越大,则钢材的塑性越好。伸长率大小与标距大小有关,对于同一种钢材,$\delta_5 > \delta_{10}$。钢材具有一定的塑性变形能力,可以保证钢材应力重分布,从而不致产生突然脆性破坏。

(2) 断面收缩率。

试件拉断后,断面缩小面积与原横截面积的百分比称为断面收缩率,按下式计算:

$$\Psi = \frac{A_0 - A_1}{A_0} \times 100\% \tag{6-2}$$

式中:Ψ——断面收缩率(%);

A_0——试件原横截面积(mm^2);

A_1——试件拉断处的横截面积(mm^2)。

特别提示

Ψ与δ越大,说明钢材的塑性越好。一般以$\delta \geqslant 15\%$、$\Psi \geqslant 10\%$为宜。

3) 冲击韧性

冲击韧性是指钢材抵抗冲击荷载而不破坏的能力。规范规定以刻槽的标准试件,如图6-4所示,在冲击试验机的摆锤作用下,以破坏后缺口处单位面积所消耗的功来表示,符号α_k,单位为J/cm^2,如图6-4所示。α_k值越大,冲断试件消耗的功越多,或者说钢材断裂前吸收的能量越多,说明钢材的韧性越好,不容易产生脆性断裂。α_k值低的材料叫脆性材料,它破坏前没有明显的塑性变形,断口较平齐,不宜用作承担冲击荷载的构件,如桥梁轨道、连杆等。钢材的冲击韧性会随环境温度下降而降低。

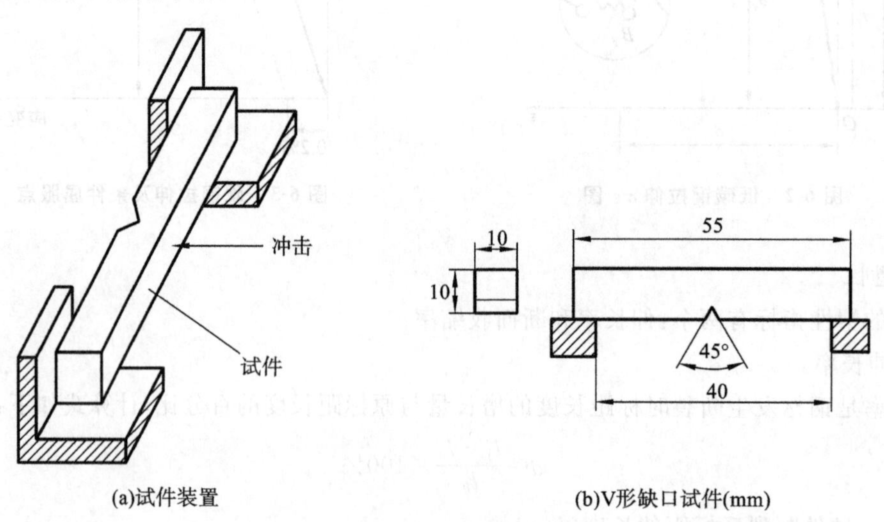

图6-4 冲击韧性试验示意图

钢材的化学成分、组织状态、内在缺陷及环境温度都会影响钢材的冲击韧性。例如,钢中磷、硫含量较高,存在偏析或非金属夹杂物,以及焊接中形成的微裂纹等,都会使冲击值显著降低。试验表明,冲击韧性随温度的降低而下降,其规律是开始下降缓和,当达到一定温度范围时,突然下降很多而呈脆性,这种脆性称为钢材的冷脆性。(见图 6-5)发生冷脆时的温度称为临界温度,其数值愈低,说明钢材的低温冲击性能愈好。所以在负温下使用的结构,应当选用脆性临界温度较工作温度低的钢材。

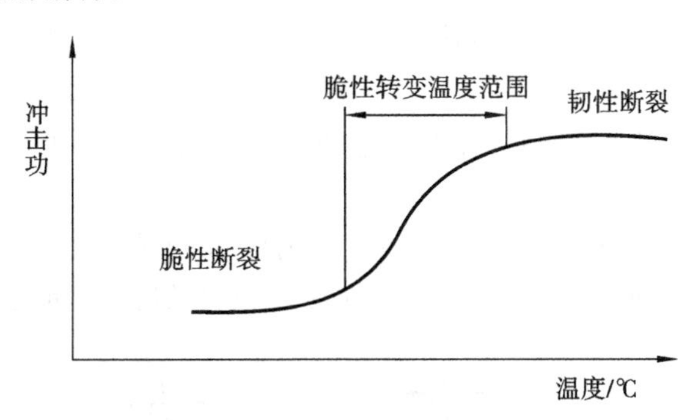

图 6-5 钢的冲击韧性与温度的关系

随时间的延长而表现出强度提高,塑性和冲击韧性下降的现象称为时效。完成时效变化的过程可达数十年,但是钢材如经受冷加工变形,或使用中经受震动和反复荷载的影响,时效可迅速发展。因时效而导致性能改变的程度称为时效敏感性,对于承受动荷载的结构应该选用时效敏感性小的钢材。

4)硬度

钢材的硬度是指其表面局部体积内抵抗外物压入产生塑性变形的能力。常用的测定硬度的方法有布氏法和洛氏法。

布氏法的测定原理是利用直径为 D(mm)的淬火钢球,以 P(N)的荷载将其压入试件表面,经规定的持续时间后卸除荷载,即得到直径为 d(mm)的压痕,以压痕表面积 F(mm^2)除荷载 P,所得的应力值即试件的布氏硬度值 HB,以数字表示,不带单位。洛氏法测定的原理与布氏法相似,但它是根据压头压入试件的深度来表示硬度值,洛氏法压痕很小,常用于判定工件的热处理效果。

特别提示

硬度值往往与其他性能有一定的相关性。例如,钢材的 HB 值与抗拉强度之间就有较好的相关关系。对于碳素钢:当 HB<175 时,$\sigma_b=0.36$ HB;当 HB>175 时,$\sigma_b=0.35$ HB。

根据这些关系,我们可以在钢结构的原位上测出钢材的 HB 值,并估算出该钢材的 σ_b,而不破坏钢结构本身。布氏硬度测定法比较准确,用途较广,但其缺点是不能测量硬度较高(当 HB>450 时)和厚度太薄的钢材。

5)耐疲劳性

在反复荷载作用下的结构构件,钢材往往在应力远小于抗拉强度时发生断裂,这种现象称为钢材的疲劳破坏。疲劳破坏的危险应力用疲劳极限来表示,它是指在疲劳试验中,试件在交变应力作用下,于规定的周期基数内不发生断裂所能承受的最大应力。

一般认为，钢材的疲劳破坏是由拉应力引起的，因此，钢材的疲劳极限与其抗拉强度有关，一般抗拉强度高，其疲劳极限也较高。由于疲劳裂纹是在应力集中处形成和发展的，故钢材的疲劳极限不仅与其内部组织有关，也和表面质量有关。

2. 工艺性能

工艺性能是指钢材适应各种加工方法的性能，如焊接性能、冷弯性能等。

1）冷弯性能

冷弯性能是指钢材在常温下，以一定的弯心直径和弯曲角度对钢材进行弯曲，钢材能够承受弯曲变形的能力。

钢材的冷弯，一般以弯曲角度 α、弯心直径 d 与钢材厚度（或直径）a 的比值 d/a 来表示弯曲的程度，如图 6-6 所示。弯曲角度越大，d/a 越小，表示钢材的冷弯性能越好。

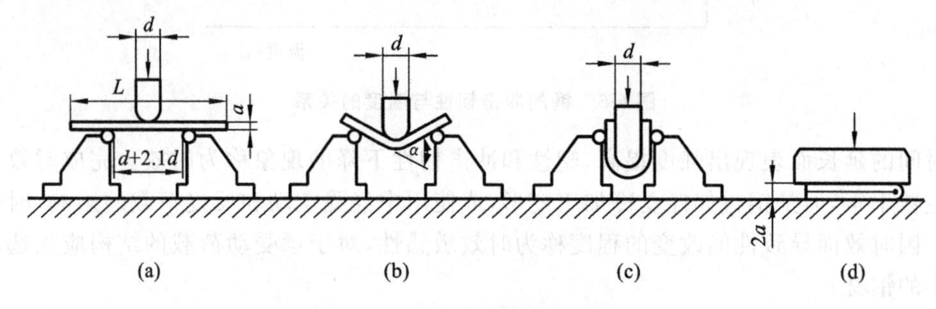

图 6-6 钢材冷弯试验示意图

在常温下，以规定弯心直径和弯曲角度（90°或 180°）对钢材进行弯曲，在弯曲处外表面（即受拉区）或侧面无裂纹、起层、鳞落或断裂等现象，则钢材冷弯合格。如有一种及一种以上的现象出现，则钢材的冷弯性能不合格。

特别提示

伸长率较大的钢材，其冷弯性能也必然较好。但冷弯试验是对钢材塑性更严格的检验，有利于暴露钢材内部存在的缺陷，如气孔、杂质、裂纹、严重偏析等。同时，在焊接时，局部脆性及焊接接头质量的缺陷也可通过冷弯试验而发现。因此，钢材的冷弯性能也是评定焊接质量的重要指标。钢材的冷弯性能必须合格。

2）焊接性能

钢材的焊接性能是指在一定的焊接工艺条件下，在焊缝及其附近过热区不产生裂纹及硬脆倾向，焊接后钢材的力学性能，特别是强度，不低于原有钢材的强度。钢材的可焊性是指焊接后在焊缝处的性质与母材性质的一致程度。随钢材的含碳量、合金元素及杂质元素含量的提高，钢材的可焊性降低。钢材的含碳量超过 0.25%时，可焊性明显降低；硫含量较多时，会使焊口处产生热裂纹，严重降低焊接质量。钢材的焊接须执行有关规定：冷拉钢筋的焊接应在冷拉之前进行；钢筋焊接之前，焊接部位应清除铁锈、熔渣、油污等；应尽量避免不同国家的进口钢筋之间或进口钢筋与国产钢筋之间的焊接。

焊接结构应选择氧气转炉或平炉炼制的含碳量较低的镇静钢。当采用高碳钢及合金钢时，为了改善焊接后的硬脆性，焊接时一般要采用焊前预热及焊后热处理等措施。

3）冷加工强化及时效

（1）冷加工强化。

冷加工强化是钢材在常温下，对其以超过其屈服点但不超过抗拉强度的应力对其进行的加工。建筑钢材常用的冷加工有冷拉、冷拔、冷轧、刻痕等。对钢材进行冷加工的目的主要是利用时效提高强度，利用塑性节约钢材，同时也达到调直和除锈的目的。

钢材在超过弹性范围后，产生明显的塑性变形，使强度和硬度提高，而塑性和韧性下降，即发生了冷加工强化。在一定范围内，冷加工导致的变形程度越大，屈服强度提高越多，塑性和韧性降低得越多。如图 6-7 所示，钢材未经冷拉的应力-应变曲线为 $OBKCD$，经冷拉至 K 点后卸荷，则曲线回到 O' 点，再受拉时其应力应变曲线为 $O'KCD$，此时的屈服强度比未冷拉前的屈服强度高出许多。

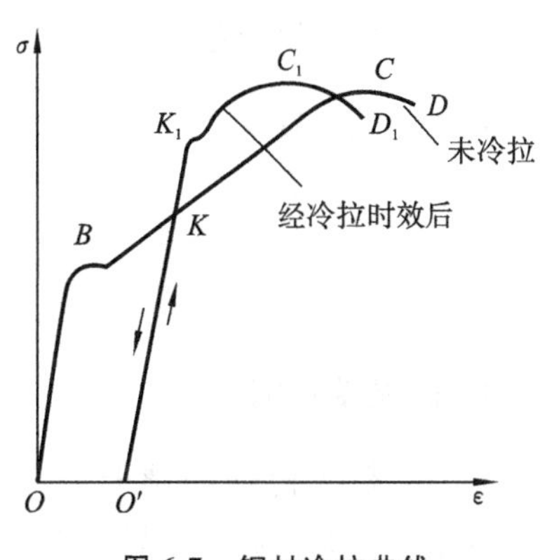

图 6-7　钢材冷拉曲线

（2）时效。

钢材随时间的延长，其强度、硬度提高，而塑性、冲击韧性降低的现象称为时效。时效分为自然时效和人工时效两种：自然时效是将其冷加工后，在常温下放置 15～20 d；人工时效是将冷加工后的钢材加热至 100～200 ℃保持 2 h 以上。经过时效处理后的钢材，其屈服强度、抗拉强度及硬度都将提高，而塑性和韧性降低。

在建筑工程中，对于承受冲击荷载、振动荷载、起重机的吊钩等部位的钢材，不得采用冷加工钢材。因焊接的热影响会降低焊接区域钢材的性能，因此冷加工钢材的焊接必须在冷加工前进行，不得在冷拉后进行。

任务 2　建筑钢材在路桥工程中的应用与技术要求

一、桥梁建筑用钢的技术要求

用于桥梁建筑的钢材，根据工程使用条件和特点，应具备下列技术要求：

1. 良好的综合力学性能

桥梁结构在使用中承受复杂的交通荷载，同时在无遮盖的条件下还要经受大气条件的严酷环境考验，为此必须具有良好的综合力学性能，即除具有较高的屈服点与抗拉强度外，还应具有良好的塑性、冷弯性能、冲击韧度和抵抗振动应力的疲劳强度，以及低温（－40 ℃）时的冲击韧度。

2. 良好的焊接性

由于近代焊接技术的发展，桥梁钢结构趋向于采用焊接结构代替铆接结构，以加快施工速度和节约钢材。桥梁在焊接后不易整体热处理，因此要求钢材具有良好的焊接性，也即焊接的连接部分应强而韧，其强度与韧性应不低于或略低于焊件本身，以防止产生硬化脆裂和内应力过大等现象。

3. 良好的抗蚀性

桥梁长期暴露于大气中，所以要求桥梁用钢具有良好的抵抗大气腐蚀的性能。

二、桥梁建筑用主要钢材

1. 碳素结构钢

1）碳素结构钢的牌号

碳素结构钢按屈服点划分为五个牌号。其牌号由代表屈服点的汉语拼音首位字母“Q”、屈服点数值、质量等级符号（A、B、C、D）、脱氧程度符号（F——沸腾钢，b——半沸腾钢，Z——镇静钢，TZ——特殊镇静钢）等四部分按顺序组成。牌号中“Z”和“TZ”符号可以省略。如 Q235-A・F，Q 表示屈服点为 235 MPa，其为 A 级沸腾钢。

2）碳素结构钢的性能

碳素结构钢的塑性好，适宜于各种加工，在焊接、冲击及超载等不利条件下也能保证安全，它的化学性能稳定，对轧制、加热及骤冷的敏感性较小，但与低合金钢相比强度较低。碳素结构钢的化学成分与力学性能分别见表 6-1、表 6-2。

表 6-1　碳素结构钢的化学成分

牌　号	等级	化学成分/(%)					脱氧方法
		C	Mn	Si	S	P	
				≤			
Q195		0.06～0.12	0.25～0.50	0.30	0.050	0.045	F、b、Z
Q215	A	0.09～0.15	0.25～0.55	0.30	0.050	0.045	F、b、Z
	B				0.045		
Q235	A	0.14～0.22	0.30～0.65	0.30	0.050	0.045	F、b、Z
	B	0.12～0.20	0.30～0.70		0.045		
	C	≤0.18	0.35～0.80		0.040	0.040	Z
	D	≤0.17			0.035	0.035	TZ
Q255	A	0.18～0.28	0.40～0.70	0.30	0.050	0.045	Z
	B				0.045		
Q275		0.28～0.38	0.50～0.80	0.35	0.050	0.045	Z

注：Q235A、Q235B 级沸腾钢锰含量上限为 0.60%。

表 6-2　碳素结构钢的力学性能(拉伸)

<table>
<tr><th rowspan="4">牌号</th><th rowspan="4">等级</th><th colspan="13">拉 伸 试 验</th></tr>
<tr><th colspan="6">屈服点/MPa</th><th rowspan="3">抗拉强度/MPa</th><th colspan="6">伸长率/(%)</th></tr>
<tr><th colspan="6">钢材厚度(直径)/mm</th><th colspan="6">钢材厚度(直径)/mm</th></tr>
<tr><th>≤16</th><th>16～40(含)</th><th>40～60(含)</th><th>60～100(含)</th><th>100～150(含)</th><th>＞150</th><th>≤16</th><th>16～40(含)</th><th>40～60(含)</th><th>60～100(含)</th><th>100～150(含)</th><th>＞150</th></tr>
<tr><td>Q195</td><td></td><td>(195)</td><td>(185)</td><td></td><td></td><td></td><td></td><td>315～430</td><td>33</td><td>32</td><td></td><td></td><td></td><td></td></tr>
<tr><td rowspan="2">Q215</td><td>A</td><td rowspan="2">215</td><td rowspan="2">205</td><td rowspan="2">195</td><td rowspan="2">185</td><td rowspan="2">175</td><td rowspan="2">165</td><td rowspan="2">335～450</td><td rowspan="2">31</td><td rowspan="2">30</td><td rowspan="2">29</td><td rowspan="2">28</td><td rowspan="2">27</td><td rowspan="2">26</td></tr>
<tr><td>B</td></tr>
<tr><td rowspan="4">Q235</td><td>A</td><td rowspan="4">235</td><td rowspan="4">225</td><td rowspan="4">215</td><td rowspan="4">205</td><td rowspan="4">195</td><td rowspan="4">185</td><td rowspan="4">375～500</td><td rowspan="4">26</td><td rowspan="4">25</td><td rowspan="4">24</td><td rowspan="4">23</td><td rowspan="4">22</td><td rowspan="4">21</td></tr>
<tr><td>B</td></tr>
<tr><td>C</td></tr>
<tr><td>D</td></tr>
<tr><td rowspan="2">Q255</td><td>A</td><td rowspan="2">255</td><td rowspan="2">245</td><td rowspan="2">235</td><td rowspan="2">225</td><td rowspan="2">215</td><td rowspan="2">205</td><td rowspan="2">410～550</td><td rowspan="2">24</td><td rowspan="2">23</td><td rowspan="2">22</td><td rowspan="2">21</td><td rowspan="2">20</td><td rowspan="2">19</td></tr>
<tr><td>B</td></tr>
<tr><td>Q275</td><td></td><td>275</td><td>265</td><td>255</td><td>245</td><td>235</td><td>225</td><td>490～630</td><td>20</td><td>19</td><td>18</td><td>17</td><td>16</td><td>15</td></tr>
</table>

从表 6-1、表 6-2 可以看出，由 Q195 至 Q275，牌号愈大，其含碳量和含锰量愈高，同时可以看出，随着牌号增大(即碳锰含量的提高)，屈服点和抗拉强度随之提高，但伸长率随之降低。

3）碳素结构钢的应用

Q195、Q215 号钢塑性高，易于冷弯和焊接，但强度较低，故多用于受荷载较小及焊接的构件；Q235 号钢具有较高的强度和良好的塑性、韧性，易于焊接，且经焊接及气割后力学性能亦仍稳定，有利于冷热加工，故广泛地用于桥梁构件及钢筋混凝土结构中的钢筋等，是目前应用最广泛的钢种；Q255、Q275 号钢的屈服点较高，但塑性、韧性和可焊性较差，可用于钢筋混凝土结构中配筋及钢结构的构件和螺栓。

2. 低合金高强度结构钢

1）低合金高强度结构钢的牌号

低合金高强度结构钢有五个牌号。其牌号由屈服点字母“Q”、屈服点等级符号(A、B、C、D、E)组成。如 Q390A 表示屈服点为 390 MPa 的 A 级低合金高强度结构钢。

2）技术性能及应用

低合金高强度结构钢是在碳素结构钢的基础上，适量加入某些合金元素得到的综合技术性能较好的合金钢。它具有强度高、塑性和低温冲击韧度好、耐锈蚀等特点，广泛应用于钢结构和钢筋混凝土结构中，特别是大型结构、重型结构、大跨度结构、高层建筑、桥梁工程、承受动力荷载和冲击荷载的结构。低合金高强度结构钢的技术性能见表 6-3。

表 6-3　低合金高强度结构钢的技术性能

牌号	质量等级	屈服点/MPa				抗拉强度/(MPa)	伸长率/(%)	冲击功(纵向)/J				180°弯曲试验(d——弯心直径 α——试样厚度)	
		钢材厚度(直径,边长)/mm											
		≤15	15～35(含)	35～50(含)	50～100(含)			+20 ℃	0 ℃	−20 ℃	−40 ℃	α≤16	α为16～100(含)
		不小于						不小于					
Q295	A	295	275	255	235	390～570	23					d=2a	d=3a
	B							34					
Q345	A	345	325	295	275	470～630	21						
	B						21	34					
	C						22		34				
	D						22			34			
	E						22				27		
Q390	A	390	370	350	330	490～650	19						
	B						19	34					
	C						20		34				
	D						20			34			
	E						20				27		
Q420	A	420	400	380	360	520～680	18						
	B						18	34					
	C						19		34				
	D						19			34			
	E						19				27		
Q460	C	460	440	420	400	550～720	17		34				
	D						17			34			
	E						17				27		

3）桥梁用结构钢

桥梁用结构钢的牌号由代表屈服点的汉语拼音首位字母“Q”、屈服点数值、桥梁钢的汉语拼音首位字母“q”、质量等级符号四个部分组成。例如 Q345qc，表示屈服点为 345 MPa、质量等级为 C 级的桥梁用结构钢。

桥梁用结构钢中，为了改善钢材性能，可以加入钒(V)、铌(Nb)、钛(Ti)、氮(N)等微量元素，其含量应符合表 6-4 的规定，并应在质量说明书中注明。钢的牌号与化学成分、力学性能与工艺性能应分别符合表 6-5 和表 6-6 的规定。

表 6-4　桥梁结构钢中微量元素含量限定值(GB/T 714—2000)

V	Nb	Ti	N
≤0.80	≤0.015	≤0.02	≤0.018

表 6-5　桥梁用结构钢的牌号与化学成分要求(GB/T 714—2000)

牌号	质量等级	化学成分/(%)					
		C	Si	Mn	P	S	Als
					不大于		
Q235q	C	≤0.20	≤0.30	0.40～0.70	0.035	0.035	
	D	≤0.18	≤0.30	0.50～0.80	0.025	0.025	≥0.015
Q345q	C	≤0.20	≤0.60	1.00～1.60	0.035	0.035	
	D	≤0.18	≤0.60	1.10～1.60	0.025	0.025	≥0.015
	E	≤0.17	≤0.50	1.20～1.60	0.020	0.015	≥0.015
Q370q	C	≤0.18	≤0.50	1.20～1.60	0.035	0.035	
	D	≤0.17	≤0.50	1.20～1.60	0.025	0.025	≥0.015
	E	≤0.17	≤0.50	1.20～1.60	0.020	0.015	≥0.015
Q420q	C	≤0.18	≤0.50	1.20～1.60	0.035	0.035	
	D	≤0.17	≤0.60	1.20～1.70	0.025	0.025	≥0.015
	E	≤0.17	≤0.60	1.20～1.70	0.020	0.015	≥0.015

注：表中的酸溶铝(Als)可以用测定总含铝量代替，此时铝含量应不小于 0.020。

表 6-6　桥梁结构钢的力学性能与工艺性能要求

牌号	质量等级	钢材厚度(直径，边长)/mm	屈服点/MPa	抗拉强度/MPa	伸长率δ_5/(%)	V形冲击功(纵向)			180°弯曲试验钢材厚度/mm	
						温度/℃	冲击功/J	时效/J		
			不大于						≤16	>16
Q235q	C	≤16	235	390	26	0	27	27	$d=1.5a$	$d=2.5a$
		16～35(含)	225	380						
		35～50(含)	215	375						
		50～100(含)	205	375						
	D	≤16	235	390	26	−20				
		16～35(含)	225	380						
		35～50(含)	215	375						
		50～100(含)	205	375						

续表

牌号	质量等级	钢材厚度(直径,边长)/mm	屈服点/MPa	抗拉强度/MPa	伸长率 δ_5/(%)	V形冲击功(纵向)			180°弯曲试验 钢材厚度/mm	
						温度/℃	冲击功/J	时效/J		
			不大于						≤16	>16
Q345q	C	≤16	345	510	21	0	34	34	$d=2a$	$d=3a$
		16～35(含)	325	490	20					
		35～50(含)	315	470	20					
		50～100(含)	305	470	20					
	D	≤16	345	510	21	−20				
		16～35(含)	325	490	20					
		35～50(含)	315	470	20					
		50～100(含)	305	470	20					
	E	≤16	345	510	21	−40				
		16～35(含)	325	490	20					
		35～50(含)	315	470	20					
		50～100(含)	305	470	20					
Q370q	C	≤16	370	530	21	0	41	41	$d=2a$	$d=3a$
		16～35(含)	355	510	20					
		35～50(含)	330	490	20					
		50～100(含)	330	490	20					
	D	≤16	370	530	21	−20				
		16～35(含)	355	510	20					
		35～50(含)	330	490	20					
		50～100(含)	330	490	20					
	E	≤16	370	530	21	−40				
		16～35(含)	355	510	20					
		35～50(含)	330	490	20					
		50～100(含)	330	490	20					
Q420q	C	≤16	420	570	20	0	47	47	$d=2a$	$d=3a$
		16～35(含)	410	550	19					
		35～50(含)	400	540	19					
		50～100(含)	390	530	19					
	D	≤16	420	570	20	−20				
		16～35(含)	410	550	19					
		35～50(含)	400	540	19					
		50～100(含)	390	530	19					
	E	≤16	420	570	20	−40				
		16～35(含)	410	550	19					
		35～50(含)	400	540	19					
		50～100(含)	390	530	19					

3. 钢筋混凝土和预应力混凝土结构用钢筋和钢丝

1）钢筋混凝土结构用钢筋

钢筋混凝土结构用钢筋按生产工艺可分为热轧、冷拉、热处理钢筋等。

（1）热轧钢筋。

热轧钢筋的外形有光圆的和带肋的两种。带肋的钢筋表面有凹凸的主槽纹，增强了与混凝土的结合力，提高了钢筋混凝土的整体性，所以被广泛地应用。

热轧光圆钢筋由碳素结构钢轧制，其牌号为 HPB235，H、P、B 分别为热轧（hot rolled）、光圆（plain）、钢筋（bars）三个词的英文首位字母。热轧带肋钢筋由低合金钢轧制，其表面带有两条纵肋和沿长度方向均匀分布的横肋。纵肋是平行于钢筋轴线的均匀连续肋，横肋为与纵肋不平行的其他肋口。按照《钢筋混凝土用热轧带肋钢筋》（GB 1499—1998）的规定，热轧带肋钢筋的牌号由 HRB 和钢筋的屈服点最小值构成，H、R、B 分别为热轧（hot rolled）、带肋（ribbed）、钢筋（bars）三个词的英文首位字母。热轧带肋钢筋分为 HRB335、HRB400、HRB500 三个牌号，其力学性能和工艺性能见表 6-7。

表 6-7 热轧钢筋的力学性能和工艺性能

牌号	原牌号	公称直径 a/mm	屈服点或屈服强度/MPa	抗拉强度 /MPa	伸长率 δ_5/（%）	180°弯曲试验（d——弯心直径 a——钢筋公称直径）
HPB235	Q235	8～20	≥235	≥370	≥25	$d=2a$
HRB335	20MnSi	6～25 28～50	≥335	≥490	≥16	$d=3a$ $d=4a$
HRB400	20MnSiV 20MnSiNb 20MnTi	6～25 28～50	≥400	≥570	≥14	$d=4a$ $d=5a$
HRB500		6～25 28～50	≥500	≥630	≥12	$d=6a$ $d=7a$

（2）冷拉钢筋。

为了提高钢筋的强度和节约钢材，通常采用冷拉或冷拔等加工工艺。冷拉钢筋是使钢筋在常温下，受外力拉伸超过屈服点，以提高钢筋的屈服点、抗拉强度和疲劳强度的一种加工工艺。但经冷拉后会降低钢筋延伸率、断面收缩率、冷弯性能和冲击韧度。由于预应力混凝土中所用的钢筋，主要要求强度，而对塑性及韧性要求不高，因此为采用冷加工工艺为其提供了可能性。

经冷拉后的钢筋，其强度继续随时间的延长而提高，即时效。为了加速时效的效果，多采用蒸汽或电热等人工加热的方法来处理冷拉后的预应力钢筋。

冷拉钢筋力学性能应符合表 6-8 的规定。

表 6-8 冷拉钢筋力学性能

钢筋级别	直径 d/mm	屈服点/MPa	抗拉强度/MPa	伸长率 δ_{10}/(%)	冷弯	
		不小于			弯曲直径	弯曲角度
冷拉Ⅰ级钢筋	6～12	280	380	11	$3d$	180°
冷拉Ⅱ级钢筋	8～25 28～40	450 430	520 500	10	$3d$ $4d$	90°
冷拉Ⅲ级钢筋	8～40	500	580	8	$5d$	90°
冷拉Ⅳ级钢筋	10～28	700	835	6	$5d$	90°

(3) 冷轧带肋钢筋。

冷轧带肋钢筋是将热轧圆盘条经冷轧后，在其表面带有沿长度方向均匀分布的三面或两面横肋的钢筋。按照《冷轧带肋钢筋》(GB 13786—2000)中的规定，冷轧带肋钢筋的牌号由 CRB 和钢筋的抗拉强度构成，C、R、B 分别为冷轧(cold rolled)、带肋(ribbed)、钢筋(bars)三个词的英文首位字母。冷轧带肋钢筋分为 CRB550、CRB650、CRB800、CRB970、CRB1170 五个牌号，其中 CRB550 为普通钢筋混凝土用钢筋，其他牌号为预应力混凝土用钢筋。

冷轧带肋钢筋的强度高、塑性好，综合力学性能优良，具有较强的握裹力，节约钢材，成本低。其中，CRB550 级钢筋作为筋混凝土结构构件的受力主筋、架立筋和构造钢筋，其余钢筋多用作中、小型预应力混凝土结构构件的受力主筋。

(4) 预应力混凝土用热处理钢筋。

预应力混凝土用热处理钢筋为热轧带肋钢筋经淬火和回火等调质处理而成，代号为 RB150。预应力混凝土用热处理钢筋的优点是强度高，可代替高强钢丝使用，锚固性好，预应力值稳定，主要用于预应力钢筋混凝土轨枕，也用于预应力梁、板结构及吊车梁等。

2) 预应力混凝土结构用钢丝和钢绞线

(1) 预应力混凝土结构用钢丝。

预应力混凝土结构用钢丝由优质碳素结构钢经过冷加工再经回火、冷轧等工艺制成。其强度高，分为消除应力光圆钢丝(代号为 S)、消除应力刻痕钢丝(代号为 SI)、消除应力螺旋肋钢丝(代号为 SH)和冷拉钢丝(代号为 RCD)四种。消除应力刻痕钢丝和消除应力螺旋肋钢丝与混凝土的黏结性好，亦即钢丝与混凝土的整体性好，消除应力钢丝的塑性比冷拉钢丝好。

(2) 钢绞线。

由数根优质碳素结构钢丝经绞捻和消除内应力的热处理而制成。根据钢丝的股数分为三种结构类型：1×2、1×3 和 1×7。

1×7 结构钢绞线以一根钢丝为中心，其余 6 根钢丝围绕其进行螺旋状绞合，再经低温回火制成。其特点是强度高，与混凝土黏结好，在结构中布置方便，易于锚固，主要用于大跨度、大负荷的混凝土结构。钢绞线力学性能见表 6-9。

表 6-9　预应力混凝土钢绞线力学性能指标

<table>
<tr><td rowspan="4">钢绞线结构</td><td rowspan="4" colspan="2">钢绞线公称直径/mm</td><td rowspan="4">强度级别/MPa</td><td rowspan="3">整根钢绞线的最大负荷/kN</td><td rowspan="3">屈服负荷/kN</td><td rowspan="3">伸长率/(%)</td><td colspan="4">1 000 h 松弛率/(%)</td></tr>
<tr><td colspan="2">Ⅰ级松弛</td><td colspan="2">Ⅱ级松弛</td></tr>
<tr><td colspan="4">初始负荷</td></tr>
<tr><td colspan="3">不小于</td><td>70%公称最大负荷</td><td>80%公称最大负荷</td><td>70%公称最大负荷</td><td>80%公称最大负荷</td></tr>
<tr><td rowspan="2">1×2</td><td colspan="2">10.00</td><td rowspan="4">1720</td><td>67.9</td><td>57.7</td><td rowspan="12">3.5</td><td rowspan="12">≥8.0</td><td rowspan="12">≥12</td><td rowspan="12">≥2.5</td><td rowspan="12">≥4.5</td></tr>
<tr><td colspan="2">12.00</td><td>97.9</td><td>83.2</td></tr>
<tr><td rowspan="2">1×3</td><td colspan="2">10.80</td><td>102</td><td>86.7</td></tr>
<tr><td colspan="2">12.90</td><td>147</td><td>125</td></tr>
<tr><td rowspan="8">1×7</td><td rowspan="5">标准型</td><td>9.50</td><td>1860</td><td>102</td><td>86.6</td></tr>
<tr><td>11.10</td><td>1860</td><td>138</td><td>117</td></tr>
<tr><td>12.70</td><td>1860</td><td>184</td><td>156</td></tr>
<tr><td rowspan="2">15.20</td><td>1720</td><td>239</td><td>203</td></tr>
<tr><td>1860</td><td>259</td><td>220</td></tr>
<tr><td>模拔型</td><td>12.70</td><td>1860</td><td>209</td><td>178</td></tr>
<tr><td></td><td>15.20</td><td>1820</td><td>300</td><td>255</td></tr>
</table>

注:(1)Ⅰ级松弛即普通松弛,Ⅱ级松弛即低松弛级,它们分别适用所有钢绞线。

(2)屈服负荷不小于整根钢绞线公称最大负荷的 85%。

1. 评价建筑用钢的技术性能应根据哪些主要指标?

2. 钢材的化学成分对其性能有什么影响?

3. 含碳量对建筑碳钢的力学性能有哪些规律性的影响?硫、磷元素对钢材技术性能有什么影响?

4. 桥梁建筑用钢有哪些技术要求?

5. 低合金结构钢的出现对桥梁建筑的发展有什么实际意义?试述低合金结构钢的编号原则,并以桥梁建筑常用的低合金结构钢为例说明。

6. 钢筋混凝土用热轧钢筋按我国现行国家标准分为哪几个级别?它们的表面形状有什么区别?

7. 预应力混凝土用热处理钢筋、钢丝和钢绞线应分别检验哪些力学性能项目?

第2部分

实训指导

DI 2 BUFEN
SHIXUN ZHIDAO

任务1 细集料筛分试验(水洗法)

[JTG E42—2005(T 0327—2005)]

能力目标

(1) 能够对不同颗粒的砂、石屑进行合理的取样。

(2) 能够运用相关测试仪器进行细集料的试验检测。

(3) 能够根据试验规程进行砂的类别评定。

知识目标

(1) 了解细集料的基本组成。

(2) 掌握细集料的技术性质。

(3) 掌握细集料筛分试验测试的方法与步骤。

(4) 掌握砂的质量评定原则。

素质目标

培养坚持原则、忠于职守、作风正派、秉公办事的作风,要以数据说话;形成认真、严谨和科学的态度,团队意识强;树立质量第一的工程意识。

一、试验目的和适用范围

测定沥青混合料用细集料(天然砂、人工砂、石屑)的颗粒级配及粗细程度。

二、仪器设备

(1) 标准筛。

(2) 天平:称量1 000 g,感量不大于0.5 g。

(3) 摇筛机。

(4) 烘箱:能控温在(105±5) ℃。

(5) 其他:浅盘和硬、软毛刷等。

三、试验准备

将试样通过 9.5 mm 筛(水泥混凝土用天然砂)或 4.75 mm 筛(沥青路面及基层用的天然砂、石屑、机制砂等)。然后在潮湿状态下充分拌匀,用分料器法或四分法缩分至每份不少于 550 g的试样两份,在(105±5) ℃的烘箱中烘干至恒重,冷却至室温后备用。

注:恒重指相邻两次称量间隔时间大于 3 h(通常不小于 6 h)的情况下,前后两次称量之差小于该项试验所要求的称量精密度。

四、试验步骤

(1) 准确称取烘干试样约 500 g(m_1),准确至 0.5 g。

(2) 将试样置一洁净容器中,加入足够数量的洁净水,将集料全部盖没。

(3) 用搅棒充分搅动集料,使集料表面洗涤干净,使细粉悬浮在水中,但不得有集料从水中溅出。

(4) 用 1.18 mm 筛及 0.075 mm 筛组成套筛。仔细将容器中混有细粉的悬浮液徐徐倒出,经过套筛流入另一个容器中,但不得将集料倒出。

(5) 重复步骤(2)~(4),直至倒出的水洁净为止。

(6) 将容器中的集料到入搪瓷盆中,用少量的水冲洗,使容器上的黏附的集料颗粒全部进入搪瓷盆中。将筛子反扣过来,用少量的水将筛上的集料冲洗入搪瓷盘中。操作过程中不得有集料散失。

(7) 将搪瓷盆连同集料一起置于(105±5) ℃烘箱中烘干至恒重,称取干燥集料试样的总质量(m_2),准确至 0.1%。m_1与 m_2之差即通过 0.075 mm 的部分。

(8) 将全部要求筛孔组成套筛(但不需 0.075 mm 筛),将已经洗去小于 0.075 mm 部分的干燥集料置于筛上(一般为 4.75 mm 筛),将套筛装入摇筛机,摇筛约 10 min。然后取出套筛,再按筛孔大小顺序,从最大的筛号开始,在其清洁的浅盘上逐个进行手筛,直至每分钟的筛出量不超过筛上剩余量的 1%时为止。将筛出通过的颗粒并入下一号筛,和下一号筛中的试样一起过筛,这样顺序进行,直到各号筛全部筛完为止。

(9) 称量各筛筛余试样的质量,精确至 0.5 g,所有各筛的分计筛余量和底盘中剩余量的总质量与筛分前后试样总量 m_2相比,其差不得超过 1%。

五、结果整理

1. 分计筛余百分率

各号筛的分计筛余百分率为各号筛上的筛余量除以试样总量(m_1)的百分率,准确至 1%。对于沥青路面细集料而言,用 0.15 mm 筛下部分即 0.075 mm 的分计筛分,由步骤(7)测得的 m_1与 m_2之差即小于 0.075 mm 的筛底部分。

2. 累计筛余百分率

各号筛的累计筛余百分率为该号筛及大于该号筛的分计筛余百分率之和，准确至0.1%。

3. 质量通过百分率

各号筛的质量通过百分率等于100%减去该号筛的累计筛余百分率，准确至0.1%。

4. 绘制级配曲线

根据各筛的累计筛余百分率或通过百分率，绘制级配曲线。

5. 天然砂细度模数的计算

天然砂细度模数按下式计算，准确至0.01。

$$M_x=(A_{0.15}+A_{0.3}+A_{0.6}+A_{1.2}+A_{2.36})-5A_{4.75}/(100-A_{4.75})$$

式中：M_x——砂的细度模数；

$A_{0.15}$、$A_{0.3}$，…，$A_{4.75}$——分别为0.15 mm、0.3 mm、…、4.75 mm各筛上的累计筛余百分率(%)。

6. 计算测定值

应进行两次平行试验，以试验结果的算术平均值作为测定值。如果两次试验所得的细度模数之差大于0.2，应重新进行试验。

六、上交资料

每人上交一份细集料筛分试验(水洗法)实训报告。

任务 2 粗集料筛分试验(干筛法)

[JTG E42—2005(T 0302—2005)]

能力目标

(1) 能够对不同类别的粗集料进行合理的取样。
(2) 能够运用相关测试仪器进行粗集料的试验检测。
(3) 能够根据试验规程进行砂的类别评定。

知识目标

(1) 了解粗集料的基本组成。
(2) 掌握粗集料的技术性质。
(3) 掌握粗集料筛分试验测试的方法与步骤。
(4) 掌握砂的质量评定原则。

素质目标

培养坚持原则、忠于职守、作风正派、秉公办事的作风,要以数据说话;形成认真、严谨和科学的态度,团队意识强;树立质量第一的工程意识。

一、试验目的和适用范围

测定水泥混凝土用粗集料(碎石、砾石、矿渣等)的颗粒组成。

二、仪器设备

(1) 试验筛:根据需要选用规定的标准筛。
(2) 摇筛机。
(3) 天平或台秤:感量不大于试样质量的0.1%。
(4) 其他:盘子、铲子、毛刷等。

三、试验准备

将试样用分料器或四分法缩分至要求的试样所需量,风干后备用。每种试样准备两份,根据需要可按要求的集料最大粒径筛孔尺寸过筛，除去超粒径部分颗粒后再进行筛分。

筛分用的试样质量如下表：

公称最大粒径/mm	75	63	37.5	31.5	26.5	19	16	9.5	4.75
试样质量不少于/kg	10	8	5	4	2.5	2	1	1	0.5

四、试验步骤

(1) 取另一份试样置于(105±5) ℃ 烘箱中烘干至恒重，称取干燥集料试样总质量(m_0)，准确至 0.1%。

(2) 用搪瓷盘做筛分容器，按筛孔大小排列顺序逐个将集料过筛。人工筛分时，需使集料在筛面上同时有水平方向及上下方向的不停顿的运动，使小于筛孔的集料通过筛孔，直至一分钟通过筛孔的质量小于筛上残余量的 1% 为止。采用摇筛机筛分后，应该逐个由人工补筛。将筛出通过的颗粒并入下一号筛，和下一号筛上的试样一起过筛，顺序进行，直至各个筛全部筛完为止。确认一分钟内通过筛孔的质量确实小于筛上残余量的 1%。

(3) 如果某个筛上的集料过多影响筛分作业时可以分两次筛分。当筛余颗粒的粒径大于 20 mm 时，筛分过程中允许用手指轻轻拨动颗粒，但不得逐颗塞过筛孔。

(4) 称取每个筛上的筛余量，准确至总质量的 0.1%。各筛分计筛余量及筛底存量的总和与筛分前的试样总质量(m_0)相比，其相差不得超过 0.5%。

五、结果整理

1. 分计筛余百分率

各号筛的分计筛余百分率为各号筛上的筛余量除以试样总量(m_1)的百分率，准确至 1%。

2. 累计筛余百分率

各号筛的累计筛余百分率为该号筛及大于该号筛的分计筛余百分率之和，准确至 0.1%。

3. 质量通过百分率

各号筛的质量通过百分率等于 100% 减去该号筛的累计筛余百分率，准确至 0.1%。

4. 绘制筛分曲线

根据需要，绘制集料筛分曲线。

六、上交资料

每人上交一份粗集料筛分试验实训报告。

任务3 粗集料密度及吸水率试验(网篮法)

[JTG E42—2005(T 0304—2005)]

能力目标

(1) 能够对不同类别的粗集料进行合理的取样。

(2) 能够运用相关测试仪器进行粗集料密度和吸水率的试验检测。

(3) 能够根据试验规程进行粗集料密度的计算。

知识目标

(1) 了解粗集料密度和吸水率试验的基本方法。

(2) 掌握粗集料的技术性质。

(3) 掌握粗集料试验测试的方法与步骤;

素质目标

培养坚持原则、忠于职守、作风正派、秉公办事的作风,要以数据说话;形成认真、严谨和科学的态度,团队意识强;树立质量第一的工程意识。

一、目的与适用范围

本方法适用于测定各种粗集料的表观相对密度、表干相对密度、毛体积相对密度、表观密度、表干密度、毛体积密度,以及粗集料的吸水率。

二、仪器设备

(1) 天平或浸水天平:可悬挂吊篮测定集料的水中质量,称量应满足试样数量称量要求,感量不大于最大称量的0.05%。

(2) 吊篮:耐锈蚀材料制成,直径和高度为150 mm左右,四周及底部用1~2 mm的筛网编制或具有密集的孔眼。

(3) 溢流水槽:在称量水中质量时能保持水面高度一定。

(4) 烘箱:能控温在(105±5) ℃。

(5) 毛巾:纯棉制,洁净,也可用纯棉的汗衫布代替。

（6）温度计。

（7）标准筛。

（8）盛水容器(如搪瓷盘)。

（9）其他:刷子等。

三、试验准备

（1）将试样用标准筛过筛除去其中的细集料，对较粗的粗集料可以用 4.75 mm 筛过筛，对 2.36～4.75 mm 集料，或者混在 4.75 mm 以下石屑中的粗集料，则用 2.36 mm 标准筛过筛，用四分法或分料器法缩分至要求的质量，分两份备用。对沥青路面用粗集料，应对不同规格的集料分别测定，不得混杂，所取的每一份集料试样应基本上保持原有的级配。在测 2.36 mm～4.75 mm的粗集料时，试验过程中应特别小心，不得丢失集料。

（2）经缩分后供测定密度和吸水率的粗集料质量应符合如下表格的规定。

公称最大粒径/mm	4.75	9.5	16	19	26.5	31.5	37.5	63	75
每一份试样的最小质量/kg	0.8	1	1	1	1.5	1.5	2	2	3

（3）将每一份集料试样浸泡在水中，并适当搅动，仔细洗去附在集料表面的尘土和石粉，经多次漂洗干净至水完全清澈为止。清洗过程中不得散失集料颗粒。

四、试验步骤

（1）取试样一份装入干净的搪瓷盘中，注入洁净的水，水面至少应高出试样 20 mm，轻轻搅动石料，使附着在石料上的气泡完全逸出。在室温下保持试样浸水 24 h。

（2）将吊篮挂在天平的吊钩上，浸入溢流水槽中，向溢流水槽中注水，水面高度至水槽的溢流孔，将天平调零。吊篮的筛网应保证集料不会通过筛孔流失，对 2.36～4.75 mm 粗集料应更换小孔筛网，或在网篮中加放入一个浅盘。

（3）调节水温在 15～25 ℃。将试样移入吊篮中。溢流水槽中的水面高度由水槽的溢流孔控制，维持不变。称取集料的水中质量(m_w)。

（4）提起吊篮，稍稍滴水后，较粗的粗集料可以直接倒在拧干的湿毛巾上。将较细的粗集料(2.36～4.75 mm)连同浅盘一起取出，稍稍倾斜搪瓷盘，仔细倒出余水，将粗集料倒在拧干的湿毛巾上，用毛巾吸走从集料中漏出的自由水。此步骤需特别注意不得有颗粒丢失，不得有小颗粒附在吊篮上。再用拧干的湿毛巾轻轻擦干集料颗粒的表面水，至表面看不到发亮的水迹，即为饱和面干状态。当粗集料尺寸较大时，宜逐颗擦干。注意:对较粗的粗集料，拧湿毛巾时不要太用劲，防止拧得太干;对较细的含水较多的粗集料，毛巾可拧得稍干些。擦拭颗粒的表面水时，既要将表面水擦掉，又要确保不能将颗粒内部的水吸出。整个过程中不得有集料丢失，且已擦干的集料不得继续在空气中放置，以防止集料干燥。

（5）立即在保持表干状态下称取集料的表干质量(m_f)。

（6）将集料置于浅盘中，放入(105±5) ℃的烘箱中烘干至恒重。取出浅盘，放在带盖的容器中冷却至室温，称取集料的烘干质量(m_a)。

注：恒重是指相邻两次称量间隔时间大于 3 h 的情况下，其前后两次称量之差小于该项试验要求的精密度，即 0.1%。一般对同一规格的集料应平行试验两次，取平均值作为试验结果。

五、结果整理

(1) 表观相对密度 γ_a、表干相对密度 γ_s、毛体积相对密度 γ_b 按式下式计算至小数点后 3 位。

$$\gamma_a = m_a/(m_a - m_w)$$
$$\gamma_s = m_f/(m_f - m_w)$$
$$\gamma_b = m_a/(m_f - m_w)$$

式中：γ_a——集料的表观相对密度，无量纲；

γ_s——集料的表干相对密度，无量纲；

γ_b——集料的毛体积相对密度，无量纲；

m_a——集料的烘干质量(g)；

m_f——集料的表干质量(g)；

m_w——集料的水中质量(g)。

(2) 集料的吸水率以烘干试样为基准，按下式计算，精确至 0.01%。

集料的吸水率=(集料的表干质量－集料的烘干质量)/集料的烘干质量×100%

式中：W_x——粗集料的吸水率(%)。

(3) 粗集料的表观密度(视密度)ρ_a、表干密度 ρ_s、毛体积密度 ρ_b 按下式计算，准确至小数点后 3 位。不同水温条件下测量的粗集料表观密度需进行水温修正，不同试验温度下水的密度 ρ_T 及水的温度修正系数 α_T 按《公路工程集料试验规程》附录 B 选用。

$$\rho_a = \gamma_a \times \rho_T \text{ 或 } \rho_a = (\gamma_a - \alpha_T) \times \rho_w$$
$$\rho_s = \gamma_s \times \rho_T \text{ 或 } \rho_s = (\gamma_s - \alpha_T) \times \rho_w$$
$$\rho_b = \gamma_b \times \rho_T \text{ 或 } \rho_b = (\gamma_b - \alpha_T) \times \rho_w$$

式中：ρ_a——粗集料的表观密度(g/cm^3)；

ρ_s——粗集料的表干密度(g/cm^3)；

ρ_b——粗集料的毛体积密度(g/cm^3)；

ρ_T——试验温度 T 时水的密度(g/cm^3)，按《公路工程集料试验规程》附录 B 表 B-1 取用；

α_T——试验温度 T 时的水温修正系数；

ρ_w——水在 4 ℃时的密度(1.000 g/cm^3)。

六、上交资料

每人上交一份粗集料密度和吸水率试验(网篮法)报告。

任务4 粗集料针片状颗粒含量试验（规准仪法）

［JTG E42—2005（T 0311—2005）］

能力目标

（1）能够对不同类别的粗集料进行合理的取样。

（2）能够运用相关测试仪器进行粗集料的试验检测。

知识目标

（1）了解粗集料的基本组成。

（2）掌握粗集料的技术性质。

（3）掌握粗集料针片状颗粒含量试验测试的方法与步骤。

素质目标

培养坚持原则、忠于职守、作风正派、秉公办事的作风，要以数据说话；形成认真、严谨和科学的态度，团队意识强；树立质量第一的工程意识。

一、试验目的和适用范围

（1）本方法适用于测定水泥混凝土使用的4.75 mm以上的粗集料的针状及片状颗粒含量，以百分率计。

（2）本方法测定的针片状颗粒，是指利用专用的规准仪测定的粗集料颗粒的最小厚度（或直径）方向与最大长度（或宽度）方向的尺寸之比小于一定比例的颗粒。

（3）本方法测定的粗集料中针片状颗粒的含量，可用于评价集料的形状及其在工程中的适用性。

二、仪器设备

水泥混凝土集料规准仪、针状规准仪、天平或台秤、标准筛等。

三、试验准备

将来样在室内风干至表面干燥，并用四分法缩分至满足下表规定的质量，称量（m_0），然后筛分成所规定的粒级备用。

公称最大粒径/mm	9.5	16	19	26.5	31.5	37.5
试样最小质量/kg	0.3	1	2	4	5	10

四、试验步骤

(1) 目测挑出接近立方体形状的规则颗粒，将目测有可能属于针片状颗粒的集料按上表所规定的粒级用规准仪逐粒对试样进行针状颗粒鉴定，挑出颗粒长度大于针状规准仪上相应间距而不能通过者，为针状颗粒。

(2) 将通过针状规准仪上相应间距的非针状颗粒逐粒对试样进行片状颗粒鉴定，挑出厚度小于片状规准仪上相应孔宽能通过者，为片状颗粒。

(3) 称量由各粒级挑出的针状颗粒和片状颗粒的质量，其总质量为 m_1。

五、结果整理

碎石或砾石中针、片状颗粒含量按下式计算，准确至0.1%。

$$Q_e = m_1 / m_0$$

式中：Q_e——试样的针、片状颗粒含量(%)；

m_1——试样中所含针、片状颗粒的总质量(g)；

m_0——试样总质量(g)。

六、上交资料

每人上交一份粗集料针片状颗粒含量试验实训报告。

任务5 粗集料针片状颗粒含量试验（游标卡尺法）

［JTG E42—2005（T 0312—2005）］

能力目标

（1）能够对不同类别的粗集料进行合理的取样。

（2）能够运用相关测试仪器进行粗集料的试验检测。

知识目标

（1）了解粗集料的基本组成。

（2）掌握粗集料的技术性质。

（3）掌握粗集料针片状颗粒含量试验测试的方法与步骤；

素质目标

培养坚持原则、忠于职守、作风正派、秉公办事的作风，要以数据说话；形成认真、严谨和科学的态度，团队意识强；树立质量第一的工程意识。

一、试验目的与适用范围

（1）本方法适用于测定粗集料的针状及片状颗粒含量，以百分率计。

（2）本方法测定的针片状颗粒，是指用游标卡尺测定的粗集料颗粒的最大长度（或宽度）方向与最小厚度（或直径）方向的尺寸之比大于3的颗粒。有特殊要求采用其他比例时，应在试验报告中注明。

（3）本方法测定的粗集料中针片状颗粒的含量，可用于评价集料的形状和抗压碎能力，以评定石料生产厂的生产水平及该材料在工程中的适用性。

二、试验设备

（1）标准筛：方孔筛4.75 mm。

（2）游标卡尺：精密度为0.1 mm。

（3）天平：感量不大于1 g。

三、试验步骤

(1) 按《公路工程集料试验规程》T 0301 方法，采集粗集料试样。

(2) 按分料器法或四分法选取 1 kg 左右的试样。对每一种规格的粗集料，应按照不同的公称粒径分别取样检验。

(3) 用 4.75 mm 标准筛将试样过筛，取筛上部分供试验用，称取试样的总质量 m_0，准确至 1 g，试样数量应不少于 800 g，并不少于 100 颗。

注：对 2.36 mm～4.75 mm 级粗集料，由于卡尺量取有困难，故一般不做测定。

(4) 将试样平摊于桌面上，首先用目测挑出接近立方体的颗粒，剩下可能属于针状（细长）和片状（扁平）的颗粒。

(5) 按右图所示的方法将欲测量的颗粒放在桌面上成一稳定的状态。图中颗粒平面方向的最大长度为 L，侧面厚度的最大尺寸为 t，颗粒最大宽度为 ω($t<\omega<L$)，用卡尺逐颗测量石料的 L 及 t，将 $L/t\geqslant 3$ 的颗粒（即最大长度方向与最大厚度方向的尺寸之比大于 3 的颗粒）分别挑出作为针片状颗粒。称取针片状颗粒的质量 m_1，准确至 1 g。

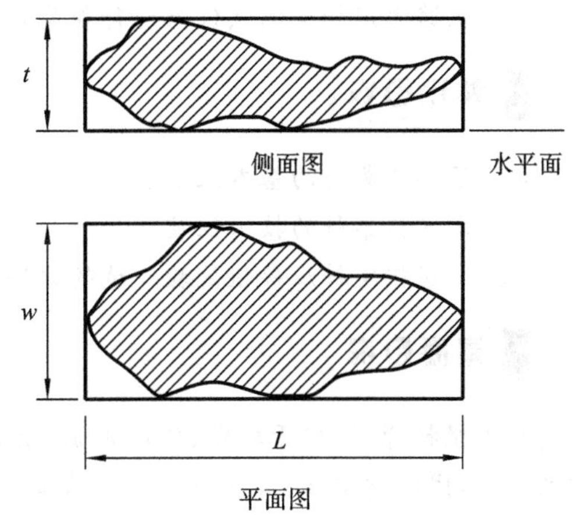

注：稳定状态是指平放的状态，不是直立状态，侧面厚度的最大尺寸 t 为图中状态的颗粒顶部至平台的厚度，是在最薄的一个面上测量的，但并非颗粒中最薄部位的厚度。

四、结果整理

按下式计算针片状颗粒含量。

$$Q_e=\frac{m_1}{m_0}\times 100\%$$

式中：Q_e——针片状颗粒含量(%)；

m_1——试验用的集料总质量(g)；

m_0——针片状颗粒的质量(g)。

试验要平行测定两次，计算两次结果的平均值。如两次结果之差小于平均值的 20%，取平均值为试验值；如大于或等于 20%，应追加测定一次，取三次结果的平均值为测定值。

五、上交材料

每人上交一份粗集料针片状颗粒含量试验实训报告。

任务6 粗集料压碎值试验

[JTG E42—2005(T 0316—2005)]

能力目标

(1) 能够对不同类别的粗集料进行合理的取样。

(2) 能够运用相关测试仪器进行粗集料的试验检测。

知识目标

(1) 了解粗集料的基本组成。

(2) 掌握粗集料的技术性质。

(3) 掌握粗集料压碎值试验测试的方法与步骤。

素质目标

培养坚持原则、忠于职守、作风正派、秉公办事的作风,要以数据说话;形成认真、严谨和科学的态度,团队意识强;树立质量第一的工程意识。

一、试验目的和适用范围

粗集料压碎值用于衡量石料在逐渐增加的荷载下抵抗压碎的能力,是衡量石料力学性质的指标之一,用以评定其在公路工程中的适用性。

二、仪器设备

(1) 压力试验机:500 kN,应能在 10 min 内达到 400 kN。

(2) 石料压碎值试验仪:由内径 150 mm、两端开口的钢制圆形试筒、压柱和底板组成,试筒内壁、压柱的底面及底板的上表面等与石料接触的表面都应进行热处理,使表面硬化,达到维氏硬度 65,并保持光滑状态。

(3) 天平:称量 2~3 kg,感量不大于 1 g。

(4) 标准筛:筛孔尺寸 13.2 mm、9.5 mm、2.36 mm 方孔筛各一个。

(5) 金属棒:直径 10 mm,长 45~60 mm,一端加工成半球形。

(6) 金属筒。

三、试验准备

(1) 采用风干石料用13.2 mm和9.5 mm标准筛过筛，取9.5～13.2 mm的试样3组各3 000 g，供试验用。如石料过于潮湿需加热烘干时，烘箱温度不得超过100 ℃，烘干时间不超过4 h。试验前，石料应冷却至室温。

(2) 每次试验的石料数量应满足按下述方法夯击后石料在试筒内的深度为100 mm。在金属筒中确定石料数量的方法如下：

将试样分3次(每次数量大体相同)均匀装入试模中，每次均将试样表面整平，用金属棒的半球面端从石料表面上均匀捣实25次，最后用金属棒作为直刮刀将表面仔细整平，将取量筒中试样质量(m_0)以相同质量的试样进行压碎值得平行试验。

四、试验步骤

(1) 将试样安放在底板上。

(2) 将要求质量的试样分3次(每次数量大体相同)均匀装入试模中，每次均将试样表面整平，用金属棒的半球面端从石料表面上均匀捣实25次，最后用金属棒作为直刮刀将表面仔细整平。

(3) 将装有试样的试模放在压力机上，同时加压头放入试筒内石料面上，注意使压头摆平，勿楔挤试模侧壁。

(4) 开动压力机，均匀地施加荷载，在10 min左右的时间内达到总荷载400 kN，稳压5 s，然后卸荷。

(5) 将试模从压力机上取下，取出试样。

(6) 用2.36 mm标准筛筛分经压碎的全部试样，可分几次筛分，均需筛到在1 min无明显的筛出物为止。

(7) 称取通过2.36 mm筛孔的全部细料质量(m_1)，准确至1 g。

五、结果整理

(1) 碎石或砾石的压碎指标值按下式计算，准确至0.1%。

$$Q'_a=\frac{m_1}{m_0}\times 100\%$$

式中：Q'_a——压碎值(%)；

m_0——试验前试样质量(g)；

m_1——试验后通过2.36 mm筛孔的细料质量(g)。

(2) 数据记录。

数据记录包括试验前试样质量、试验后通过 2.36 mm 筛孔的细料质量。以三次平行试验结果的算术平均值作为压碎指标的测定值。

六、上交资料

每人上交一份粗集料压碎值试验报告表。

任务 7 水泥细度检验方法(80 μm 筛筛析法)

[JTG E30—2005(T 0502—2005)]

能力目标

(1) 能够按照规范要求取水泥试样。
(2) 能够运用相关测试仪器进行水泥细度试验检测。
(3) 能够根据试验规程进行水泥细度的评定。

知识目标

(1) 了解水泥的基本结构组成。
(2) 掌握水泥的技术性质。
(3) 掌握水泥试验测试的方法与步骤。

素质目标

培养坚持原则、忠于职守、作风正派、秉公办事的作风,要以数据说话;形成认真、严谨和科学的态度,团队意识强;树立质量第一的工程意识。

一、试验目的和适用范围

本方法规定了用 80 μm 筛检验水泥细度的测试方法,适用于硅酸盐水泥、普通硅酸盐水泥、普通水泥、矿渣水泥、火山灰水泥、粉煤灰水泥以及指定采用本标准的其他品种水泥。

二、仪器设备

1. 水筛

水筛由圆形筛框和筛网组成。

2. 负压筛

(1) 负压筛由圆形筛框和筛网组成,筛网为金属丝编织方孔筛,方孔边长 0.08 mm。负压筛有透明筛盖,筛盖与筛上口应有良好的密封性。

(2) 筛网应紧绷在筛框上，筛网和筛框接触处应用防水胶密封，防止水泥嵌入。

3. 负压筛析仪

(1) 负压筛析仪由筛座、负压筛、负压表及收尘器组成，其中筛座由转速为(30±2) r/min 的喷气嘴、负压表、控制板、微电机及壳体部分构成。

(2) 筛析仪负压可调范围为 4 000～6 000 Pa。

(3) 负压源和收尘器，由功率为 600 W 的工业吸尘器和小型旋风收尘筒或由其他具有相当功能的设备组成。

(4) 喷气嘴。

4. 水筛架

水筛架用于支撑筛子，并带动筛子转动，转速约 50 r/min。

5. 喷头

喷头直径 55 mm，面上均匀分布 90 个孔，孔径为 0.5～0.7 mm，安装高度离筛布 50 mm 为宜。

6. 天平

天平的最大称量为 100 g，分度值不大于 0.05 g。

三、试验步骤

1. 负压筛法

(1) 筛析试验前，应把负压筛放在筛座上，盖上筛盖，接通电源，检验控制系统，调节负压至 4 000 Pa 到 6 000 Pa 范围内。

(2) 称取试样 25 g，置于洁净的负压筛中，盖上筛盖，放在筛座上，开动筛析仪连续筛析 2 min。在此期间如有试样附着在筛盖上，可轻轻地敲击，使试样落下。筛毕，用天平称取筛余物。

(3) 当工作负压小于 4 000 Pa 时，应清理吸尘器内水泥，使负压恢复正常。

2. 水筛法

(1) 筛析试验前，应检查水中无泥、砂，调整好水压及水筛架的位置，使其能正常运转，喷头底面和筛网之间距离为 35～75 mm。

(2) 称取试样 50 g，置于洁净的水筛中，立即用淡水冲洗至大部分细粉通过后，放在水筛架上，用水压为(0.05±0.02) MPa 的喷头，连续冲洗 3 min。筛毕，用少量水把筛余物冲至蒸发皿中，等水泥颗粒全部沉淀后，小心倒出清水，烘干并用天平称量筛余物。

3. 干筛法

在没有负压筛析仪和水筛的情况下，应允用手工干筛法。采用方孔边长为0.08 mm的铜丝网筛布。筛框有效直径为150 mm、高50 mm。筛布应紧绷在筛框上，接缝处必须严密，并附有筛盖。试验步骤如下：

(1) 称取水泥试样50 g倒入干筛内。

(2) 用一只手使主筛往复摇动，另一只手轻轻拍打，拍打速度每分钟约20次，每40次向同一方向转动60°，使试样均匀分布在筛网上，直至每分钟通过的试样量不超过0.05 g为止。

(3) 称量筛余物，计算结果。

四、结果整理

水泥试样筛余百分数按下式计算：

$$A = m_0 / m \times 100\%$$

式中：m_0——筛余物的质量(g)；

m——泥试样的质量(g)。

结果计算至0.1%。

注：负压筛法与水筛法或手工干筛法测定的结果发生争议时，以负压筛法为准。

五、上交资料

每人上交一份水泥细度检验方法(80 μm筛筛析法)实训报告。

任务 8 水泥标准稠度用水量、凝结时间和安定性检验

[JTG E30—2005(T 0505—2005)]

能力目标

(1) 能够按照规范要求拌制水泥试样。

(2) 能够运用相关测试仪器进行水泥的试验检测。

(3) 能够根据试验规程进行水泥的评定。

知识目标

(1) 了解水泥的基本结构组成。

(2) 掌握水泥的技术性质。

(3) 掌握水泥试验测试的方法与步骤。

(4) 掌握水泥相关数据的计算。

素质目标

培养坚持原则、忠于职守、作风正派、秉公办事的作风,要以数据说话;形成认真、严谨和科学的态度,团队意识强;树立质量第一的工程意识。

一、试验目的和适用范围

本方法规定了水泥标准稠度用水量、凝结时间和游离氧化钙造成的体积安定性的检验方法。

本方法适用于硅酸盐水泥、普通硅酸盐水泥、矿渣硅酸盐水泥、粉煤灰硅酸盐水泥、火山灰质硅酸盐水泥、复合硅酸盐水泥以及指定采用本方法的其他品种水泥。

二、仪器设备

(1) 水泥净浆搅拌机:符合《水泥净浆搅拌机》(JC/T 729—2005)的要求。

(2) 标准法维卡仪:标准稠度测定用试杆有效长度为(50±1) mm,由直径为 ϕ(10±0.05) mm的圆柱形耐腐蚀金属制成。测定凝结时间时取下试杆,用试针代替试杆。试针由钢制成,其有效长度初凝针为(50±1) mm,终凝针为(30±1) mm,直径为 ϕ(1.13±0.05) mm 的

圆柱体。滑动部分的总质量为(300±1) g,与试杆、试针联结的滑动杆表面应光滑,能靠重力自由下落,不得有紧涩和旷动现象。盛装水泥净浆的试模应由耐腐蚀的、有足够硬度的金属制成。试模为深(40±0.2) mm、顶内径 ϕ(65±0.5) mm、底内径 ϕ(75±0.5) mm 的截顶圆锥体。每只试模应配备一个大于试模、厚度≥2.5 mm 的平板玻璃底板。

(3) 煮沸箱:有效容积约为 410 mm×240 m×310 m,篦板结构应不影响试验结果,篦板与加热器之间的距离大于 50 mm。箱的内层由不易锈蚀的金属材料制成,能在(30±5) min 内将箱内的试验用水由室温升至沸腾并可保持沸腾状态 3 h 以上,整个过程中不需要补充水量。

(4) 雷氏夹:由铜质材料制成,当一根指针的根部先悬挂在一根金属丝或尼龙丝上,另一根指针的根部挂上 300 g 质量的砝码时,两根指针的针尖距离增加应在(17.5±2.5) mm 范围以内,当去掉砝码时指针的距离能恢复至挂砝码前的状态。

(5) 雷氏夹膨胀值测定仪:标尺最小刻度为 0.5 mm。

(6) 量水器:最小刻度 0.1 ml,精度 1%。

(7) 天平:最大称量不小于 1 000 g,分度值不大于 1 g。

三、试验步骤

1. 标准稠度用水量的测定(标准法)

(1) 试验前必须做到维卡仪的金属棒能自由滑动,调整至试杆接触玻璃板时指针应对准标准尺零点,搅拌机应运转正常。

(2) 试验室温度为(20±2) ℃,相对湿度应不低于 50%;水泥试样、拌和水、仪器和用具的温度应与试验室一致;湿气养护箱的温度为(20±1) ℃,相对湿度不低于 90%。

(3) 水泥净浆用水泥净浆搅拌机搅拌,搅拌锅和搅拌叶片先用湿棉布擦过,将搅拌水倒入搅拌锅内,然后将称好的 500 g 水泥在 5~10 s 内小心加入水中,防止水和水泥溅出;搅拌时,先将锅放在搅拌机的锅座上,升至搅拌位置,启动搅拌机,低速搅拌 120 s,停拌 15 s,同时将叶片和锅壁上的水泥浆刮入锅中间,接着高速搅拌 120 s 停机。

(4) 拌和结束后,立即将拌好的水泥净浆装入已置于玻璃板上的试模内,用小刀插捣,振动数次,刮去多余净浆,抹平后迅速将试模和底板移到维卡仪上,将其中心定在试杆下,降低试杆直至水泥净浆表面接触,拧紧螺丝 1~2 s 后突然放松,使试杆垂直自由地沉入水泥净浆中。在试杆停止沉入或释放试杆 30 s 时记录试杆距底板之间的距离,提起试杆后,立即擦净,整个操作应在搅拌后 1.5 min 内完成。以试杆沉入净浆并距底板(6±1) mm 的水泥净浆为标准稠度净浆,其拌和水量为该水泥的标准稠度用水量(P),按水泥质量的百分比计。

2. 凝结时间的测定

(1) 测定前调整凝结时间测定仪的试针,使其接触玻璃板时指针对准标尺零点。

(2) 以标准稠度用水量按水泥净浆的拌制方法制成标准稠度净浆,一次装满试模,振动数次后刮平,立即放入湿气养护箱内,记录水泥全部加入水中的时间作为凝结时间的起始时间。

(3) 初凝时间的测定:试件在湿气养护箱中养护至加水后 30 min,进行第一次测定。测定时,从湿气养护箱中取出试模放到试针下,与水泥净浆表面接触,拧紧螺丝,1～2 s后突然放松,试针垂直自由沉入水泥净浆,观察试针停止下沉或释放试针30 s时指针读数。当试针沉至距底板(4±1) mm时,水泥达到初凝状态;由水泥全部加入水中至初凝状态的时间为水泥的初凝时间,用"min"表示。

(4) 终凝时间的测定:为了准确观测试针沉入的状况,在终凝针上安装了一个环形附件。在完成初凝时间测定后,立即将试模连同浆体以平移的方式从玻璃板取下,翻转180°,直径大端向上,小端向下放在玻璃板上,再放入湿气养护箱中继续养护,临近终凝时间时每隔15 min测定一次,当试针沉入试体0.5 mm时,即环形附件开始不能在试体留下痕迹时,为水泥达到终凝状态,由水泥全部加入水中至终凝状态的时间为水泥的终凝时间,用"min"表示。

(5) 最初测定时,应轻轻扶持金属棒,使其徐徐下降以防试针撞弯,但结果以自由下落时测得的结果为准。整个测试过程中试针贯入的位置至少要距试模内壁10 mm。临近初凝时,每隔5 min测定一次,临近终凝时每隔15 min测定一次,到达初凝和终凝状态时应立即重复测一次,当两次结论相同时才能定为达到初凝和终凝状态。每次测定不得让试针落入原针孔,每次测定完毕须将试针擦净并将试模放回湿气养护箱内,整个测试过程要防止试模受振。

3. 安定性的测定(雷氏夹法)

(1) 采用雷氏夹法测定时,每个试样需成型2个试件,每个雷氏夹需配备质量为75～80 g的玻璃板2块,凡与水泥净浆接触的玻璃板和雷氏夹内表面都要稍稍涂上一层油。

(2) 雷氏夹试件的成型:将预先准备好的雷氏夹放在已稍擦油的玻璃板上,并立即将已制好的标准稠度净浆一次装满雷氏夹,装浆时一只手轻轻扶持雷氏夹,另一只手用宽约10 mm的小刀插捣15次左右,然后抹平,盖上稍涂油的玻璃板,接着立即将试件移至湿气养护箱内养护(24±2) h。

(3) 煮沸:调整好煮沸箱内的水位,使之在整个煮沸过程中都能没过试件,不需中途添补试验用水,同时保证水在(30±5) min内能沸腾。

脱去玻璃板后取下试件,先测量试件指针尖端间的距离(A),精确到0.5 mm,接着将试件放入沸煮箱水中的试件架上,指针朝上,试件之间互不交叉,然后在(30±5) min内加热水至沸腾,并恒沸(180±5) min。

(4) 结果判别:煮沸结束后,放掉箱中的热水,打开箱盖,待箱体冷却至室温,取出试件进行判别。测量试件指针尖端间的距离(C),精确至0.5 mm,将两个试件煮沸后增加距离($C-A$)的平均值不大于4.0 mm时,即认为该水泥安全性合格;当两个试件的($C-A$)值相差超过4.0 mm时,应用同一样品立即重做一次试验。

四、上交资料

每人上交一份水泥标准稠度用水量、凝结时间和安定性检验实训报告。

任务 9 水泥胶砂强度试验(ISO 法)

[JTG E30—2005(T 0506—2005)]

能力目标

(1) 能够按照规范要求拌制水泥胶砂试样。
(2) 能够运用相关测试仪器进行水泥胶砂的试验检测。
(3) 能够根据试验规程进行水泥胶砂强度的评定。

知识目标

(1) 了解水泥胶砂的基本结构组成。
(2) 掌握水泥的技术性质。
(3) 掌握水泥胶砂试验测试的方法与步骤。

素质目标

培养坚持原则、忠于职守、作风正派、秉公办事的作风,要以数据说话;形成认真、严谨和科学的态度,团队意识强;树立质量第一的工程意识。

一、试验目的和适用范围

本方法适用于硅酸盐水泥、普通硅酸盐水泥、矿渣硅酸盐水泥、火山灰硅酸盐水泥、粉煤灰硅酸盐水泥和复合硅酸盐水泥的抗压强度和抗折强度的检验,目的是确定水泥的强度等级。

二、仪器设备

(1) 胶砂搅拌机:一种工作时搅拌叶片既绕自身轴线自转又沿搅拌锅周边公转,运动轨迹似行星式的水泥胶砂搅拌机。它是由胶砂搅拌锅和搅拌叶片及相应的机构组成。搅拌锅可以随意挪动,但可以很方便地固定在锅座上,而且搅拌时也不会明显晃动和转动。搅拌叶片呈扇形,搅拌时顺时针自转且沿锅周边逆时针公转,并且具有高、低两种速度,属行星式搅拌机。

(2) 胶砂振实台:由可以跳动的台盘和使其跳动的凸轮等组成。台盘上有固定试模用的卡具,并连有两根起稳定作用的臂,凸轮由电动机带动,通过控制器控制按一定的要求转动并保证使台盘平稳上升至一定高度后自由下落，其中心恰好与止动器撞击。卡具与模套连成一体，可沿与臂杆垂直方向向上转动不小于100°。

(3) 试模：胶砂试模为同时可成型三条40 mm×400 mm×160 mm棱柱体的可拆卸试模，由隔板、断板、底座、紧固装置及定位销组成。

(4) 抗折试验机：一般采用双杠杆的抗折试验机，也可采用性能符合要求的其他试验机。

(5) 抗压试验机和抗压夹具：

①抗压试验机的吨位以200～300 kN为宜，误差不得超过±2.1%。

②抗压夹具由硬质钢材制成，上、下压板长度为(40±0.1) mm，面积为40 mm×400 mm。

三、试验步骤

1. 试件成型

(1) 成型前将试模擦净，四周的模板与底座的接触面上应涂黄油，紧密装配，防止漏浆，内壁均匀地刷一薄层机油。

(2) 胶砂的质量配合比应为一份水泥、三份标准砂和半份水(水灰比为0.5)，一锅胶砂可成型三个试件。

(3) 每锅胶砂用搅拌机进行机械搅拌，先使搅拌机处于待工作状态，然后按以下程序操作：①把水加入锅里，再加入水泥，把锅放在固定架上，上升至固定位置；②然后立即开动机器，低速搅拌30 s后，在第二个30 s开始的同时均匀地将砂子加入，当各级砂是分装时，从最粗粒级开始一次将所需的每级砂量加完；③把机器转至高速再拌30 s，停拌90 s，在第一个15 s内用一胶皮刮具将叶片和锅壁上的胶砂刮入锅中间，再高速下继续搅拌60 s，各个搅拌阶段的时间偏差在1 s以内。

(4) 胶砂制备后立即用振实台成型，将空试模和模套固定在振实台上，用一个适当的勺子直接从搅拌锅里将胶砂分两层装入试模，装第一层时，每个槽里约放300 g胶砂，用大播料器垂直架在模套顶部沿每个模槽来回一次将料层播平，接着振实60次。再装入第二层胶砂，用小播料器播平，再振实60次，移走模套，从振实台上取下试模，用一金属直尺以近似90°的角度架在试模顶的一端，然后沿试模长度方向以横向锯割动作慢慢向另一端移动，一次将超过试模部分的胶砂刮去，并用同一直尺以近乎水平的状态下将试件表面抹平。在试模上做标记或加字条表明试件编号和试件相对于振实台的位置。

2. 养护

(1) 脱模：对于24 h龄期的应在破型试验前20 min内脱模，对于24 h以上龄期的，应在成型后20～24 h脱模。

(2) 水中养护：将做好标记的试件立即水平或竖直放在(20±1) ℃水中养护，水平放置时刮平面应朝上。试件放在不易腐烂的篦子上，并彼此间保持一定的距离，以让水与试件的六个面接触。养护期间试件之间间隔或试件体表面的水深不得不小于5 mm。每个养护池只养护同类型的水泥试件。最初用自来水装满养护池,随后随时加水,保持适当恒定的水位。不允许在养护期间全部换水。

3. 强度试验

试件龄期是从水泥加水搅拌开始试验时算起,不同龄期强度试验按下表时间进行。

龄　期	时　间
1 d	24 h±15 min
2 d	48 h±30 min
3 d	72 h±45 min
7 d	7 d±2 h
28 d	28 d±8 h

试件从水中取出后,在强度试验前应用湿布覆盖。

1) 抗折强度试验

①将试件成型侧面朝上放在试验机支撑圆柱上,试件长轴垂直于支撑圆柱,通过加荷圆柱以(50±10) N/s 的速度均匀地将荷载垂直地加在棱柱体相对侧面上,直至折断。

②保持两个半截棱柱体处于潮湿状态直至抗压试验。

③抗折强度按下式计算:

$$R_f = 1.5F_fL/b^3$$

式中:R_f——抗折强度(MPa);

F_f—— 折断时施加于棱住体中部的荷载(N);

L——支撑圆柱之间的距离(mm);

b——棱柱体正方形截面的边长(mm)。

④抗折强度的评定:以一组三个棱柱体抗折强度结果的平均值作为试验结果。当三个强度值中有超过平均值±10%时,应剔除后再取平均值作为抗折强度试验结果。

2) 抗压强度试验

①抗折试验后的两个断块应立即进行抗压试验,抗压试验必须用抗压夹具进行,试验体受压面为 40 mm×40 mm。试验时以半截棱柱体的侧面作为受压面,试体的底面靠近夹具定位销,并使夹具对准压力机压板中心。

②压力机加荷速度应控制在(2 400±200) N/s 的速度均匀地加荷直至破坏。

③抗压强度按下式计算:

$$R_c = F_c/A$$

式中:R_c——抗压强度(MPa);

F_c——破坏时的最大荷载(N);

A——受压部分面积,40 mm×40 mm=1 600 mm^2。

④抗压强度的评定:以一组三个棱柱体上得到的六个抗压强度测定值的算术平均值作为试

验结果。如六个测定值中有一个超出六个平均值的±10%，就应剔除这个结果，而以剩下五个的平均数为结果，如果五个测定值再有超过它们平均数±10%的，则此值结果作废。

四、上交资料

每人上交一份水泥胶砂强度试验（ISO 法）实训报告。

任务10 水泥混凝土拌和物稠度试验（坍落度仪法）

[JTG E30—2005(T 0522—2005)]

能力目标

(1) 能够按照规范要求拌制水泥混凝土试样。

(2) 能够运用相关测试仪器进行水泥混凝土的试验检测。

(3) 能够根据试验规程进行水泥混凝土的评定。

知识目标

(1) 了解水泥混凝土的基本结构组成。

(2) 掌握水泥混凝土的技术性质。

(3) 掌握水泥混凝土试验测试的方法与步骤。

素质目标

培养坚持原则、忠于职守、作风正派、秉公办事的作风，要以数据说话；形成认真、严谨和科学的态度，团队意识强；树立质量第一的工程意识。

一、试验目的和适用范围

坍落度是表示混凝土拌和物稠度的一项指标，本试验适用于坍落度大于 10 mm，集料粒径不大于 40 mm 的混凝土。集料粒径大于 40 mm 的混凝土，容许用加大坍落筒，但应予以说明。

二、仪器设备

(1) 坍落筒为铁板制成的截头圆锥筒，厚度不小于 1.5 mm，内侧平滑，没有铆钉头之类的突出物，在筒上方 2/3 高度处有两个把手，近下端两侧焊有两个踏脚板，保证坍落筒可以稳定操作。坍落筒尺寸如下表。

(2) 捣棒：为直径 16 mm、长约 650 mm，并具有半球形端头的钢制圆棒。

(3) 其他：小铲、木尺、小钢尺、镘刀和钢平板等。

集料最大粒径/mm	筒的名称	筒的内部尺寸/mm		
		底面直径	顶面直径	高度
<50	标准坍落筒	200±2	100±2	300±2
50～80	加大坍落筒	300±2	150±2	450±2

三、试验步骤

(1) 试验前将坍落筒内外洗净，放在经水润湿过的平板(平板吸水时应垫以塑料布)上，踏紧踏脚板。

(2) 将代表样分三层装入筒内，每层装入高度稍大于筒高的1/3，用捣棒在每一层的横截面上均匀插捣25次，插捣在全部面积上进行，沿螺旋线边缘至中心，插捣底层时插至底部，插捣其他两层时，应插透本层并插入下层20～30 mm，插捣须垂直压下(边缘部分除外)，不得冲击。

在插捣顶层时，装入的混凝土应高出坍落筒，随插捣过程随时添加拌和物，当顶层插捣完毕后，将捣棒用锯和滚的动作清除掉多余的混凝土，用镘刀抹平筒口，刮净筒底周围的拌和物，而后立即垂直地提起坍落筒，提筒在5～10 s内完成，并使混凝土不受横向力及扭力作用。

从开始装筒至提起坍落筒的全过程，不应超过2.5 min。

(3) 将坍落筒放在锥体混凝土试样一旁，筒顶平放木尺，用小钢尺量出木尺底面至试样顶面中心的垂直距离，即为该混凝土拌和物的坍落度。

(4) 同一次拌和的混凝土拌和物，须测坍落度两次，取其平均值作为测定值，每次须换一次新的拌和物，如两次结果相差20 mm以上，须做第三次试验；如第三次结果与前两次结果相差20 mm以上时，则整个试验重做。

(5) 坍落度试验的同时，可用目测方法评定混凝土拌和物的下列性质，并记录。

①棍度：按插捣混凝土拌和物时难易程度评定，分“上”“中”“下”三级。“上”表示插捣容易，“中”表示插捣时稍有石子阻滞的感觉，“下”表示很难插捣。

②含砂情况：按拌和物外观含砂多少而评定，分“多”“中”“少”三级。“多”表示用镘刀抹拌和物表面时，一两次即可使拌和物表面平整无蜂窝；“中”表示抹五六次才可使表面平整无蜂窝；“少”表示抹面困难，不易抹平，有空隙及石子外露等现象。

③黏聚性：观测拌和物各组成成分相互黏聚情况，评定方法用捣棒在已坍落的混凝土锥体一侧轻打。如锥体在轻打后渐渐下沉，表示黏聚性良好；如锥体突然倒坍、部分崩裂或发生石子离析现象，即表示黏聚性不好。

④保水性：指水分从拌和物中析出的情况，分“多量”“少量”“无”三级评定。“多量”表示提起坍落筒后，有较多水分从底部析出；“少量”表示提起坍落筒后，有少量水分从底部析出；“无”表示提起坍落筒后，没有水分从底部析出。

四、结果整理

混凝土拌和物坍落度以 mm 为单位，结果精确至 5 mm。用加大坍落筒量测时，应乘系数 0.67，以换算为标准坍落筒之坍落度。

五、上交资料

每人上交一份水泥混凝土拌和物稠度试验（坍落度仪法）实训报告。

任务11 水泥混凝土拌和物稠度试验（维勃仪法）

[JTG E30—2005(T 0523—2005)]

能力目标

(1) 能够按照规范要求拌制水泥混凝土试样。

(2) 能够运用相关测试仪器进行水泥混凝土的试验检测。

(3) 能够根据试验规程进行水泥混凝土的评定。

知识目标

(1) 了解水泥混凝土的基本结构组成。

(2) 掌握水泥混凝土的技术性质。

(3) 掌握水泥混凝土试验测试的方法与步骤。

素质目标

培养坚持原则、忠于职守、作风正派、秉公办事的作风，要以数据说话；形成认真、严谨和科学的态度，团队意识强；树立质量第一的工程意识。

一、试验目的和适用范围

本试验用维勃时间来测定水泥混凝土拌和物的稠度，适用于集料粒径不大于40 mm的混凝土及维勃时间在5～30 s的干硬性混凝土的稠度测定。

二、仪器设备

(1) 容器：为金属圆筒，内径(240±3) mm，高200 mm，壁厚3 mm，底厚7.5 mm，容器应不漏水并有足够刚度，上有把手，底部外伸部分可用螺母将其固定在振动台上。

(2) 坍落度筒：为截头圆锥，筒底部直径(200±2) mm，顶部直径(100±2) mm，高度(300±2) mm，壁厚不小于1.5 mm，上、下开口并与锥体轴线垂直，内壁光滑，筒外安装有把手。

(3) 圆盘：用透明塑料制成，上装有滑棒，滑棒可以通过套筒垂直滑动。套筒装在一个可用螺栓固定位置的旋转悬臂上，悬臂上还装有一个漏斗。坍落筒在容器放好后，转动悬臂，使漏斗底部套在坍落筒上口，旋壁装在支柱上，可用定位螺丝固定位置，滑棒和漏斗的轴线应与容器的轴线重合。

圆盘直径(230±2) mm,厚(10±2) mm,圆盘、滑棒及荷重在一起的滑动部分质量为(2 750±50) g,滑棒刻度可测量坍落度值。

(4) 振动台:工作频率 50 Hz,空载振幅 0.5 mm,上有固定螺丝、捣棒、秒表、镘刀等。

三、试验步骤

(1) 将容器用螺母固定在振动台上,放入坍落筒,把漏斗转动坍落筒上口,拧紧螺丝,使漏斗不偏离坍落筒口。

(2) 按坍落度试验步骤,分三层装拌和物,每层捣 25 次,捣毕第三层混凝土后,移去漏斗,抹平筒口,提起筒模,拧松螺丝,仔细地放下圆盘,读出滑棒上的刻度即为坍落度值。

(3) 拧紧螺丝,使圆盘可定向地向下滑动,开动振动台并按动秒表,通过观察透明圆盘混凝土的振实情况,当圆盘底面刚被水泥浆布满时,迅速按停秒表和关闭振动台,记下秒表所记时间。

(4) 仪器每测试一次后,必须将容器、筒模及透明圆盘洗净擦干,并在滑棒等处涂薄层黄油,以备下次使用。

四、结果整理

秒表所表示时间即为混凝土拌和物稠度的维勃时间,精确到 1 s。

路面混凝土的稠度对照分级见下表。

级　别	维勃时间/s	坍落度/mm	级　别	维勃时间/s	坍落度/mm
特干硬	32～18	—	低塑	5～3	25～75
很干稠	18～10	—	塑性	3～0	75～125
干稠	10～5	0～25	流态	—	>125

五、上交资料

每人上交一份水泥混凝土拌和物稠度试验(维勃仪法)实训报告。

任务12 水泥混凝土立方体抗压强度试验

[JTG E30—2005(T 0553—2005)]

能力目标

(1) 能够按照规范要求拌制水泥混凝土立方体试样。

(2) 能够运用相关测试仪器进行水泥混凝土立方体试件的试验检测。

(3) 能够根据试验规程进行水泥混凝土强度的评定。

知识目标

(1) 了解水泥混凝土的基本结构组成。

(2) 掌握水泥混凝土的技术性质。

(3) 掌握水泥混凝土试验测试的方法与步骤。

素质目标

培养坚持原则、忠于职守、作风正派、秉公办事的作风,要以数据说话;形成认真、严谨和科学的态度,团队意识强;树立质量第一的工程意识。

一、试验目的和适用范围

本试验规定了测定混凝土抗压极限强度的方法,已确定混凝土的强度等级。本试验适用于各类水泥混凝土立方体试件的极限抗压强度试验。

二、仪器设备

(1) 拌和机:自由式或强制式,应附有产品品质保证文件。

(2) 振动器:标准振动台,频率(3 000±200) 次/min,负荷下的振幅为 0.35 mm,空载时的振幅为 0.5 mm;平板振动器,功率一般为 1.1 kW。

(3) 压力机或万能试验机:上下压板平整并有足够刚度,可以均匀地连续加载卸荷,可以保持固定荷载,开机、停机均灵活自如,能够满足试件破型吨位要求。

(4) 球座:刚质坚硬,面部平整度要求在 100 mm 距离内高低差值不超过 0.05 mm,球面及球窝粗糙度 $Ra=0.32$ μm,研磨、转动灵活,不应在大球座上做小试件破型,球座最好放置在试件(特别是棱柱试件)顶面，并使凸面朝上，当试件均匀受力后，一般不宜再敲动球座。

(5) 试模：由铸铁或钢制成，内表面刨光磨光(粗糙度 $Ra=2.5$ mm)，平整度同球座规定，可以拆卸擦洗，内部尺寸容许偏差，棱边长度公差不超过 1 mm，直角公差不超过 0.5°。

三、试验准备

(1) 混凝土抗压强度试件以边长 150 mm 的正立方体为标准试件，其集料最大粒径为 40 mm。

(2) 混凝土抗压强度采用非标准试件，其集料粒径及试件尺寸如下表所示。

集料量粒径/mm	试件尺寸/mm
30	100×100×100
40	150×150×150
60	200×200×200

(3)混凝土抗压强度试件同龄期者应为一组，每组为 3 个同条件制作和养护的混凝土试块。

四、试验步骤

(1) 取出试件，先检查其尺寸及形状，相对两面应平行，表面倾斜偏差不得超过 0.5 mm。量出棱边长度，精确至 1 mm。试件受力截面积按其与压力机上、下接触面的平均值计算。试件如有蜂窝缺陷，应在试验前三天用浓水泥浆填补平整，并在报告中说明。在破型前，保持试件原有湿度，在试验时擦干试件，称出其质量。

(2) 以成型时侧面为上下受压面，试件要放在球座上，球座置于压力机中心，几何对中(指试件或球座偏离机台中心在 5 mm 以内，下同)，强度等级小于 C30 的混凝土取 0.3～0.5 MPa/s 的加荷速度，当试件接近破坏而开始迅速变形时，应停止调整试验机油门，直至试件破坏，记下破坏极限荷载。

五、结果整理

(1) 混凝土立方体试件抗压强度按下式计算：

$$f_{cu}=F/A$$

式中：f_{cu}——混凝土抗压强度(MPa)；

F——试件破坏荷载(N)；

A——受压面积(mm^2)。

(2) 以 3 个试件测值的算术平均值为测定值。如任一个测值与平均值的差值超过平均值的 15%时，择取平均值为测定值；如有两个测值与平均值的差值均超过上述规定时，则该组试验结果无效。

非标准试件的抗压强度应乘以尺寸换算系数，并应在报告中注明。计算结果精确至

0.1 MPa，抗压强度尺寸换算系数如下表所示。

试件尺寸/mm	尺寸换算系数/mm
100×100×100	0.95
150×150×150	1.00
200×200×200	1.05

六、上交资料

每人上交一份水泥混凝土立方体抗压强度试验实训报告。

任务13 沥青针入度试验检测

[JTG E20—2011(T 0604—2011)]

能力目标

(1) 能够对不同状态下的沥青进行合理的取样。
(2) 能够运用相关测试仪器进行沥青针入度的试验检测。
(3) 能够根据试验规程进行沥青质量等级的评定。

知识目标

(1) 了解沥青的基本结构组成。
(2) 掌握道路石油沥青的技术性质。
(3) 掌握沥青针入度试验测试的方法与步骤。
(4) 掌握沥青等级的质量评定原则。

素质目标

培养坚持原则、忠于职守、作风正派、秉公办事的作风,要以数据说话;形成认真、严谨和科学的态度,团队意识强;树立质量第一的工程意识。

一、试验目的和适用范围

本方法适用于测定道路石油沥青、改性沥青针入度以及液体石油沥青蒸馏或乳化沥青蒸发后残留物的针入度。其标准试验条件为温度 25 ℃,荷重 100 g,贯入时间 5 s,以 0.1 mm 计。

针入度指数用以描述沥青的温度敏感性,宜在 15 ℃、25 ℃、30 ℃等 3 个或 3 个以上温度条件下测定针入度后按规定的方法计算得到,若 30 ℃时的针入度值过大,可采用 5 ℃代替。

二、仪器设备

(1) 针入度仪:针和针连杆组合件总质量为(50±0.05) g,另附(50±0.05) g 砝码一只,试验时总质量为(100±0.05) g。仪器设有放置平底玻璃保温皿的平台,并有调节水平的装置,针连杆应与平台相垂直。针连杆易于拆装,以便检查其质量。仪器还设有可自由转动与调节距离的悬臂,其端部有一面小镜或聚光灯泡,借以观察针尖与试样表面接触情况。当为自动针入度仪时，各项要求与此项相同。温度采用温度传感器测定，针入度值采用位移计测定，并能自动显示或记录，且应对自动装置的准确性经常校验。

(2) 标准针由硬化回火的不锈钢制成，洛氏硬度 HRC 为 54～60，表面粗糙度 *Ra* 为 0.2～0.3 μm，针与针杆总质量(2.5±0.05) g，针杆上应打印有号码标志，针应设有固定用装置盒(筒)，以免碰撞针尖，每根针必须附有计量部门的检验单，并定期进行检验。

(3) 盛样皿：金属制，圆柱形平底。小盛样皿(适用于针入度小于 200 的试样)的内径 55 mm，深 35 mm；大盛样皿(适用于针入度小于 200～350 的试样)的内径 70 mm，深 45 mm；对针入度大于 350 的试样需使用特殊盛样皿，其深度不小于 60 mm，试样体积不小于 125 mL。

(4) 恒温水槽：容量不少于 10 L，控温的准确度为 0.1 ℃。水槽中应设有一带孔的搁架，位于水面下不少于 100 mm、距水槽底不少于 50 mm 处。

(5) 平底玻璃皿：容量不少于 1 L，深度不少于 80 mm，内设有一不锈钢三脚支架，能使盛样皿稳定。

(6) 温度计：0～50 ℃，分度为 0.1 ℃。

(7) 秒表：分度 0.1 s。

(8) 盛样皿盖：平板玻璃，直径不小于盛样皿开口尺寸。

(9) 溶剂：三氯乙烯等。

(10) 其他：电炉或沙浴、石棉网、金属锅或瓷把坩埚等。

三、试验准备

(1) 按规定的方法准备试样。

(2) 按试验要求将恒温水槽调节到要求的试验温度 25 ℃或 15 ℃、30 ℃(5 ℃)，保持稳定。

(3) 将试样注入盛样皿中，试样高度应超过预计针入度值 10 mm，并盖上盛样皿，以防落入灰尘。盛有试样的盛样皿在 15～30 ℃室温中冷却不少于 1.5 h(小盛样皿)、2 h(大盛样皿)或 3 h(特殊盛样皿)后移入保持规定试验温度±0.1 ℃的恒温水槽中不少于 1.5 h(小盛样皿)、2 h(大盛样皿)或 3 h(特殊盛样皿)。

(4) 调整针入度仪使之水平。检查针连杆和导轨，以确认无水和其他外来物，无明显摩擦。用三氯乙烯或其他溶剂清洗标准针，并拭干。将标准针插入针连杆，用螺丝固紧。按试验条件，加上附加砝码。

四、试验步骤

(1) 取出达到恒温的盛样皿，并移入水温控制在试验温度±0.1 ℃(可用恒温水槽中的水)的平底玻璃皿中的三脚支架上，试样表面以上的水层深度不少于 10 mm。

(2) 将盛有试样的平底玻璃皿置于针入度仪的平台上。慢慢放下针连杆，用适当位置的放大镜或灯光反射观察，使针尖恰好与试样表面接触。拉下刻度盘的拉杆，使之与针连杆顶端轻轻接触，调节刻度盘或针度指示器的指针指示为零。

(3) 开动秒表，在指针正指 5 s 的瞬间，用手紧压按钮，使标准针自动下落贯入试样，经规定时间，停压按钮使针停止移动。

注：当采用自动针入度仪时，计时与标准针落下贯入试样同时开始，至 5 s 时自动停止。

(4) 拉下刻度盘拉杆与针连杆顶端接触，读取刻度盘指针或位移指示器的读数，准确至 0.5 ℃(0.1 mm) 。

(5) 同一试样平行试验至少 3 次，各测试点之间及盛样皿边缘的距离不应小于 10 mm。每次试验后应将盛有盛样皿的平底玻璃皿放入恒温水槽，使平底玻璃皿中水温保持试验温度，每次试验应换一根干净标准针或将标准针取下用蘸有三氯乙烯溶剂的棉花或布揩净，再用干棉花或布擦干。

(6) 测定针入度大于 200 的沥青试样时，至少用 3 支标准针，每次试验后将针留在试样中，直到 3 次平行试验完成后，才能将标准针取出。

(7) 测定针入度指数 PI 时，按同样的方法在 15 ℃、25 ℃、30 ℃(5 ℃)3 个或 3 个以上温度(必要时增加 10 ℃、20 ℃等)条件下分别测定沥青的针入度，但用于仲裁试验的温度条件应为 5 个。

五、结果整理

同一试样 3 次平行试验结果的最大值和最小值之差在下表允许偏差范围内时，计算 3 次试验结果的平均值，取整数作为针入度试验结果，以 0.1 mm 为单位。

针入度/(0.1 mm)	允许误差/(0.1 mm)
0～49	2
50～149	4
150～249	12
250～500	20

当试验值不符此要求时，应重新进行。

(1) 当试验结果小于 50(0.1 mm)时，重复性试验的允许差为 2(0.1 mm)，复现性试验的允许差为 4(0.1 mm)。

(2) 当试验结果等于或大于 50(0.1 mm)时，重复性试验的允许差为平均值的 4%，复现性试验的允许差为平均值的 8%。

六、上交资料

每人上交一份沥青针入度试验报告。

任务 14 沥青软化点试验检测

［JTG E20—2011(T 0606—2011)］

能力目标

(1) 能够对不同状态下的沥青进行合理的取样。
(2) 能够运用相关测试仪器进行沥青软化点的试验检测。
(3) 能够根据试验规程进行沥青质量等级的评定。

知识目标

(1) 了解沥青的基本结构组成。
(2) 掌握道路石油沥青的技术性质。
(3) 掌握沥青软化点试验测试的方法与步骤。
(4) 掌握沥青等级的质量评定原则。

素质目标

培养坚持原则、忠于职守、作风正派、秉公办事的作风,要以数据说话;形成认真、严谨和科学的态度,团队意识强;树立质量第一的工程意识。

一、试验目的和适用范围

本方法适用于测定道路石油沥青、煤沥青的软化点,也适用于测定液体石油沥青经蒸馏或乳化沥青破乳蒸发后残留物的软化点。

二、仪器设备

(1) 软化点试验仪,由下列部件组成。

①钢球:直径 9.53 mm,质量(3.5±0.05) g。

②试样环:黄铜或不锈钢等制成。

③钢球定位环:黄铜或不锈钢制成。

④金属支架:由两个主杆和三层平行的金属板组成。上层为一圆盘,直径略大于烧杯直径,中间有一圆孔,用以插放温度计。中层板上有两个孔,各放置金属环,中间有一小孔可支持温度

计的测温端部。一侧立杆距环上面 51 mm 处刻有水高标记。环下面距下层底板为 25.4 mm，而下底板距烧杯底不少于 12.7 mm，也不得不大于 19 mm。三层金属板和两个主杆由两螺母固定在一起。

⑤耐热玻璃烧杯：容量 800～1 000 mL，直径不小于 86 mm，高不小于 120 mm。

⑥温度计：0～80 ℃，分度为 0.5 ℃。

(2) 环夹：由薄钢条制成，用以夹持金属环。

(3) 装有温度调节器的电炉或其他加热炉具(液化石油气、天然气等)。应采用带有振荡搅拌器的加热电炉，振荡器置于烧杯底部。

(4) 试样底板：金属板(表面粗糙度应达 $Ra0.8$ μm)或玻璃板。

(5) 恒温水槽：控温的准确度为 0.5 ℃。

(6) 平直刮刀。

(7) 甘油滑石粉隔离剂(甘油与滑石粉的比例为质量比 2∶1)。

(8) 新煮沸过的蒸馏水。

(9) 其他：石棉网。

三、试验准备

(1) 将试样环置于涂有甘油滑石粉隔离剂的试样底板上。按规定方法将准备好的沥青试样徐徐注入试样环内至略高出环面为止。

如估计试样软化点高于 120 ℃，则试样环和试样底板(不用玻璃板)均应预热至 80～100 ℃。

(2) 试样在室温冷却 30 min 后，用环夹夹着试样环，并用热刮刀刮除环面上的试样，务必使之与环面齐平。

四、试验步骤

1. 试样软化点在 80 ℃以下者

(1) 将装有试样的试样环连同试样底板置于(5±0.5) ℃水的恒温水槽中至少 15 min，同时将金属支架、钢球、钢球定位环等亦置于相同水槽中。

(2) 烧杯内注入新煮沸并冷却至 5 ℃的蒸馏水，水面略低于立杆上的深度标记。

(3) 从恒温水槽中取出盛有试样的试样环放置在支架中层板的圆孔中，套上定位环。然后将整个环架放入烧杯中，调整水面至深度标记，并保持水温为(5±0.5) ℃。环架上任何部分不得附有气泡。将 0～100 ℃的温度计由上层板中心孔垂直插入，使端部测温头底部与试样环下面齐平。

(4) 将盛有水和环架的烧杯移至放在石棉网的加热炉具上，然后将钢球放在定位环中间的试样中央，立即开动振荡搅拌器，使水微微振荡，并开始加热，使杯中水温在 3 min 内调节至维持每分钟上升(5±0.5) ℃。在加热过程中，应记录每分钟上升的温度值。如温度上升速度超出此范围时，则试验应重做。

(5) 试样受热软化逐渐下坠至与下层底板表面接触时，立即读取温度，准确至0.5 ℃。

2. 试样软化点在80 ℃以上者

(1) 将装有试样的试样环连同试样底板置于装有(32±1) ℃甘油的恒温槽中至少15 min，同时将金属支架、钢球、钢球定位环亦置于甘油中。

(2) 在烧杯内注入预先加热至32 ℃的甘油，其液面略低于立杆上的深度标记。

(3) 从恒温槽中取出装有试样的试样环，按步骤1中的方法进行测定，准确至1 ℃。

五、结果整理

同一试样平行试验两次，当两次测定值的差值符合重复性试验精密度要求时，取其平均值作为软化点试验结果，准确至0.5 ℃。

(1) 当试样软化点小于80 ℃时，重复性试验的允许差为1 ℃，复现性试验的允许差为4 ℃。

(2) 当试样软化点等于或大于80 ℃时，重复性试验的允许差为2 ℃，复现性试验的允许差为8 ℃。

六、上交资料

每人上交一份沥青软化点试验报告。

任务15 沥青延度试验检测

[JTG E20—2011(T 0605—2011)]

能力目标

(1) 能够对不同状态下的沥青进行合理的取样。
(2) 能够运用相关测试仪器进行沥青延度的试验检测。
(3) 能够根据试验规程进行沥青质量等级的评定。

知识目标

(1) 了解沥青的基本结构组成。
(2) 掌握道路石油沥青的技术性质。
(3) 掌握沥青延度试验测试的方法与步骤。
(4) 掌握沥青等级的质量评定原则。

素质目标

培养坚持原则、忠于职守、作风正派、秉公办事的作风,要以数据说话;形成认真、严谨和科学的态度,团队意识强;树立质量第一的工程意识。

一、试验目的和适用范围

(1) 本方法适用于测定道路石油沥青、液体沥青蒸馏残留物和乳化沥青蒸发残留物等材料的延度。

(2) 沥青延度的试验温度与拉伸速率可根据要求采用,通常采用的试验温度为 25 ℃、15 ℃、10 ℃或 5 ℃,拉伸速度为(5±0.25) cm/min。当低温采用(1±0.05) cm/min 拉伸速度时,应在报告中注明。

二、仪器设备

(1) 延度仪:将试件浸没于水中,能保持规定的试验温度及按照规定拉伸速度拉伸试件且试验时无明显振动的延度仪均可使用。

(2) 试模:黄铜制,由两个端模和两个侧模组成,试模内侧表面粗糙度 Ra 为 0.2 μm。

(3) 试模底板:玻璃板或磨光的铜板、不锈钢板(表面粗糙度为 Ra 为 0.2 μm)。

(4) 恒温水槽:容量不小于 10 L,控制温度的准确度为 0.1 ℃,水槽中应设有带孔搁架,搁架距水槽底不得少于 50 mm。试件浸入水中深度不小于 100 mm。

(5) 温度计:0~50 ℃,分度为 0.1 ℃。

(6) 沙浴或其他加热炉具。

(7) 甘油滑石粉隔离剂(甘油与滑石粉的质量比 2∶1)。

(8) 其他:平刮刀、石棉网、酒精、食盐等。

三、试验准备

(1) 将隔离剂拌和均匀,涂于清洁干燥的试模底板和两个侧模的内侧表面,并将试模在试模底板上装妥。

(2) 按规定的方法准备试样,然后将试样自试模的一端至另一端往返数次仔细缓缓注入模中,最后略高出试模,灌模时应注意勿使气泡混入。

(3) 试件在室温中冷却不少于 1.5 h,然后用热刮刀刮除高出试模的沥青,使沥青面与试模面齐平。沥青的刮法应自试模的中间刮向两端,且表面应刮得平滑。将试模连同底板再浸入规定试验温度的水槽中 1.5 h。

(4) 检查延度仪延伸速度是否符合规定要求,然后移动滑板使其指针正对标尺的零点。将延度仪注水,并保温达试验温度在规定温度±0.1 ℃内。

四、试验步骤

(1) 将保温后的试件连同底板移入延度仪的水槽中,然后将试样的试模自玻璃板或不锈钢板上取下,将试模两端的孔分别套在滑板及槽端固定板的金属柱上,并取下侧模。水面距试件表面应不小于 25 mm。

(2) 开动延度仪,并注意观察试样的延伸情况。此时应注意,在试验过程中,水温应始终保持在试验温度规定范围内,且仪器不得有震动,水面不得有晃动,当水槽采用循环水时,应暂时中断循环,停止水流。

在试验中,如发现沥青细丝浮于水面或沉入槽底时,则应在水中加入酒精或食盐,调整水的密度至与试样相近后重新试验。

(3) 试件拉断时,读取指针所指标尺上的读数,以厘米表示,在正常情况下,试件延伸时应成锥尖状,拉断时实际端面接近于零。如不能得到这种结果,则应在报告中注明。

五、结果整理

(1) 同一试样,每次平行试验不少于 3 个,如 3 个测定结果均大于 100 cm,试验结果记作“>100 cm”,特殊需要也可分别记录实测值。如 3 个测定结果中,有一个以上的测定值小于 100 cm时,若最大值或最小值与平均值之差满足重复性试验精密度要求,则取 3 个测定结果的平均值的整数作为延度试验结果；若平均值大于 100 cm，记作“>100 cm”；若最大值或最小值与平均值之差不符合重复性试验精度要求时，试验应重新进行。

（2）当试验结果小于 100 cm 时，重复性试验的允许差为平均值的 20%。

六、上交资料

每人上交一份沥青延度试验报告。

任务 16 沥青混合料马歇尔稳定度和流值试验检测

[JTG E20—2011(T 0709—2011)]

能力目标

(1) 能够制作标准的马歇尔试件。

(2) 能够运用相关测试仪器进行马歇尔稳定度和流值的试验检测。

(3) 能够根据试验规程进行稳定度和流值的评定。

知识目标

(1) 了解沥青混合料的基本结构组成。

(2) 掌握沥青混合料的技术性质。

(3) 掌握马歇尔稳定度和流值试验测试的方法与步骤。

(4) 掌握稳定度和流值的质量评定原则。

素质目标

培养坚持原则、忠于职守、作风正派、秉公办事的作风,要以数据说话;形成认真、严谨和科学的态度,团队意识强;树立质量第一的工程意识。

一、试验目的和适用范围

(1) 本方法适用于马歇尔稳定度试验和浸水马歇尔稳定度试验,以进行沥青混合料的配比设计或沥青路面施工质量检验。浸水马歇尔稳定度试验(根据需要,也可进行真空饱和水马歇尔度试验)供检验沥青混合料受水损害时抵抗剥落的能力时使用,通过测试其水稳定性检验配合比设计的可行性。

(2) 本方法适用于标准马歇尔试件圆柱体和大型马歇尔试件圆柱体。

二、仪器设备

(1) 沥青混合料马歇尔试验仪:符合国家标准技术要求的产品,对于高速公路和一级公路的沥青混合料宜采用自动马歇尔试验仪,用计算机或 X-Y 记录仪记录荷载-位移曲线,并具有自动测定荷载与试件垂直变形的传感器、位移计,能自动显示或打印试验结果。对 $\phi63.5$ mm 的标准马歇尔试件，试验仪最大荷载不小于 25 kN，测定精度为 100 N，加载速率应能保持(50±5) mm/min。钢球直径 16 mm，上下压头曲率半径为 50.8 mm。当采用 ϕ152.4 mm 的大型马歇尔试件时，试验仪最大荷载不得小于 50 kN，读数准确度为 100 N，上下压头的曲率内径为(152.4±0.1) mm。

(2) 恒温水槽：控温准确度为 1 ℃，深度不小于 150 mm。

(3) 真空饱和水容器：包括真空泵及真空干燥器。

(4) 烘箱。

(5) 天平：感量不大于 0.1 g。

(6) 温度计：分度为 1 ℃。

(7) 卡尺。

(8) 其他：棉纱、黄油。

三、试验准备和试验步骤

1. 标准马歇尔试验方法

1) 试验准备

(1) 按标准击实法成型马歇尔试件，标准马歇尔试件的尺寸应符合直径(11.6±0.2) mm、高(63.5±1.3) mm 的要求，对大型马歇尔试件，尺寸应符合直径(152.4±0.2) mm，高(95.3±2.5) mm 的要求。一组试件的数量不得少于 4 个，并符合规定。

(2) 测量试件的直径及高度：用卡尺测量试件中部的直径，用马歇尔试件高度测定器或用卡尺在十字对称的 4 个方向量测试件边缘 10 mm 处的高度，准确至 0.1 mm，并以其平均值作为试件的高度。如试件高度不符合(63.5±1.3) mm 或(95.3±2.5) mm 要求或两侧高度差大于 2 mm时，此试件应作废。

(3) 按本规程规定的方法测定试件的密度、空隙率、沥青体积百分率、沥青饱和度、矿料间隙率等物理指标。

(4) 将恒温水槽调节至要求的试验温度，对黏稠石油沥青或烘箱养生过的乳化沥青混合料为(60±1) ℃，对煤沥青混合料为(33.8±1) ℃。

2) 试验步骤

(1) 将试件置于已达规定温度的恒温水槽中保温，保温时间对标准马歇尔试件需 30～40 min，对大型马歇尔试件需 40～60 min。试件之间应有间隙，底下应垫起，离容器底部不小于 5 cm。

(2) 将马歇尔试验仪的上下压头放入水槽或烘箱中达到同样温度，然后将上下压头从水槽或烘箱中取出擦拭干净内面。为使上下压头滑动自如，可在下压头的导棒上涂少量黄油。再将试件取出置于下压头上，盖上上压头，然后装在加载设备上。

(3) 在上压头的球座上放妥钢球，并对准荷载测定装置的压头。

(4) 当采用自动马歇尔试验仪时，将计算机采集的数据绘制成压力和试件变形曲线，或由 X-Y 记录仪自动记录的荷载-变形曲线，在切线方向延长曲线与横坐标相交于一点，将该点作为修正原点，从该点起量取相应于荷载最大值的变形作为流值(FL)，以 mm 计，准确至 0.1 mm。最大荷载即稳定度(MS)，以 kN 计，准确至 0.01 kN。

(5) 当采用压力环和流值计时，将流值计安装在导棒上使导向套管轻轻地压住压头，同时将流值计读数调零。调整压力环中百分表，对零。

(6) 启动加载设备，使试件承受荷载，加载速度为(50±5) mm/min。计算机或 X-Y 记录仪自动记录传感器压力和试件变形曲线并将数据自动存入计算机。

(7) 当试验荷载达到最大值的瞬间，取下流值计，同时读取压力环中百分表读数及流值读数。

(8) 从恒温水槽中取出试件至测出最大荷载值的时间，不得超过 30 s。

2. 浸水马歇尔试验方法

浸水马歇尔试验方法与标准马歇尔试验方法的不同之处在于，试件在已达规定温度恒温水槽中的温度时间为 48 h，其余均与标准马歇尔试验方法相同。

四、数据整理

1. 计算

1) 试件的稳定度及流值

(1) 当采用自动马歇尔试验仪时，将计算机采集的数据制成压力和试件变形曲线。求由 X-Y记录仪自动记录的荷载-变形曲线。曲线上最大荷载为稳定度(MS)，以 kN 计，准确到 0.01 kN；曲线上相应于荷载最大值时的变形作为流值(FL)，以 mm 计，准确至 0.01 kN。由流值计及位移传感器测定装置读取的试件垂直变形即为试件的流值(FL)，以 mm 计，准确至0.01 mm。

(2) 采用压力环和流值测定时，根据压力环中百分表的读数换算为荷载值，或者由荷载测定装置读取的最大值即为试样的稳定度(MS)，以 kN 计准确至 0.01 kN。由流值计及位移传感器测定装置读取的试件垂直变形，即为试件的流值(FL)，以 mm 计，准确至 0.01 mm。

2) 试件的马歇尔模数按下式计算

$$T = MS/FL$$

式中：T——试件的马歇尔模数，kN/mm；

MS——试件的稳定度，kN。

FL——试件的流值，mm。

3) 试件的浸水残留稳定度按下式计算

$$MS_0 = MS_1/MS \times 100\%$$

式中：MS_0——试件的浸水残留稳定度，%；

MS_1——试件浸水 48 h 后的稳定度，kN。

2. 报告

(1) 当一组测定值中某个测定值与平均值之差大于标准差的 k 倍时，该测定值应予舍弃，并以其余测定值的平均值作为试验结果。当试件数目 n 为 3、4、5、6 个时，k 值分别为 1.15、1.46、1.67、1.82。

(2) 采用自动马歇尔试验时，试验结果应附上荷载-变形曲线原件或自动打印结果，并报告马歇尔稳定度、流值、马歇尔模数，以及试件尺寸、试件密度、空隙率、沥青用量、沥青体积百分率、沥青饱和度、矿料间隙率等各项物理指标。

五、上交资料

每人上交一份沥青混合料马歇尔稳定度和流值试验实训报告。

任务17 沥青混合料的矿料级配试验检测

[JTG E20—2000(T 0725—2000)]

能力目标

(1) 能够按照规范要求拌制沥青混合料试样。

(2) 能够运用相关测试仪器进行沥青混合料矿料级配的试验检测。

(3) 能够根据试验规程进行沥青混合料矿料级配的评定。

知识目标

(1) 了解沥青混合料的基本结构组成。

(2) 掌握沥青混合料的技术性质。

(3) 掌握沥青混合料矿料级配试验测试的方法与步骤。

(4) 掌握矿料级配筛分和计算。

素质目标

培养坚持原则、忠于职守、作风正派、秉公办事的作风,要以数据说话;形成认真、严谨和科学的态度,团队意识强;树立质量第一的工程意识。

一、目的与适用范围

本方法适用于测定沥青路面施工过程中沥青混合料的矿料级配,供评定沥青路面施工质量时使用。

二、仪器设备与工具

标准筛、天平、摇筛机、烘箱、样品盘、毛刷等。

三、试验步骤

1. 准备工作

(1) 按照本规程 T 0701 沥青混合料取样方法从拌和厂选取代表性样品。

(2) 将沥青混合料试样按规程沥青混合料中沥青含量的试验方法抽提沥青后，将全部矿质混合料放入样品盘中置温度(105±5) ℃烘干，并冷却至室温。

(3) 按沥青混合料矿料级配设计要求，选用全部或部分需要筛孔的标准筛，做施工质量检测时，至少应包括 0.075 mm、2.36 mm、4.75 mm 及集料公称最大粒径等 5 个筛孔，按大小顺序排列成套筛。

2. 操作步骤

(1) 将抽提后的全部矿料试样称量，准确至 0.1 g。

(2) 将标准筛带筛底置摇筛机上，并将矿质混合料置于筛内，盖妥筛盖后，压紧摇筛机，开动摇筛机筛分 10 min。取下套筛后，按筛孔大小顺序，在一清洁的浅盘上，再逐个进行手筛。手筛时可用手轻轻拍击筛框并经常地转动筛子，直至每分钟筛出量不超过筛上试样质量的 0.1%时为止，不得用手将颗粒塞过筛孔。筛下的颗粒并入下一号筛，并和下一号筛中试样一起过筛。在筛分过程中，针对 0.075 mm 筛的料，根据需要可参照《公路工程集料试验规格》(JTG E42—2005)的方法采取水筛法，或者对同一种混合料，适当进行几次干筛与湿筛的对比试验后，对 0.075 mm通过率进行适当的换算或修正。

(3) 称量各筛上筛余颗粒的质量，准确至 0.1 g，并将沾在滤纸上、棉花上的矿粉及抽提液中的矿粉计入矿料中通过 0.075 mm 的矿粉含量中。所有各筛的分级筛余量和底盘中剩余质量的总和与筛分前试样总质量相比，相差不得超过总质量的 1%。

四、数据整理

(1) 试样的分计筛余量按照下式计算：

$$P_i = m_i / m \times 100\%$$

式中：P_i——第 i 级试样的分计筛余量(%)；

m_i——第 i 级筛上颗粒的质量(g)；

m——试样的质量(g)。

(2) 累计筛余百分率：该号筛上的分计筛余百分率大于该号筛的各号筛上的分计筛余百分率之和，准确至 0.1 g。

(3) 通过百分率：用 100%减去该号筛上的累计筛余百分率，准确至 0.1%。

(4) 以筛孔尺寸为横坐标，各个筛孔的通过筛分百分率为纵坐标，绘制矿料组成级配曲线，评定该试样的颗粒组成。

五、上交资料

每人上交一份沥青混合料的矿料级配检验试验报告。

任务18 钢筋拉伸试验

（GB/T 228.1—2010）

能力目标

（1）能够按照规范要求对钢筋进行试样。

（2）能够运用相关测试仪器进行钢筋的试验检测。

（3）能够根据试验规程进行钢筋等级的评定。

知识目标

（1）了解钢筋化学的基本结构组成。

（2）掌握钢筋的技术性质。

（3）掌握钢筋试验测试的方法与步骤。

素质目标

培养坚持原则、忠于职守、作风正派、秉公办事的作风，要以数据说话；形成认真、严谨和科学的态度，团队意识强；树立质量第一的工程意识。

一、试验目的和适用范围

测定钢筋的屈服点、抗拉强度和伸长率，评定钢筋的强度等级。

二、仪器设备

（1）万能材料试验机：示值误差不大于1%。量程的选择为试验时达到最大荷载时，指针最好在第三象限（180°～270°）内，或者数显破坏荷载在量程的50%～75%。

（2）钢筋打点机或划线机、游标卡尺（精度为0.1 mm）等。

三、试验准备

拉伸试验用钢筋试件不得进行车削加工，可以用两个或一系列等分小冲点或细画线标出试件的原始标距，测量标距长度 L_0，精确至0.1 mm，如下图所示。

a——试样原始直径；

L_0——标距长度；

h_1——取(0.5～1)a；

h——夹具长度。

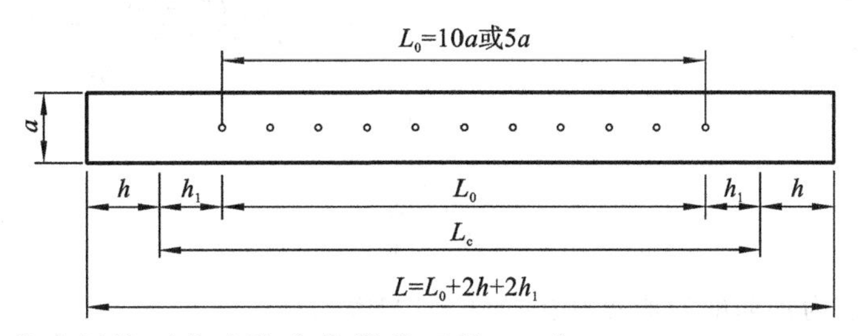

根据钢筋的公称直径按下表选取公称横截面积(mm^2)。

公称直径/mm	公称横截面积/mm^2	公称直径/mm	公称横截面积/mm^2
8	50.27	22	380.1
10	78.54	25	490.9
12	113.1	28	615.8
14	153.9	32	804.2
16	201.1	36	1 018
18	254.5	40	1 257
20	314.2	50	1 964

四、试验步骤

(1) 将试件上端固定在试验机上夹具内，调整试验机零点，装好描绘器、纸、笔等，再用下夹具固定试件下端。

(2) 开动试验机进行拉伸，拉伸速度为：屈服前应力增加速度为 10 MPa/s；屈服后试验机活动夹头在荷载下移动速度不大于 0.5 Lc/min，直至试件拉断。

(3) 拉伸过程中，测力度盘指针停止转动时的恒定荷载，或第一次回转时的最小荷载，即为屈服荷载 F_s(N)。向试件继续加荷直至试件拉断，读出最大荷载 F_b(N)。

(4) 测量试件拉断后的标距长度 L_1。将已拉断的试件两端在断裂处对齐，尽量使其轴线位于同一条直线上。如拉断处距离邻近标距端点大于 $L_0/3$ 时，可用游标卡尺直接量出 L_1。如拉断处距离邻近标距端点小于或等于 $L_0/3$ 时，可按下述移位法确定 L_1：在长段上自断点起，取等于短段格数得 B 点，再取等于长段所余格数(偶数见图(a))之半得 C 点；或者取所余格数(奇数见图(b))减 1 与加 1 之半得 C 与 C_1 点。则移位后的 L_1 分别为 $AB+2BC$ 或 $AB+BC+BC_1$。

五、结果整理

(1) 钢筋的屈服点 σ_s 和抗拉强度 σ_b 按下式计算：

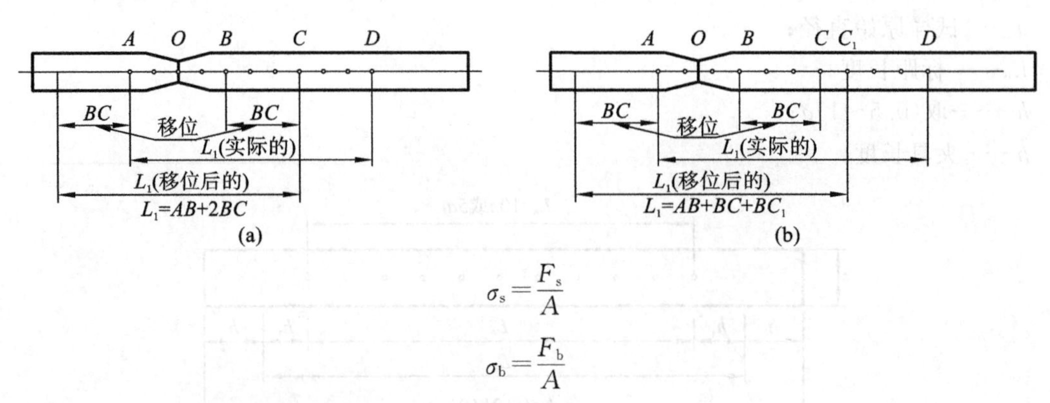

$$\sigma_s=\frac{F_s}{A}$$

$$\sigma_b=\frac{F_b}{A}$$

式中：σ_s、σ_b——分别为钢筋的屈服点和抗拉强度(MPa)；

F_s、F_b——分别为钢筋的屈服荷载和最大荷载(N)；

A——试件的公称横截面积(mm^2)。

当σ_s、σ_b大于1 000 MPa时，应计算至10 MPa，按“四舍六入五单双法”修约；当σ_s、σ_b为200～1 000 MPa时，计算至5 MPa，按“二五进位法”修约；当σ_s、σ_b小于200 MPa时，计算至1 MPa，小数点数字按“四舍六入五单双法”处理。

(2) 钢筋的伸长率δ_5或δ_{10}按下式计算：

$$\delta_5(或\delta_{10})=\frac{L_1-L_0}{L_0}\times 100\%$$

式中：δ_5、δ_{10}——分别为$L_0=5a$或$L_0=10a$时的伸长率(精确至1%)；

L_0——原标距长度$5a$或$10a$(mm)；

L_1——试件拉断后直接量出或按移位法的标距长度(mm，精确至0.1 mm)。

如试件在标距端点上或标距处断裂，则试验结果无效，应重做试验。

六、上交资料

每人上交一份钢筋拉伸试验实训报告。

任务19 钢筋冷弯试验

（GB/T 232—2010）

能力目标

（1）能够按照规范要求对钢筋进行试样。

（2）能够运用相关测试仪器进行钢筋冷弯的试验检测。

（3）能够根据试验规程进行钢筋等级的评定。

知识目标

（1）掌握钢筋的技术性质。

（2）掌握钢筋冷弯试验测试的方法与步骤。

素质目标

培养坚持原则、忠于职守、作风正派、秉公办事的作风，要以数据说话；形成认真、严谨和科学的态度，团队意识强；树立质量第一的工程意识。

一、试验目的和适用范围

通过冷弯试验，对钢筋塑性进行严格检验，也间接测定钢筋内部的缺陷及可焊性。

二、仪器设备

万能试验机：具有冷弯支座和弯心，支座和弯心顶端圆柱应有一定的硬度，以免受压变形。亦可采用特制冷弯试验机。

三、试验步骤

（1）试验前，测量试样尺寸是否合格。

（2）选择适当的弯心直径 d，按下图所示装置，支座间净距为 $L=d+2.1a$。

（3）上升支座使弯心与试样接触，而后均匀加压直至规定角度，如图2所示。

（4）如要弯成两臂平行，可一次绕弯心弯成，亦可用衬垫辅助完成。

(5) 如需压成两臂接触,可先弯成两臂平行,而后取出改放在压力机上压至两臂接触为止,如图 3 所示。

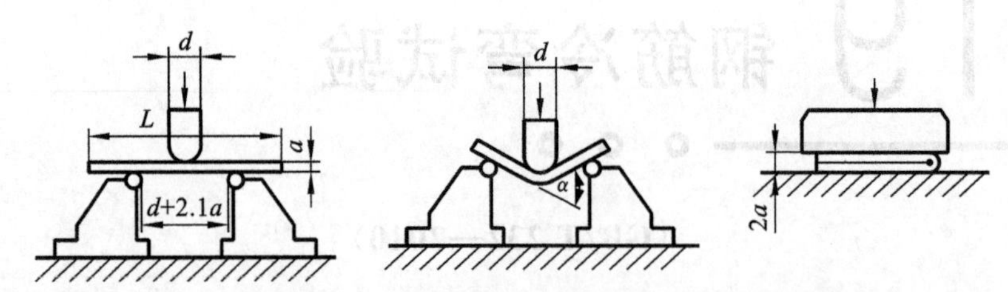

(6)压至规定条件后,检查试件弯曲处外部有无裂纹、起层分化或断裂等情况。

四、结果整理

按有关标准规定检查试样弯曲外表面,进行结果测定。若无裂纹、裂缝或断裂,则评定试样合格。

五、上交资料

每人上交一份钢筋冷弯试验实训报告。

参 考 文 献

[1] 中华人民共和国交通运输部.公路工程沥青及沥青混合料试验规程:JTG E20—2011[S].北京:人民交通出版社,2011.

[2] 中华人民共和国交通运输部.公路沥青路面施工技术规范:JTG F40—2004[S].北京:人民交通出版社,2004.

[3] 中华人民共和国交通运输部.公路工程水泥及水泥混凝土试验规程:JTG E30—2005[S].北京:人民交通出版社,2005.

[4] 中华人民共和国交通运输部.公路工程集料试验规程:JTG E42—2005[S].北京:人民交通出版社,2005.

[5] 孟凡涛,刘莲馥,韩冰玉.道路建筑材料[M].2 版.郑州:黄河水利出版社,2014.

[6] 严家伋.道路建筑材料[M].3 版.北京:人民交通出版社,1006.

[7] 黄晓明,张晓冰,高英.公路工程检测手册[M].北京:人民交通出版社,2004.